2024年度浙江省哲学社会科学规划后期资助课题
"使命与价值:研究型大学社会服务的关键要素与运行模式研究"(24HQZZ009YB)

浙江省哲学社会科学规划
后期资助课题成果文库

使命与价值

研究型大学社会服务的关键要素与运行模式

Mission and Values

Key Elements and Operational Models of Social Service
in Research Universities

胡昌翠◎著

ZHEJIANG UNIVERSITY PRESS
浙江大学出版社
·杭州·

图书在版编目（CIP）数据

使命与价值：研究型大学社会服务的关键要素与运
行模式 / 胡昌翠著. -- 杭州：浙江大学出版社，2025.
7. -- ISBN 978-7-308-26466-2

Ⅰ. D432.6

中国国家版本馆 CIP 数据核字第 20257DF494 号

使命与价值：研究型大学社会服务的关键要素与运行模式
胡昌翠　著

策划编辑	吴伟伟	
责任编辑	刘婧雯	
责任校对	谢艳琴	
封面设计	雷建军	
出版发行	浙江大学出版社	
	（杭州市天目山路 148 号　邮政编码 310007）	
	（网址：http://www.zjupress.com）	
排　　版	大千时代(杭州)文化传媒有限公司	
印　　刷	杭州高腾印务有限公司	
开　　本	710mm×1000mm　1/16	
印　　张	19	
字　　数	264 千	
版 印 次	2025 年 7 月第 1 版　2025 年 7 月第 1 次印刷	
书　　号	ISBN 978-7-308-26466-2	
定　　价	88.00 元	

前　言

　　党的二十大报告站在以中国式现代化全面推进中华民族伟大复兴的战略高度,明确了教育是全面建设社会主义现代化国家的基础性、战略性支撑。作为时代的风向标和晴雨表,大学紧扣时代脉搏,在学术本位与现实关怀的张力中向前迈进,其服务职能已远非它诞生时的模样,无论是教学还是科学研究都在强化其社会服务导向,从根本上重塑了大学的精神风貌。作为极具社会影响力的高等教育机构,研究型大学是国家战略科技力量的重要组成部分,理应向社会输送拔尖创新人才(人才培养"使命"),体现出较高的社会贡献度(社会服务"价值")。

　　从现实来看,研究型大学在一流大学建设中普遍存在知识生产与价值实现相脱离的现象,服务国家重大战略的主动性和功能性还有待加强。从理论来看,囿于"第三使命""附属职能"等观点,大学社会服务逐步倒向服务经济发展一端。高水平研究型大学并非要把社会服务做出"花头",而是在服务过程中精准对接国家战略需求,培育具备知识、能力、素质和人格的拔尖创新人才。因此,从使命与价值相统一的角度,澄清研究型大学社会服务的关键要素并构建科学合理的运行模式成为题中应有之义。本书从育人使命和服务价值相统一的角度出发,聚焦考察"研究型大学社会服务包括哪些关键要素,这些要素如何运行,何以高质量服务社会"等问题,研究结论如下。

　　从世界高等教育发展的共同趋势、我国经济社会发展的必然要求和高校科研评价改革的内在诉求三个方面入手,分析研究型大学高质量开展社会服务的必要性,梳理研究型大学社会服务面临的现实挑战,在此基础上提出研究问题,界定研究型大学社会服务的内涵,采取混合式研究方法进行研究设计。

为全面把握大学社会服务的研究现状,本书从宏观和微观两个层面总结了国内外大学社会服务的研究现状、研究热点和局限性。本书重新审视大学的本质,提出"追求知识的自由"和"服务社会的责任"是我国大学社会服务的价值根源;基于教育生态系统、参与性学术等理论构建了理论分析框架,区别于"第三职能"或"附属职能",研究型大学的社会服务是"学术全过程参与",是"育人使命"和"服务价值"的有机统一,以此整合大学三大职能。

同时,本书考察了国内外大学社会服务的历史变迁,追溯了英国、德国大学社会服务的缘起,考察了美国赠地学院及多元巨型大学与社会的互动,梳理诞生于博雅教育外的大学社会服务、兴起于"纯科学"模式中的社会服务、赠地学院与社会服务职能的确立、多元巨型大学与社会深度融合的发展脉络;以北洋大学、京师大学堂、北京大学、清华大学和浙江大学为代表,回顾了我国现代大学社会服务的发展历程。历史表明,社会服务已成为大学最基本的底色,是传统大学逐步蜕变为现代大学的过程。大学在不断调适学术本位和现实关怀之间的张力,以及解决社会重大问题的过程中迈向卓越。

本书基于理论分析框架,选取在社会服务上具有代表性的北京大学、清华大学、浙江大学、加州大学洛杉矶分校、威斯康星大学麦迪逊分校作为案例研究样本,使用内容分析法对案例资料进行编码,提出了研究型大学社会服务的构成要素框架,包括社会服务目标、课程设置、实践路径、组织机构、条件资源和制度规范6个维度20个要素,经修正后构建了研究型大学社会服务运行模式的初始概念模型,形成了相应的研究假设。

为了对研究型大学社会服务构成要素的有效性进行检验,本书开展了问卷调查,对问卷数据进行探索性因子分析、多元回归分析,厘清了研究型大学社会服务关键要素与服务成效之间的关系。结果表明：社会服务目标、实践载体、组织机构等5个维度18个要素对社会服务成效有正向显著影响，并验证了研究假设，修正了研究型大学社会服务运行模式的初始概念模型。

基于验证后的构成要素框架和概念模型，以教育模式构建的一般原理和方法为指导，本书整体构建了包含目标层、运行层和保障层，具有目标导向性、系统联动性和协同创新性特征的社会服务运行模式，并归纳了研究型大学社会服务的独特性，从机制创新、系统布局、强化支撑三个方面提出了研究型大学高质量开展社会服务的对策建议。

通过开展上述研究，本书在以下方面有所探索和创新：一是以"学术参与"为视角，从育人维度和服务维度出发，丰富了研究型大学社会服务的理论内涵，即社会服务是知识生产、传播、应用和保存的完整链条。这一内涵有别于以往将社会服务视作一系列边界模糊、琐碎的甚至慈善的活动，将社会服务看作一种学术参与过程，在范围上突出研究型大学与社会的双向互动，在深度上凸显研究型大学将社会服务贯穿其发展目标、课程、科研、管理等环节。二是综合采取历史研究、案例研究、调查研究、实证研究等方法，对大学社会服务的历史脉络和逻辑起点形成较为清晰的认识，并吸收案例经验阐述社会服务的构成要素。三是在梳理构成要素、层次关系及驱动力的基础上，构建了研究型大学服务社会的运行模式，呼吁研究型大学从"终端"服务模式逐渐过渡到学术全过程参与，推动公共福祉和社会进步。在下一步的研究中，本书还需从理论上丰富完善研究型大学社会服务的构成要素，并在实践中深入探索"学术参与"理念下研究型大学社会服务的育人路径和服务路径。

目　录

第1章 绪 论

1.1 研究背景

1.1.1 世界高等教育发展的共同趋势

研究型大学高质量服务社会已成为世界各国高等教育发展的共同趋势。现代大学仅次于政府,成为社会变革的主要工具,大学是新思想产生的源泉、倡导者、推动者和交流中心[①],被称为"世俗的教会"。赫钦斯(Robert Hutchins)认为,大学不是"一面镜子",而是"一座灯塔"[②];1992年,卡斯特斯(Manuel Castells)把大学称为信息经济时代的"动力源",将知识信息比作电流,将大学比作产生电流的发电机之一[③]。大学从被动适应社会转向主动适应社会的需要,逐步走到社会的中心。大学应该承担怎样的社会责任,能够承担哪些社会责任? 博克(Derek Bok)曾说:"如果大学想充分认识自己在当今社会中的真正

---

① 布鲁贝克.高等教育哲学[M].王承绪,等译.杭州:浙江教育出版社,2001.
② 赵祥麟.外国教育家评传[M].上海:上海教育出版社,1992.
③ 闵维方.发展知识经济的关键与大学的使命[M]//中华人民共和国教育部.科教兴国动员令.北京:北京大学出版社,1998.

作用和目的,那它就必须审视自己的社会责任。"①联合国教科文组织在《21世纪的高等教育:展望和行动世界宣言》中提出,大学要通过研究、创造和传授知识,通过恰当的科学鉴定,为社会服务,促进科学技术的发展,促进人文科学的发展以及艺术创造领域的发展。② 为社会提供高质量服务已成为世界各国大学的共识。大学社会服务经受了历史的考验,其内涵也越加丰富饱满。早在19世纪初,大学就从传播知识和为少数关键职业训练的场所转变为"教学与科研相统一"的国家机构;19世纪60年代,美国《莫里尔法案(1862)》(*Morrill Act*, *1862*)将大学服务州的农工业发展确立为一项核心使命。20世纪初,"威斯康星理念"成为大学服务社会职能诞生的里程碑,威斯康星大学校长范海斯(Charles Van Hise)提出"州的边界就是大学的边界",并将社会服务提升到了与教学、科研同等重要的地位。此后,众多大学纷纷响应社会服务的热潮,承担起了促进社会公共福祉的重任。第二次世界大战中,研究型大学全面深刻地卷入国家政治、经济、军事和各种各样的社会活动中,科研成果以前所未有的速度走向市场。在第三次科技革命的推波助澜下,加速大学的科技成果转化成为各国发展的共同诉求,研究型大学成为经济社会发展的重要引擎。20世纪80年代末,世界各国不断涌现出研究型大学转化原创科技成果、兴办产业、催生产业集群的现象,在著名大学聚集区域内创建了高技术产业集群区,涌现出了诸如斯坦福—硅谷模式、MIT—波士顿128号公路、北卡罗来纳三角研究园等研究型大学催生的高技术产业集群发展模式,衍生出了大学服务经济社会发展的"第三使命"。一方面,以市场需求为导向的知识生产模式促使各国的研究型大学纷纷朝着创新型大学发展;另一方面,从政府层面出台了若干鼓励研究型大学参与经济社会服务的政策,成功证明了研究型大学服务经济社会发展的强大推动力。③

---

① 龚放.试论现代大学的社会责任[J].北京大学教育评论,2008(2):118-127,191.

② 刘智运.现代大学的使命与现代社会的进步[J].中国高等教育,2005(21):45-46.

③ 夏清华.学术创业:中国研究型大学"第三使命"的认知与实现机制[M].武汉:武汉大学出版社,2013.

1.1.2 我国经济社会发展的必然要求

研究型大学高质量服务社会是我国经济社会发展的迫切需求。新中国成立后,特别是改革开放以来,大学积极投身到以经济建设为中心的改革浪潮中,在"科教兴国""人才强国"等各项战略中发挥着主导作用。① 20 世纪 90 年代,以"211""985"工程为载体的高水平大学建设可以视作我国研究型大学建设的肇端②,尤其是"985"工程重点建设的高校基本都创立了研究生院,整体办学水平处于全国领先地位,比较符合或接近当今研究型大学的办学水平,是我国正式建设研究型大学的重要标志③。随着知识经济时代的到来,国家经济实力的增长和综合国力的竞争越来越取决于知识生产、知识创造的程度和水平。近年来,国家颁布了一系列鼓励大学投身社会服务的文件,如 2010 年发布的《国家中长期教育改革和发展规划纲要(2010—2020 年)》提出,大学要全方位开展社会服务,拓展社会服务范围;2015 年,我国做出了建设"双一流"大学的重要决策,要求大学培养拔尖创新人才,增强社会服务能力;2016 年颁布的《国家创新驱动发展战略纲要》指出,到 2050 年,我国发展成为世界科技创新强国;2017 年发布的《国务院办公厅关于深化产教融合的若干意见》鼓励大学融入国家创新体系,加强学科、人才、科研与产业的互动;2021 年发布的《中华人民共和国国民经济和社会发展第十四个五年规划和 2035 年远景目标纲要》指出,高等教育要建立学科专业动态调整机制和特色发展引导机制,增强高校学科设置针对性,推进基础学科高层次人才培养模式改革,加快培养理工农医类专业紧缺人才。国家文件对大学尤其是研究型大学在系统提升人才培养、学科建设、科技研发等方面的水平提出了越来越系统的指导意见。经过 20 多年的发展,研究型大学已具备强大

---

① 王本东.中美研究型大学社会服务的特点分析及比较研究[J].科学学与科学技术管理,2007(S1):102-105.

② 王孙禺,孔钢城.中国研究型大学建设的思考[J].北京大学教育评论,2009(1):52-62,189.

③ 侯光明,等.中国研究型大学:理论探索与发展创新[M].北京:清华大学出版社,2005.

的科研实力，成为国家创新体系的重要组成部分，在培养创新型人才、提升科学研究水平和拓宽经济社会服务渠道等方面成绩斐然，是社会服务的主力军。本书梳理了国家自 2006 年以来鼓励大学投身社会服务的主要文件（见表 1.1）。目前，北京大学、清华大学、浙江大学等积极对接国家重大战略需求，形成了相对完备的社会服务体系。

表 1.1　国家鼓励大学服务社会的指导性文件

年份	文件名称	战略需求	服务内容
2006	《关于科研机构和大学向社会开放开展科普活动的若干意见》	向社会开放、开展科普活动	直接社会服务
2010	《国家中长期教育改革和发展规划纲要（2010—2020年)》	向社会开放，全方位开展服务	拓展服务范围
2016	《"十三五"国家科技创新规划》	面向国家重大需求培养创新型人才	服务导向的人才培养
2016	《国家创新驱动发展战略纲要》	系统提升人才培养、学科建设、科技研发三位一体的创新水平	基于社会需求的学术全过程参与
2017	《国务院办公厅关于深化产教融合的若干意见》	融入国家创新体系建设，加强学科、人才、科研与产业互动	人才培养、科学研究与产业界互动
2021	《中华人民共和国国民经济和社会发展第十四个五年规划和 2035 年远景目标纲要》	学科专业动态调整，基础学科高层次人才培养改革，理工农医类专业紧缺人才培养	突出针对性设置高校学科，培养高层次、紧缺型人才
2022	《高举中国特色社会主义伟大旗帜　为全面建设社会主义现代化国家而团结奋斗》	建设高水平研究型大学，强化国家战略科技力量，提升国家创新体系整体效能	科技创新谋发展，打造国家战略科技力量

1.1.3　高校科研评价改革的内在诉求

研究型大学高质量服务社会是科研评价改革的内在诉求。长期以来，科研成果评价标准从某种程度上来说就是"西方标准"，这一做法最极端的表现就是"唯论文"，随后又发展到"唯高引论英雄"。把发表外文期刊、高端期刊和讲求高被引论文制度化,并深嵌我国各大科研院所和高等教育机构。在追逐世界大学排名的语境下,大学知识生产和社会价值实现之间存在极大落差。研究型大学亟须革新科技成果评价方式,领跑高校进行科研评价改革。随着社会的不断发展,大学的知识生产模式已经转变为由大学、产业、政府、公民、社会等多主体参与的合作知识生产模式,重视知识对社会发展的实际贡献度。20世纪 90 年代,各国对大学学术成果的评价已不再单纯考虑知识本身的价值,而是兼顾知识对社会、经济、政治、文化等多方面产生的影响,即"非学术影响力"。"参与性学术""服务性学术"等概念应运而生,强调高校的学术活动要致力于服务社会发展、民主建设和公共需求①,大学要运用自身强大的教学、科学研究资源解决国家和社会的重大现实问题。从体现知识的正义性和大学的公共性、满足国家重大战略需求和科技发展的角度看,对高水平研究型大学学术成果进行影响力评价势在必行。

2014 年,英国首次在高等教育评价中引入"科研成果的社会影响力"指标,实施了"国家高等教育机构卓越科研水平评估框架"(Research Excellence Framework,REF),并将评估结果作为国家对科研资源分配的依据,倒逼高等教育机构发挥社会影响力。REF 鼓励高校扩大科研成果辐射力,并根据"辐射范围和重要性"评分,影响范围可以是地方、国家和全球,采用"案例+模板"的方式来评价高校科研成果的社会影响力,且 2021 年的 REF 将科研影响维度权重由原来的 20% 提高到了 25%②,科研对社会的影响力得到了广泛认同和重视。从 2019 年开始,"泰晤士高等教育排名"也强调大学为国家和社会提供高质量服务。在我国,虽然科研成果的影响力评价尚未形成规模化探索,但科研成果的社会影响力评价改革已被提上议事日程。习近平总书记在 2016 年的全国科技创新大会上提

---

① 武学超.大学科研非学术影响评价及其学术逻辑[J].中国高教研究,2015(11):23-28.

② 王楠,张莎.构建以跨学科和社会影响为导向的科研评估框架——基于英国"科研卓越框架"的分析[J].中国高教研究,2021(8):71-77.

出,要改革科技评价制度,建立以科技创新质量、贡献、绩效为导向的分类评价体系,正确评价科技创新成果的科学价值、技术价值、经济价值、社会价值、文化价值。[①] 我国第四轮高校学科评估也将"社会服务与学科声誉"列为重点考量指标,体现不同地区、不同类型高校的差异性发展和服务经济社会发展的贡献。[②] 此外,《关于破除高校哲学社会科学研究评价中"唯论文"不良导向的若干意见》也通过引导科研评价体系改革,使高校科学研究回到面向国家重大需求、服务社会发展的道路上。

在我国建设世界科技强国的新形势下,供给侧结构性改革对科技创新产生了巨大需求,而研究型大学在创新人才培养、原始创新能力提升、科技成果转化等方面的局限性日益显露,尤其在服务国家战略和促进经济发展的主动性、功能性上还有较大的发展空间,亟须重新审视自身的社会服务职能,以应对内外部诸多变化和挑战,在经济社会发展需求和大学内在发展逻辑的张力中做出回应。

1.2　研究问题

1.2.1　问题提出

研究型大学作为极具社会影响力的高等教育机构,拥有高端的科研水准和丰富的智力资源,在推进国家建设和经济发展中发挥着不可替代的作用。[③] 我国颁布的《统筹推进世界一流大学和一流学科建设实施办法(暂行)》指出,"双一流"建设要突出质量效益、社会贡献度

[①] 习近平. 为建设世界科技强国而奋斗——在全国科技创新大会、两院院士大会、中国科协第九次全国代表大会上的讲话[J]. 中国科技奖励,2016(6):16-21.

[②] 教育部. 全国第四轮学科评估结果出炉　学科建设彰显"中国效应"[EB/OL]. (2018-01-18) [2021-11-22]. http://www.moe.gov.cn/jyb_xwfb/s5147/201801/t20180118_325016.html.

[③] Checkoway B. Reinventing the Research University for Public Service [J]. Journal of Planning Literature,1997(3):307-319.

和国际影响力。在"双一流"建设下,国家将大量资源集中投入高水平研究型大学建设中,研究型大学理应体现出较高的社会贡献度。然而,现实中研究型大学社会服务职能并未充分发挥,在世界一流大学建设竞赛中,研究型大学普遍重视知识生产的数量和学科排名,在社会服务中普遍存在知识生产与自主创新错位、知识生产与价值创造割裂、知识生产与人才培养分离的现象[①],出现了"科研漂移"和"教学漂移"[②];此外,社会服务还存在缺乏分类指导及长远规划、服务主体单一、学术参与程度较浅、流于终端服务和交付式服务较多等问题。

(1)知识生产重数量轻质量:知识生产与自主创新不符

作为知识生产的核心场所,研究型大学承担国家级课题、获得国家科学技术奖励、发表论文及获得专利的数量,在全国高校中都占据相当大的比重。从"985"工程建设的高水平院校知识生产数量来看,1997—2006年,占全国公办普通本科院校比重仅5%的"985"工程建设高校,所发表论文却占总数的50%;每年新增SCIE(科学引文索引扩展版)论文数中,有50%源自"985"工程建设高校。[③] 2010年,教育部直属高校获得国家技术发明奖数量、国家科学技术进步奖数量、国家自然科学奖数量占总数的40%以上。2012年度国家科学技术奖授奖项目中,高等学校共获得国家自然科学奖、国家技术发明奖、国家科学技术进步奖三大奖183项,占总获奖数(266项)的68.8%,其中,高校为第一完成单位的139项,占总数的52.3%,几乎都为"985""211"工程建设高校。[④] 2020年,科技部发布的《2019年中国科技论文统计分析》指出,2019年中国

———————

① 王嘉毅,陈建海.从研究型大学到创新性大学——我国高水平大学的发展方向[J].高等教育研究,2016(12):28-34.

② Clark B R. The Higher Education System: Academic Organization in Cross-National Perspective[M]. Oarkland: University of California Press,1983.

③ 刘念才,周玲.面向创新型国家的研究型大学建设研究[M].北京:中国人民大学出版社,2007.

④ 人民网.教育部:国家科技三大奖高校获183项占总数近七成[EB/OL].(2013-01-18)[2023-12-11].http://scitech.people.com.cn/n/2013/0118/c1007-20251314.html.

发表国内科技论文 44.8 万篇[①],高等院校发表论文占 66.3%[②]。

2021 年,国家自然科学奖授奖项目 46 项,国家技术发明奖授奖项目 61 项,国家科学技术进步奖授奖项目 157 项。[③] 从获奖的高校来看,教育部直属的"双一流"建设高校获奖数目占获奖总数的 50% 以上。

无论是专利获得、论文发表,还是国家三大奖项获得数,研究型大学的知识生产能力都有了跨越式增长,与世界一流大学的差距正在逐步缩小,在全国授奖项目中的高比例说明学校科研实力在不断增强,对我国经济发展和科技进步的贡献越来越大,高校的自主知识产权和重大原始创新成果在我国占有举足轻重的位置。然而,研究型大学科技创新的质量却有待商榷。2018 年,路透社发布了"TOP 75 亚洲最具创新力的大学榜单"[④],在排名前十的榜单中,我国仅有清华大学上榜,排名第五,前三甲花落日本和韩国高校。名列前 20 的大学中,清华大学、北京大学、复旦大学、上海交通大学上榜,日韩等国高等教育机构的创新实力明显超前[⑤],说明我国高校科研成果数量在直线攀升的同时,科研成果的前沿性、原创性和探索性值得反思。研究型大学知识生产的数量与自主创新的质量不对等。专家、学者忙于应对科研评价指标和职称评定,项目、论文、学术著作在很大程度上沦为科研考核、职称评审的变相途径,高校也与探求真理的场所相去甚远。若研究型大学在知识生产方面只是简单模仿,那么既无法解决原始创新能力提升的问题,也无法从根本上促进社会经济发展。

---

① 国内科技论文指被中国科学技术信息研究所《中国科技论文与引文数据库》(CSTPCD)收录的自然科学领域的论文。

② 中华人民共和国科学技术部. 2019 年中国科技论文统计分析[EB/OL]. (2020-01-03)[2021-12-11]. http://www.most.gov.cn/kjbgz/202106/P020210608382744618354.pdf.

③ 中华人民共和国科学技术部. 奖励公报[EB/OL]. (2021-11-03)[2021-12-11]. http://www.most.gov.cn/ztzl/gjkxjsjldh/jldh2020/jlgb/202110/t20211029_177629.html.

④ 路透社"TOP 75 亚洲最具创新力的大学榜单"于 2016 年首次发布,与全球专业信息提供与分析服务领域的公司科睿唯安进行合作,依据专有数据和多项指标进行排名,旨在列出亚洲地区在推动科学进步以及发明新技术方面卓有成效的教育机构。

⑤ 如是观. 路透社发布 2018 年亚洲最具创新力大学榜单[J]. 留学,2018(12):12-13.

(2)知识生产重科研轻教学:知识生产与人才培养分离

加快建设一批高水平大学,特别是世界知名的高水平研究型大学,是我国建设国家创新体系的需要。研究型大学既然被称为"研究型",理所当然要赋予"研究"以优先权,但"研究型"不应被简单理解为研究人员及其研究工作在大学中的优先性,而应该体现在高层次、高素质、高水平的人才培养上[①],不仅要有世界领先的研究成果,还应培养大批后备人才和优秀学子。然而,从研究型大学科研评价机制来看,放大其"研究型"而忽略其立德树人情况的不在少数。研究型大学单纯强调西方标准,追求所谓的"硬性指标",这直接导致高水平研究型大学的努力主要集中在硬件建设和指标的攀比上,造成严重的形式主义。[②] 在中国,高等教育发展起步较晚,高等教育资源配置不均衡,在国家集中投资、重点建设研究型大学的情况下,上述价值取向是十分危险的。我国属于发展中国家,国家投入大量的经费和资源建设的高水平研究型大学不仅仅是完成若干科研项目、形成若干科研成果,还要为国家培养拔尖创新型人才和为社会做出更大的贡献,更好地实现育人和服务的统一。

长久以来,如何落实好"教学与科研相统一"的理念一直是世界各国高校面临的难题之一。[③] 在多种因素的影响下,研究型大学科研和教学的分离日趋显著,出现了"教学漂移"现象,高校教学与科研训练、科研活动很少有联系,使教学逐渐沦为末流,研究理所当然地成为风向标,以致有学者惊呼"教育的终结"[④]。科研与教学的和谐发展是"双一流"建设的题中应有之义,20 世纪 90 年代我国启动研究型大学建设,目的在于缩小我国一些高等学校与世界一流高校的差距。但在一

---

① 李立国.建设和发展中国高水平研究型大学的政策选择[J].国家教育行政学院学报,2006(2):45-47,63.

② 李立国.建设和发展中国高水平研究型大学的政策选择[J].国家教育行政学院学报,2006(2):45-47,63.

③ 李克勤.新建本科院校教学与科研和谐发展的瓶颈与消解对策[J].现代大学教育,2011(6):66-69.

④ 王嘉毅,陈建海.从研究型大学到创新性大学——我国高水平大学的发展方向[J].高等教育研究,2016(12):28-34.

流大学的建设竞赛中,研究型大学强调科研评价指标的量化和考核,普遍出现重科研轻教学现象。20多年来,研究型大学依托科学研究的人才培养取得明显成效,但与西方发达国家相比,研究型大学在人才培养上还存在各种各样的问题,如科研项目重视研究而轻视人才培养的问题,对人才培训的评价考核不到位,缺乏高效率的人才培养师资队伍等,大部分科研项目活动仅仅是制订了项目推进和研究计划,并未制订与之相适应的人才培养计划。[①] 因此,研究型大学要着力构建科研与教学相结合的人才培养模式,结合科研实践、生产实践和社会实践培养学生探索未知的兴趣、独立思考的习惯和解决问题的能力。[②]

(3)知识生产重研究轻运用:知识生产与价值创造割裂

党的十八大以来,我国大力实施创新驱动发展战略,将科技创新摆在国家发展的核心位置。[③] 科技成果转化是将高校科技智力资源优势转化为社会服务优势的有效途径[④],也是衡量国家创新能力的重要标志[⑤]。作为中国科技创新领跑者的研究型大学,无疑被期望在提高科技成果转化率、主动服务经济社会发展等方面发挥引领示范作用。科技创新不能停留在研究院或实验室里,而是要把研究成果转化为社会经济发展的强大推动力。《中华人民共和国促进科技成果转化法》设立了国家科技成果转化基金和支持计划,鼓励社会各界积极营造科技成果转化的良好环境,倡导高等院校要出台科技成果转化的激励制度。在国家鼓励科技创新的浪潮下,高校科技成果转化量不断攀升。

从全国技术市场合同交易来看,目前我国高校科技成果转化总量

---

① 张妍.研究型大学依托科研培养人才的保障机制构建[J].中国高校科技,2017(8):53-54.

② 中华人民共和国教育部.教育部关于加快研究型大学建设　增强高等学校自主创新能力的若干意见[EB/OL].(2007-07-10)[2021-12-16].http://www.moe.gov.cn/jyb_xxgk/gk_gbgg/moe_0/moe_1443/moe_1637/tnull_26519.html.

③ 中华人民共和国中央人民政府.创新,在复兴的征程上——以习近平同志为核心的党中央关心科技创新工作纪实[EB/OL].(2020-01-09)[2021-12-13].http://www.gov.cn/xinwen/2020-01/09/content_5467913.htm.

④ 姚思宇,何海燕.高校科技成果转化影响因素研究——基于Ordered Logit模型实证分析[J].教育发展研究,2017(9):45-52.

⑤ 王健.高校科技成果转化研究综述[J].中国高校科技,2018(8):72-75.

持续提高。《2021全国技术市场统计年报》显示,2019年、2020年全国技术合同成交额分别为22398.4亿元、28251.5亿元。[①] 从交易主体来看,高等院校输出合同数为90823项,占全国事业法人技术合同输出总数(157319项)的57.7%。[②]《2020年高等学校科技统计资料汇编》显示,中央财政拨付给教育部直属的65所院校科技经费为1110亿元,研究与发展项目经费总计696.5亿元。我国的科技成果转化率仅为10%左右,远低于发达国家40%的水平,高等院校的科技成果转化水平更低。[③] 中央财政对高等教育的科技投入量仅次于美国,但我国高等院校科技成果转化率仅为20%,远低于西方发达国家80%的水平,在仅20%的转化率中,物化为实际产业的成果只占5%左右。[④]

2021年4月,科技部《中国科技成果转化2020年度报告(高等院校与科研院所篇)》显示,部分高校结合实际探索出了具有自身特色的成果转化模式,瞄准国家战略及社会需求,推动高价值成果产业化。

截至2023年底,1038所高校院所成立了适合自身特点的技术转移机构,高校院所专职从事科技成果转化的人员为17881名,高校院所与企业共建研发机构,转移机构和转化服务平台数量达19574家。

近年来,高校科技成果转化、国家技术转移体系取得显著进步,但仍存在一些结构性问题,如"四唯"问题仍然存在,部分科研工作者重论文轻成果转化、重基础研究轻应用研究,对市场需求和企业需求充耳不闻,科研成果转化动力不足等。即便科研成果转化率得到了提高,但一些成果明显是服务于科研项目结题、论文发表、专著出版、申报专利和申报职称。"四唯"问题未破,科技成果转化和职称评审之间的张力和矛盾依然存在。我国高校科技成果转化效率与发达国家相

① 许倞,贾敬敦,张卫星.2021全国技术市场统计年报[M].北京:科技技术文献出版社,2021.
② 许倞,贾敬敦,张卫星.2021全国技术市场统计年报[M].北京:科技技术文献出版社,2021.
③ 葛章志,宋伟,万明.促进科技成果转化政策发展趋势分析[J].中国高校科技,2015(Z1):116-119;中华人民共和国教育部科学技术司.2020年高等学校科技统计资料汇编[M].北京:高等教育出版社,2021.
④ 吴顺恩.如何破解高校科技成果转化的瓶颈[J].中国高校科技,2015(5):68-69.

比仍然不高。^① 成果转化率低也说明高校融入社会经济发展的程度有待提高。放眼世界,许多国家的研究型大学积极转化自身的科研成果,孵化催生了一系列高新产业园区,如在斯坦福大学牵引下诞生的硅谷,在剑桥大学带动下催生的剑桥科技园等。相较之下,我国研究型大学在价值实现上还存在较大差距。国家对研究型大学的投入到底产生了什么效果? 数量庞大的知识生产成果如何转化为社会发展的强大动力? 从知识生产到知识增值再到知识扩散的完整链条如何建立? 如何盘活资源,实现大学与社会发展的双向融合? 这些都是值得深入研究的问题。

如何提升研究型大学社会服务的能力,实现教学、科研和社会服务的协调发展,在社会服务中实现"育人"和"服务"的统一,是研究型大学在"双一流"建设中必须正视的问题。基于以上分析,本书旨在解决以下问题:创新驱动时代,研究型大学的社会服务包括哪些关键要素? 这些要素如何运行? 何以高质量服务社会? 研究问题包含"认知""行动""保障"三个方面,从教育管理角度出发,要解决"研究型大学如何做好社会服务"这一问题,首先,要从认知层面厘清大学社会服务的历史发展脉络并"重构"研究型大学社会服务的概念内涵;其次,从行动层面来看,要做好研究型大学的社会服务,须"知行合一",抓住关键环节和主要领域,具备系统科学思维,提炼研究型大学高质量开展社会服务的关键要素,并分析要素间的逻辑关系,构建出相对合理的运行模式;最后,从保障层面来看,要使社会服务系统高效稳定地运行,需扎实做好人力、物力、财力和环境等方面的支撑保障。回答上述问题,可以帮助我们更准确地把握研究型大学社会服务的内涵,全面客观地认识研究型大学在经济社会发展中发挥的重要作用。^②

基于理论阐述和现实分析,本书将研究问题分解为以下三个子研究。

---

① 姚思宇,何海燕.高校科技成果转化影响因素研究——基于 Ordered Logit 模型实证分析[J].教育发展研究,2017(9):45-52.

② 胡昌翠,石晓男.研究型大学何以高质量服务社会——对一流研究型大学社会服务关键要素的考察[J].中国高教研究,2021(11):75-82.

子研究一：传承开新，国内外大学社会服务的历史考察。本书采用历史(史)与逻辑(论)相统一的方法，考察英国、德国、美国大学社会服务的发展历程，以及我国近代国立大学社会服务的理念和实践，考察国内外大学社会服务历史变迁，追溯大学如何在不断调适学术本位和现实关怀之间的张力、服务民族国家和解决社会重大问题过程中迈向卓越。以史为鉴，从"价值"与"使命"相统一的角度重新审视大学的本质，提出我国大学社会服务的价值根源是"追求知识的自由"和"服务社会的责任"。基于学术参与理论构建研究型大学社会服务的理论分析框架，丰富研究型大学社会服务内涵，将其视作"育人"与"服务"的统一，并以此整合大学的三大传统职能。

子研究二：内外兼修，研究型大学社会服务的构成要素识别。基于教育生态系统、学术参与等理论观点，界定研究概念，从育人维度和服务维度进一步丰富发展研究型大学社会服务的内涵，并构建研究型大学社会服务的理论分析框架。选取北京大学、清华大学、浙江大学、加州大学洛杉矶分校、威斯康星大学麦迪逊分校等高校作为案例研究对象，比较国内外案例高校异同；凝练案例高校社会服务的初始构成要素，构建社会服务运行模式概念模型，形成研究假设。通过实证研究，对研究型大学社会服务现状进行审视，验证构成要素和运行模式的有效性，厘清关键要素与服务成效的关系，验证研究假设。

子研究三：学术参与，研究型大学社会服务运行模式的构建及对策研究。整体构建一个包含目标层、运行层和保障层，以知识创新为基本内核、以创新型人才培养为主要目标、以原始创新成果产出为重点、以知识资本转化应用为特征的社会服务运行模式。围绕"自为"与"外塑"这对关系解读研究型大学社会服务的运行机理及其独特性。结合我国高等教育发展情境，凝练研究型大学与社会双向互动、落实"学术参与"和"服务育人"的实现路径，从机制创新、系统布局、强化支撑等方面提出研究型大学高质量开展社会服务的建议。

1.2.2 研究意义

(1)理论意义

从理论层面厘清研究型大学社会服务的内涵、关键要素及其运行机理,有利于拓展大学社会服务的理论视野,从人才培养、科学研究和社会服务相统一的角度认识社会服务的全貌;淡化"西方中心模式"影响,科学认识我国大学社会服务外发和内生的关系,使研究型大学在服务民族和世界的过程中彰显其价值。社会服务与其他学术活动一起,促成大学学术研究的完整内涵。近年来,学界已有成果主要考察高校社会服务的效果、能力及其评价问题。例如,《适应性视阈下高职院校社会服务效能评价及提升路径研究》《"双一流"建设背景下高校社会服务评价体系构建研究》《我国高校社会服务能力评价研究》,着力点在于职业院校社会服务评价、一流高校社会服务能力提升与评价,均指向社会服务的"终端"结果,对大学社会服务的完整内涵及运行过程探讨不足,本书是对已有研究成果的拓展和延伸。

首先,考察研究型大学社会服务有助于拓展大学社会服务的研究内容。我国高等教育体系的发端相对较晚,以 1895 年创立的天津中西学堂为中国近代大学诞生的标志[①],到 1949 年中华人民共和国成立,大学的教学、科学研究和社会服务三大职能基本建立,已有研究较为关注近代大学的起源、治校理念和实践、办学模式的引进与发展、社会服务理念的移植等内容,对于大学社会服务在中国情境下的内涵变迁、构成要素和运行机理着墨不多。区别于传统的"附属职能"或"直接服务"等提法,本书运用教育生态系统理论、学术参与理论,将社会服务看作一种学术过程,从人才培养、科学研究和社会服务三者相统一的角度识别研究型大学社会服务的关键要素。[②]

其次,有助于较好地认识我国高等教育发展过程中的"外发"和

---

① 潘懋元.中国高等教育百年[M].广州:广东高等教育出版社,2003.

② 龚放.试论现代大学的社会责任[J].北京大学教育评论,2008(2):118-127,191.

"内生"关系,为大学社会服务本土化研究提供理论支撑。长期以来,以西方冲击、中国应对为基本分析框架的"西方中心模式"对我国学者产生了极大影响。在探讨我国大学社会服务的发端时,学者们普遍将西方国家"外发"刺激置于较为显著的位置,忽视了我国大学社会服务的"内生"动力。欧美大学发展史从某种程度上来说就是世界大学发展史,其教学、科研和社会服务成为世界大学发展的标杆。然而,我国从来就不是被动吸收外来文化的,而是引进吸收外来文化后再进行中国化处理,以保持我国固有的发展格局和方向。"西方中心论"思维定式严重影响着我们认识新的和未知的世界,成为我国现代化建设的沉重精神负担。[1]

最后,任何类型的大学都是遗传和环境的产物[2],提出适合本国高校社会服务的理论分析框架尤为重要。各国高等教育发展并不存在通用"标杆"。当今世界各国的大学发展之道、高等教育强国之路,无不是在本国实际的基础上博采众长,逐步实现超越和发展的。威斯康星大学的社会服务理念之所以广受好评,就是因为该校历任校长大力倡导"州的边界就是大学的边界""把大学送到人民中间去"等大学与社会融合发展的理念,大学本身的教学和科研也因此取得了卓越的成就,"威斯康星理念"由此不胫而走,成为阐释大学社会服务的主流话语体系,但也导致各国学者在研究本国大学社会服务时下意识地嵌入这一框架中。本书通过历史研究、案例研究和实证研究,综合识别研究型大学社会服务运行模式的构成要素,吸收国外大学社会服务的有益经验,并结合我国高等教育情境,构建研究型大学社会服务的运行模式,将社会服务视为大学学术活动的重要范畴[3],而非大学的附属和延伸职能,使学术在服务民族和世界的过程中彰显其价值。社会服务与其他学术活动一起,促成了大学学术的完整内涵。

---

① 罗荣渠. 现代化新论——世界与中国的现代化进程(增订本)[M]. 北京:商务印书馆,2004.
② 阿什比. 科技发达时代的大学教育[M]. 滕大春,滕大生,译. 北京:人民教育出版社,1983.
③ Boyer E L. Scholarship Reconsidered: Priorities of the Professoriate [J]. Issues in Accounting Education,1992(1):151.

（2）实践意义

从"育人使命"与"服务价值"相统一的视角识别研究型大学社会服务的关键要素,构建社会服务运行模式,有助于将广大高校师生带入社会服务的微观情境,引导知识分子主动成为社会觉醒的力量。

第一,从育人维度和服务维度考察大学社会服务的实践,是促进研究型大学与社会良性互动的题中应有之义。在高深知识与走出象牙塔之间,绝对纯粹的研究只是一种幻想,如果大学一定要摆脱价值判断,那么学问就有无人问津的危险。① 我国研究型大学社会服务发展起步较晚,运行机制也存在问题,在以往研究的基础上,本书继续丰富发展研究型大学社会服务的实践维度,旨在系统构建一个以知识创新为基本内核、以创新型人才培养为主要目标、以原始创新成果产出为重点、以知识资本转化应用为特征的社会服务运行模式,而不仅仅停留在外部功能的描述上。运行模式从人才培养目标、服务过程、条件资源、组织架构等层面诠释研究型大学社会服务的开展,为研究型大学实现转型发展、增强教育综合实力提供实践参考。

第二,"如何培养人""为谁培养人"始终是研究型大学无法回避的核心问题。在千疮百孔、多灾多难的近代中国,在"天下兴亡、匹夫有责"的感召下,作为天之骄子的大学生,在民主、科学思想的浸润下,自觉参与到社会服务的大潮中,更加深刻地认识到自己所肩负的民族解放、国家复兴的重任,正所谓"知识分子是社会觉醒的力量",他们勇于献身、敢于牺牲的精神为当代大学生留下了宝贵的精神财富。然而,受不良价值观的影响,当代一些大学生的责任感、使命感不强,"精致的利己主义者"比比皆是。通过深入研究研究型大学社会服务的本质内涵、构成要素及相应的实践,对国内外研究型大学具有强烈的社会服务导向的人才培养和科学研究的介绍、对学生参与社会服务实践的

---

① 布鲁贝克.高等教育哲学[M].3版.王承绪,郑继伟,张维平,等译.杭州:浙江教育出版社,2001.

引介,有助于解决我国当代大学生社会服务意识薄弱等问题,强化研究型大学学生的责任感,为落实立德树人根本任务提供参考。

1.3　概念界定

概念界定是科学研究的基础,也是将研究推向纵深的重要步骤。对研究概念的界定是"力求阐明所有经验的社会学在处理同样的问题时究竟是指什么,尽管会显得很学究气,但希望在一定程度上更方便、更好地阐明一个术语"①。基于此,本书主要对研究型大学、社会服务、研究型大学社会服务三个概念进行界定。

1.3.1　研究型大学

19 世纪的德国洪堡大学模式标志着研究型大学的初步形成,而第一所真正意义上的研究型大学是深受德国理念影响的美国约翰·霍普金斯大学。为创立一个能够区别不同大学类型的方法,1973 年,美国卡内基教学促进基金会首次提出了"研究型大学"(research university)这个概念。② 研究型大学具备以下特点:多学科交叉的综合性大学、以创新型人才培养为目标;重视科学研究;有国际开放性,鼓励科技与产业结合;人才聚集中心。③ 美国卡内基高等教育委员会在 1976—2021 年对高校分类标准进行了 9 次修订,从修订文本中可以看出,研究型大学是对研究密集型和主导型大学的简称,是传统高等教育组织向教育和研究并重型组织转型的重要标志。判断一所大学是不是研究型大学有两个核心标准:一是是否具备较强的科学研究

---

① 韦伯.社会科学方法论[M].杨富斌,译.北京:华夏出版社,1999.

② Graham H, Diamond N. The Rise of American Research Universities: Elites and Challengers in the Postwar Era[M]. Baltimore: The Johns Hopkins University Press,1997.

③ 盖格.增进知识——美国研究型大学的发展(1900—1940)[M].王海芳,魏书亮,译.保定:河北大学出版社,2008.

水平和充足的科研经费;二是是否致力于通达博士学位的研究生教育,即是否有足够数量的学科能授予足够多的博士学位。在这两个标准下,有一套评价指标体系,将美国高等教育体系由高到低分为研究型大学Ⅰ类、Ⅱ类,博士学位授予大学Ⅰ类、Ⅱ类。相应地,研究型大学也就具有以下三个关键特征:一是基于国家利益开展研究,服务国家重大战略计划,联邦政府优先资助研究型大学顶尖科学家面向世界科技前沿开展基础研究;二是将基础研究拓展到应用研究,开展社会服务,将知识生产与公共利益、社会经济发展相融合,以拓展大学的资助渠道①;三是在高层次人才培养上,将教学与科研有机结合,实现教学、科研和学习一体化的模式②。

博克将庞大的美国高等教育体系称为"实力雄厚的巨大产业",并将高等教育体系分为研究型大学、综合性大学、四年制学院、社区学院和营利性教育机构5类③,每一类都有其独一无二的办学背景。比如,研究型大学包括成立于美国独立战争前的哥伦比亚大学、耶鲁大学、普林斯顿大学等著名学府;成立于美国内战后,由企业家投资兴办的斯坦福大学、芝加哥大学、康奈尔大学等;成立于第二次世界大战后的加州大学、布兰迪斯大学等。从规模上来看,美国200多所研究型大学拥有全美约25%的学生,且大部分博士学位都来源于这些大学,所授予的博士学位占美国博士生总数的50%。从实力上来说,研究型大学是美国高等教育体系中的"第一梯队",这些高校往往教学和科研实力雄厚,接受联邦政府的巨额拨款开展学术研究,办学资金充足,硬件配置先进,拥有最好的专业学院和图书文献资源。

自1810年洪堡提出大学要具备科学研究职能并创办了柏林大学,到1940年美国联邦政府大力资助顶尖高校开展科学研究,再到今天通过人才培养和科学研究服务国家和区域经济发展已成为高水平

---

① 宋旭红,高源.美国研究型大学的核心标准与共性特征——兼论对我国新型研究型大学建设的启示[J].山东高等教育,2021(4):10-20.

② 克拉克.探究的场所——现代大学的科研和研究生教育[M].王承绪,译.杭州:浙江教育出版社,2001.

③ 博克.大学的未来:美国高等教育启示录[M].曲强,译.北京:中国人民大学出版社,2017.

大学的重要使命,研究型大学作为各国创新体系和战略科技力量的重要组成部分,充当着经济发展的重要引擎。例如,加州大学系统对加利福尼亚州和美国经济社会发展的贡献虽然无法精确衡量,但可以清晰地看到,加州大学系统将大学人才培养、科学研究与推动国家和地区经济发展的作用通盘考虑,社会服务理念贯穿了大学发展的方方面面,为社会发展注入了巨大的能量,这是一个系统变革而非终端结果。[①]

在高校分类上,由于各国大学的分类标准不同,对高校所属类型的称谓也不尽相同。我国常见的分类是研究型大学、研究教学型大学、教学研究型大学、教学型大学、应用型大学、高等专科学校等 6 类。武书连认为,改革开放后,原有的大学分类方式已经不能适应经济社会发展的需要,大学逐渐从以教学为主转向教学科研两手抓的方向,大学可以从"型"和"类"两方面进行分类,如大学有综合类、文理类、理科类、工学类、农学类等 13 类大学,主要是从学科特点出发;而"型"主要是按照大学科研规模划分为研究型大学、教学研究型大学、研究教学型大学、教学型大学 4 类。这样的"型"和"类"能相对科学地划分大学。例如,北京大学就是综合类研究型大学,清华大学则属于工学类研究型大学。[②]

相较于西方,我国研究型大学的建设起步较晚,20 世纪 80 年代我国开始建设第一批重点大学,90 年代中期实施的"211""985"工程建设所确立的重点大学,被认为是我国研究型大学建设的开端,且这些高校均设有研究生院,办学水准较高,学术声誉走在前列。"985"工程的实施可以视为我国正式建立研究型大学的标志。[③] 经过多年的建设,研究型大学在学科建设、重大项目研究、科技成果转化等方面取得了卓越成就,已成为国家创新体系的重要组成部分,是高等教育的中

---

① 肯尼,莫厄里. 公立大学与区域增长:加州大学透视[M].李应博,孙震,译.北京:清华大学出版社,2018.
② 武书连.再探大学分类[J].科学学与科学技术管理,2002(10):26-30.
③ 侯光明.中国研究型大学:理论探索与发展创新[M].北京:清华大学出版社,2005.

坚力量。克拉克指出，"研究型大学"这一名词主要指美国 100 所名牌大学，世界上很多国家也采用这一名词作为一流大学的适当称号。① 在我国高等教育发展情境下，研究型大学的重要地位亦如此。

世界不同时期不同国家都有著名大学，运用名目繁多的标准评价得出的世界一流大学自不在少数。自中世纪诞生以来，大学历经若干次重大挑战的冲击和洗礼，始终保持着独特的功能和特征，尤其是已经演变为研究型大学的高等教育机构，尽管在形态上存在差异，但在知识传播、知识应用上的国际视野、标准和影响力是一致的。② 阿特巴赫认为，大学有坚固的民族根基，大学的发展会在具有本国特色的基础上，深受全球环境的影响。③ 这一观点不但准确地概括了大学的性质，也使我们清楚地认识到，现阶段中国建设一流大学的价值与使命。我们更关注那些活跃在象牙塔之外、存在于现实生活中的现代大学，这些大学是社会经济发展的"火车头"，具有明显的"国家优势"和一定的国际知名度。从历史来看，世界一流大学的发展过程是一次次革新和取代传统大学的过程。诚然，在这个急剧变革的年代，人类面临的挑战对大学提出了更高的期待，倒逼大学在办学理念、学科设置、人才培养、科研范式等方面进行自我更新。世界上每一所令人向往、受人尊敬的大学都是在充满挑战与未知变化的过程中形成的。克尔认为，大学要在"神秘的学术天堂和现实的人间地狱"的矛盾和张力中智慧地运作，以锻造出自身的个性和传奇经历。④

结合学界对研究型大学的界定，本书认为：研究型大学是以知识传播、知识生产和知识应用为中心，以产出高水平的科研成果和培养高层次人才为目标，在社会发展、经济建设、科教进步和文化繁荣中发

---

① 克拉克.研究生教育的科学研究基础[M].王承绪,译.杭州:浙江教育出版社,2001.

② 沃德.令人骄傲的传统与充满挑战的未来:威斯康星大学 150 年[M].李曼丽,李越,译.北京:清华大学出版社,2007.

③ 阿特巴赫.比较高等教育:知识、大学与发展[M].人民教育出版社教育室,译.北京:人民教育出版社,2001.

④ 克尔.高等教育不能回避历史——21 世纪的问题[M].王承绪,译.杭州:浙江教育出版社,2001.

挥着重要作用的高水平大学。① 从主要职能来看,研究型大学以创新
性知识传播、生产和应用为中心;从发展目标来看,研究型大学以产出
高水平的科研成果和培养高层次精英人才为目标;从综合影响来看,
研究型大学在社会发展、经济建设、科技进步、文化繁荣、国家安全中
发挥重要作用,是一个国家和地区科技创新的动力源、知识创新和技
术创新的引领者、协同创新的智慧站。

1.3.2 社会服务

"社会"一词最早出现在《旧唐书·玄宗上(本纪第八)》中,"辛卯,
礼部奏请千秋节休假三日,及村间社会"②。此处"社会"是由"社"和
"会"两字组成的一个动名词,有集会或者聚会之意。"社"原指祭神的
地方,"会"是集会的意思。在我国古代,"社"还兼有志同道合之士集
会场所的含义,如"诗社"。古代的"社"表示祭祀之地、团体组织或行
政单位,"会"表示集会、会合的意思,如"以文会友"。"社"与"会"在意
思上有诸多相似之处。③ 而在西方,英语中的"society"意为伙伴、团
体、群体等。④ 现代意义上的"社会"一词来自日本,明治时期有学者将
"society"一词译为"社会"。1897 年,严复在翻译斯宾塞的《社会学研
究》一书时,将其书名译为《群学肄言》,"社会"被严复称为"群"⑤。
1903 年,严复在翻译穆勒的《论自由》一书时,也将其书名译作《群己
权界论》⑥,顾名思义,"群"者为群体、社会之公域也;"己"者指自己和
个人之私域也。因双音节词比单音节词更适合口语,故"社会"一词取
代了"群",逐步应用广泛。

---

① 王战军.什么是研究型大学——中国研究型大学建设基本问题研究(一)[J].学位与研究生
教育,2003(1):9-11.
② 沈昫,等.旧唐书·玄宗上(本纪第八)[C/OL].北京:中华书局,1975. https://www.
shicimingju.com/book/jiutangshu/8.html.
③ 许衍琛.近代中国大学社会服务研究[M].北京:中国社会科学出版社,2021.
④ 郑杭生.社会学概论新修[M].4 版.北京:中国人民大学出版社,2013.
⑤ 斯宾塞.群学肄言[M].严复,译.北京:北京时代华文书局,2014.
⑥ 穆勒.群己权界论[M].严复,译.北京:北京时代华文书局,2014.

　　《现代汉语词典》对"社会"一词的解释是：由于共同物质条件而互相联系起来的人群。① 《社会学大辞典》对"社会"的界定是：以共同物质生产活动为基础而相互联系的人类生活的有机体。② 可见，社会学的界定较为灵活，"社会"是指宏观意义上的整个人类社会，也可以下沉到微观层面的社会共同体。无论哪种层次的"社会"，都具备有机体、共同关系、文化属性和宗教属性等共同要素。③ 《牛津大词典》对"society"一词的解释与中文意思较为相近，即社会是以群体形式生活在一起的人的总和，共同遵守一定的习俗、法律的特定群体（People in general，living together in communities；a particular community of people who share the same customs，laws，etc.）。④

　　马克思认为，人的本质不是单个人固有的抽象物，在其现实性上是一切社会关系的总和。社会是一个"有机整体"，构成这个有机整体的不同要素之间相互联系，相互作用。因此，社会在本质上是生产关系的总和，它是以共同的物质生产活动为基础而相互联系的人们的有机总体。⑤ 社会作为一个复杂的现象，对其从哪一方面解读都不能穷尽其意义。本书采取《现代汉语词典》的定义，将"社会"看作一个"大社会"的概念，它是经济基础和上层建筑的统一，包括一定物质条件在内的人们组合的有机体。

　　"服务"既可以是动词，也可以是名词。做动词时，《现代汉语词典》对"服务"的释义为：为集体（或别人）的利益或为某种事业而工作，如为人民服务；科学为生产服务；他在邮局服务了 30 年。做名词时，可以理解为"某种事业"，表明其社会属性，如为人服务、使人生活上得到方便的行业，如饮食业、旅馆业、修理生活日用品的行业等，有服务

---

①　中国社会科学院语言研究所词典编辑室.现代汉语词典[Z].7版.北京：商务印书馆，2022.

②　程继隆.社会学大辞典[Z].北京：中国人事出版社，1995.

③　伍俊斌.国家与社会：内涵、分化及其范式转换分析[J].理论与现代化，2011(4)：5-13.

④　OED Home. Oxford English Dictionary：Society[EB/OL].（2020-01-02）[2021-12-19]. https://www.oed.com.

⑤　中共中央马克思恩格斯列宁斯大林著作编译局.马克思恩格斯选集[M].北京：人民出版社，2012.

公众和集体的意思。[①]

　　结合"社会"和"服务"的含义,本书将社会服务界定为:在一定物质条件下的人们组合成的社会有机体,为保证社会秩序的稳定与和谐发展而开展的旨在造福集体和他人的过程和活动。

　　大学社会服务可以从广义和狭义的范围来进行界定。广义上的大学社会服务是指高校在人才培养、科学研究和直接社会服务中所发挥的功能,包括大学在经济、政治、文化、教育等方面发挥的作用,社会服务的理念和实践贯穿了大学发展的始终,是一个过程而非结果。从狭义上看,大学社会服务是指 19 世纪诞生于美国大学,继人才培养、科学研究后的第三职能。以威斯康星大学等一批赠地学院为代表,大学以直接满足社会需要为目的,解决现实问题,如产品研发、政府决策咨询等,注重服务产生的结果和直接效应。我国学者对大学社会服务的界定主要是从狭义上入手的,注重考察社会服务的内容和结果,比较有代表性的观点有:潘懋元先生提出"直接为社会服务"是高等学校的重要职能[②],率先赋予了高校社会服务职能合理性。"直接为社会服务"的是指高等学校的智力资源直接地、迅速地转化为社会生产力(社会实践)。[③] 顾明远先生提出,大学社会服务是指大学的"直接为社会服务",是高等学校运用其教育资源来满足社会的直接和现实需要,是教学与科研活动的延伸,国外一般视为"推广工作"。社会服务成为大学的一种职能,以美国 1862 年颁布的《莫里尔法案(1862)》为标志,直至 20 世纪中期以后才普遍确立。[④] 徐建培将高校直接社会服务分为 5 类:为地方培养人才,产学研合作,建立科技园区,向社会开放图书馆、实验室,为政府及社会各界提供咨询。[⑤] 眭依凡、汤谦凡认为,广义的社会服务是指高校作为一个学术组织为社会做出的直接的和间接的贡献,解释了高校在经历多次重大社会变迁之后依然能够存续的根

① 中国社会科学院语言研究所词典编辑室.现代汉语词典[Z].7 版.北京:商务印书馆,2022.
② 潘懋元.高等学校的社会职能[J].高等工程教育研究,1986(3):11-17.
③ 潘懋元.潘懋元文集(卷一)高等教育学讲座[M].北京:人民教育出版社,1993.
④ 顾明远.教育大辞典[Z].上海:上海教育出版社,1998.
⑤ 徐建培.论高等学校的知识生产活动[J].清华大学教育研究,2003(6):12-16.

本原因。狭义的社会服务是指高校依托自身的教学、科研等资源,开展以直接促进经济和社会发展为目的的活动,具有社会性、直接性、有限性。① 夏清华等认为,大学除教育和科研使命之外,又延伸出了服务经济和社会发展的"第三职能",又称"第三使命"。研究型大学践行"第三使命"的过程实质上是将大学知识商业化的过程,也是大学强化社会服务功能的过程。② 从以上定义可以看出,高等教育的发展过程是一个不断满足社会需求的过程,大部分研究认同这样一个观点:大学社会服务是教学和科研职能的必要扩展③,是在大学教学、科研之外产生的附属服务,是基于教学和科学研究,利用自身的知识和智力优势,为社会提供直接服务,旨在推动地区、国家乃至世界发展的活动。

然而,有学者对美国若干所公立研究型大学进行案例研究后提出,当今大学的社会服务是"急剧变革中的社会服务",大学社会服务职能已远非它诞生时的模样。在传统认知中,大学职能是一个循序渐进的发展过程,首先是人才培养职能,其次是承担科学研究职能,最后是社会服务职能;在我国话语体系下,大学也出现了文化传承这样的"第四职能"④。然而,大学各个职能已经难舍难分,社会服务已经成为一种理念、一种范式,无论是教学还是科学研究,都在强化其社会服务的导向。⑤ 麦均洪、赵庆年对国内多所高校开展的研究表明,狭义的直接社会服务无法全面涵盖高校的社会服务,它潜藏在人才培养和科学研究全过程中。长期以来,学界及高校本身对社会服务的认知存在误读,一定程度上将"大学直接社会服务活动"等同于"大学社会服务职能",这类观点普遍认为,高校社会服务职能是指在不影响大学人才培养和科学研究活动的前提下,高校面向社会开展的诸如继续教育、短期人才培养、科技咨询、技术转移、技术服务等活动,具有直接性、现实

---

① 眭依凡,汤谦凡.我国高校社会服务30年发展实践研究[J].中国高教研究,2008(11):18-22.

② 夏清华,张承龙,余静静.大学"第三使命"的内涵及认知[J].中国科技术语,2011(4):54-58.

③ 邹晓东,李铭霞,刘继荣.顶天与立地结合,全方位打造服务社会新体系——浙江大学的综合案例[J].高等工程教育研究,2009(6):46-52.

④ 吴伟,臧玲玲,齐书宇.急剧变革中的大学社会服务[M].上海:上海交通大学出版社,2020.

⑤ 吴伟,臧玲玲,齐书宇.急剧变革中的大学社会服务[M].上海:上海交通大学出版社,2020.

性、发展性等明显特征。①

时至今日,有必要重新审视大学社会服务的"直接性"及其"合理性",大学走入社会的中心已成为历史发展的必然,大学社会服务的范围已由传统意义上所在社区、城市和国家扩展到全球,不断突破时空的局限,服务内容也由原先的科研成果的运用和终端供给转变为人才培养、科学研究的全程参与,重视、引导和强化大学的社会服务能力正成为高等教育的发展趋势。②

从历史来看,世界一流大学是在一次次回应社会急迫需求中形成或建立起来的,这是一个传统大学变革为新兴大学或被新兴大学逐步替代的过程。③ 因此,本书从相对广义的层面来审视大学的社会服务,将大学社会服务视作贯穿在人才培养、科学研究和直接社会服务过程中的一种教育理念和实践。在高等教育与社会深度融合的时代,大学社会服务的泛在性正在不断扩展,社会服务已成为大学普遍的"存在方式",从整体上重塑着大学的三大职能,渗透在大学的方方面面,成为大学最基本的底色,从根本上改变了大学的精神风貌。

1.3.3 研究型大学社会服务

国内外学者从不同视角对"研究型大学"进行了多元化的界定,针对"大学社会服务"的本质内涵也开展了大量研究,但尚未对"研究型大学社会服务"做过专门的界定。从文献中可以看出,尽管潘懋元先生 1986 年就曾指出,高等学校三大职能可以表述为人才培养、发展科学和直接为社会服务,但为了避免误解,专门在"社会服务"前加上"直接"两个字,因为人才培养和发展科学两个职能也表征了社会服务。④ 大学对于社会的贡献,就在于它的研究和教学,但也应当适应平民主义要求,在它的"宫墙"以外推广知识,而有了所谓的"大学到民间去"

---

① 麦均洪,赵庆年,等.高校社会服务能力评价研究[M].北京:中国社会科学出版社,2021.
② 麦均洪,赵庆年,等.高校社会服务能力评价研究[M].北京:中国社会科学出版社,2021.
③ 吴伟,臧玲玲,齐书宇.急剧变革中的大学社会服务[M].上海:上海交通大学出版社,2020.
④ 潘懋元.高等学校的社会职能[J].高等工程教育研究,1986(3):11-17.

的运动。① 然而,在现实中,将大学的直接社会服务等同于社会服务的现象较多,对"社会服务"这个概念存在一定程度的误读,主要偏向大学"服务经济社会发展"的结果和价值体现,相对忽略大学社会服务的育人价值。此外,从研究型大学概念的梳理中也可以看出,国内外学者提出的研究型大学的核心标准、关键特征也和普通高校存在较大差异,研究型大学社会服务的对象、目标、层次、内容亦有自身特殊性。结合上文对研究型大学、社会服务概念的界定,本书对"研究型大学社会服务"做出以下界定。

研究型大学社会服务是"学术的全过程参与"②,它横跨了大学人才培养、科学研究和直接社会服务这三大职能,是"育人使命"和"服务价值"有机统一的教育理念和实践。在育人使命上,研究型大学将社会服务理念贯穿在自身课程、教学、科研、评价、管理等环节,以培养具有高度社会责任感和改革创新精神的拔尖创新人才为目标,倡导以解决社会重大挑战为导向的科研范式,积极调动学生和教师投身社会服务,是知识生产、传播、应用和增值的完整链条;在服务价值上,研究型大学与社会进行广泛互动,面向国家重大战略和区域发展需求,有效整合内外部资源,同各利益相关方协同合作,有目的、有组织地为社会提供高质量服务,将人才和科研力量转化为社会服务的巨大价值。

在本书中,"使命"与"价值"这一对关系专指研究型大学"育人使命"与社会服务"价值实现"所要达到的应然状态,是大学"自为"与"外塑"的统一,旨在引导研究型大学反观自身社会服务的实然状态,追踪社会服务理念如何贯穿研究型大学发展的始终,大学如何在服务过程中高质量履行育人的初心使命,同时最大化实现服务社会的价值。

在我国高等教育语境下,研究型大学社会服务本质上还是对"为

①   孟宪承.大学教育[M].上海:商务印书馆,1934.
②   胡昌翠,石晓男.研究型大学何以高质量服务社会——对一流研究型大学社会服务关键要素的考察[J].中国高教研究,2021(11):75-82.

谁培养人、培养什么样的人、如何培养人"这一"使命"的回应。因此，本书的出发点和落脚点还是研究型大学的育人功能，大学为社会服务，主要是回应大学里的"人"是如何实现为社会服务的"价值"，是对大学所培养的人进行的发问。因此，无论大学出于何种目的为社会服务，并非要把社会服务做出"花头"，而是培育学术卓越、有责任担当、积极向善、为公共利益而生的人，并引导"人"为社会开展服务，使大学育人使命和服务价值的实现同向同行、融合发展。这一界定从育人和服务相统一的角度，对大学三大职能进行整合，赋予大学传统职能新的内涵。布鲁贝克指出，大学要适应周围社会的需要，作为知识的生产者、批发商和零售商，摆脱不了服务职能。① 这足以说明，高等教育的育人功能并没有因为高等教育"认识论""政治论"之间的分歧而受到削弱，随着时代的发展，二者之间的矛盾不断调和，协同发挥育人作用。

在概念提法上，国内外文献对大学社会服务的提法颇多，如"社区参与"（community engagement）、"公共参与"（public engagement）、"公民参与"（civic engagement）、"社会服务"（social service）、"社会参与"（social engagement）、"服务社会"（serve the society）等，鉴于各种概念及其内涵逐步走向统一，均强调社会服务在广度和深度上的拓展及其对大学发展过程的系统贯穿，且案例高校的实践和访谈情况也印证了这一点。无论大学诞生在世界哪一个角落，无论国家文化存在何种差异，社会服务都已逐步发展成为大学对民族国家履行的使命与职责。因此，在本书中，为保障前后语义一致，以上提法与"社会服务"等同，均以"社会服务"一词指代。

结合上文对研究型大学的定义、社会服务的界定及研究型大学社会服务的阐释，本书的研究范围为：以国内外公立研究型大学社会服务为研究对象，从相对广义的范围对研究型大学的社会服务进行专题

---

① 布鲁贝克.高等教育哲学[M].3 版.王承绪，郑继伟，张维平，等译.杭州:浙江教育出版社，2001.

考察,追踪社会服务理念如何贯穿研究型大学发展始终,从过程和结果相统一的角度来看待社会服务(见图1.1)。需要说明的是,研究者将社会服务看作一种教育理念和实践,并将其嵌入"育人"和"服务"这一对关系中,以考察研究型大学如何在社会服务中做到育人和服务的统一;第4章和第5章主要以研究型大学为案例研究对象和问卷调研样本,凝练研究型大学社会服务的构成要素框架,暂不涉及研究型大学和非研究型大学社会服务的差异性比较;第6章基于案例事实和实证研究结果,在构建运行模式的基础上归纳研究型大学社会服务的独特性。

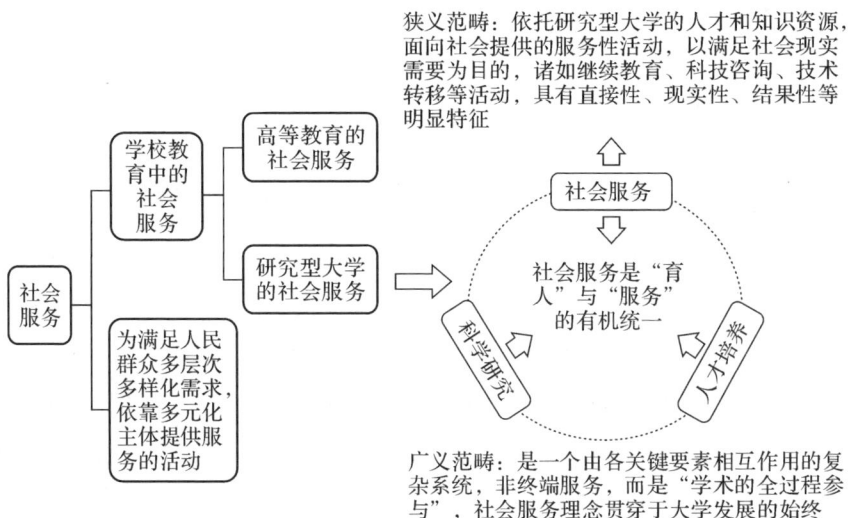

图 1.1　研究范围界定

1.4　研究内容、方法和技术路线

1.4.1　研究内容

本书遵循"历史演进、观照现实、模式建构、策略探索"的研究路径。第一,从宏观认知层厘清大学社会服务历史脉络,审视大学的本质,澄清研究型大学社会服务的价值原点。第二,在中观行动层基于"学术参与"理论构建分析框架,拓展研究型大学社会服务内涵与外延,即社会服务经历了探究性学术、应用性学术、教学性学术和融合性学术研究的完整过程,是知识生产、传播、应用和增值的完整链条。第三,在微观保障层开展国内外高水平大学案例研究,识别研究型大学社会服务的关键要素,建构研究型大学社会服务运行模式并分析其运行机理,为使研究型大学社会服务模式高效稳定地运行,提出了实施建议。因此,本书围绕"研究型大学如何高质量开展社会服务"这一问题,对国内外大学社会服务历史变迁、研究型大学社会服务的构成要素识别与验证、运行模式构建等问题开展系统研究,共分为 7 章,内容安排如下(见图 1.2)。

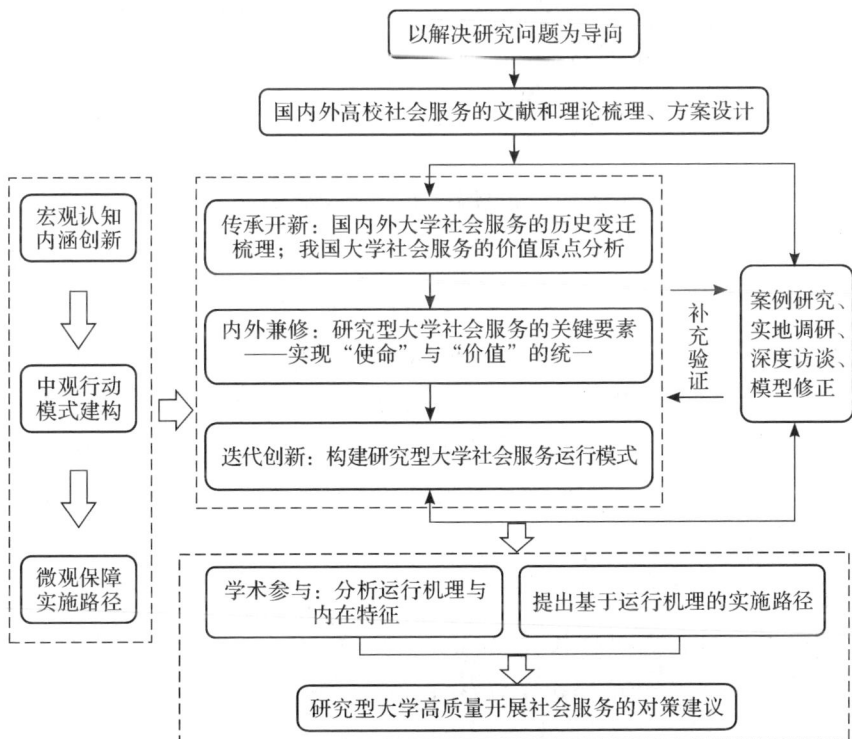

图 1.2 研究内容安排

第1章:绪论。从国际、国内和高校本身三个层次系统分析研究背景,剖析现实中存在的关键问题,提出研究问题,阐述本书的理论意义和实践意义,界定主要概念,明确研究对象,形成研究技术路线和内容安排。

第2章:研究综述及理论基础。在明确研究概念和内涵的基础上,系统梳理有关大学社会服务的国内外文献资料,通过国内外文献可视化分析、重点文献微观梳理总结,厘清研究现状、理论研究视角,提出现有研究的局限性,确定本书的理论基础、研究方法,厘清我国大学社会服务的价值根源,构建理论分析框架,为后续研究提供理论指导。

第3章:大学社会服务的历史考察。梳理大学社会服务的历史脉络。以英国、德国、美国和我国近代国立大学为研究对象,梳理国内外大学社会服务的历史发展脉络,传承开新,以史为鉴,对研究问题有一个较为全面的认知,客观认识当今研究型大学的社会服务,为研究型大学构建科学合理的社会服务模式、高质量开展社会服务提供借鉴。

第4章:研究型大学社会服务的探索性案例研究。利用第2章得出的理论分析框架,对北京大学、清华大学、浙江大学、加州大学洛杉矶分校、威斯康星大学麦迪逊分校等国内外高水平研究型大学社会服务进行多案例研究,运用内容分析法,总结国内外研究型大学社会服务"使命"与"价值"相统一、内外兼修的良好经验和做法,析出共同要素,分析差异性要素,形成研究型大学社会服务的构成要素框架。

第5章:研究型大学社会服务构成要素的实证研究。在文献研读、调研访谈、专家咨询和同行讨论的基础上,修正案例中得出的研究型大学社会服务运行模式的构成要素框架,凝练构成维度,提出若干研究假设。编制调查问卷,面向研究型大学教师、学生、管理者发放问卷,运用SPSS软件进行描述性统计、探索性因子分析、多元回归分析,验证研究假设。

第6章:研究型大学社会服务运行模式的构建及对策。根据教育模式构建的一般理论和方法,构建研究型大学社会服务的运行模式,对运行模式的构成维度及各要素的贡献度和功能进行解读,分析运行模式的内在特征和运行机理。从学术参与理论出发,研究型大学的社会服务不是单纯的"第三职能""拓展职能"或"终端服务",而是一个由多个关键要素构成,各要素相互作用,具有"三维"层次关系,在内外部"三重"驱动力作用下实现良好运转的生态系统。为促进研究型大学高质量服务社会,从社会服务体制机制、运行过程创新、支撑保障创新等层面,提出研究型大学社会服务的对策建议。

第 7 章:研究结论与展望。梳理研究内容,回应研究问题,凝练主要研究结论、研究创新之处,并提出研究存在的局限和不足,展望未来研究方向和下一步需要解决的问题。

1.4.2　研究方法

围绕研究问题,本书采用定量和定性相结合的混合式研究方法。混合式研究分为平行设计、探索性系列设计、解释性序列设计等。本着优势互补的原则,本书是探索性和解释性序列的混合研究,即先引进理论,进行探索性案例研究,再验证理论分析框架,以提出相关的对策建议。[①] 首先,运用文献可视化分析软件,统计分析国内外文献对研究型大学社会服务的研究趋势、研究热点和难点,接着遴选部分重点文献,全面细致地分析文献研究中存在的局限性和潜在的研究点。其次,采用探索性案例研究法,引入西方学者提出的教育生态系统理论、学术参与理论。这是一个构建在地化理论框架的过程,属于探索性研究。[②] 再次,借助探索性案例研究,结合文献分析结果,提出研究型大学社会服务的构成要素框架和研究假设;采用问卷调查和实证分析方式,修订构成要素框架,逐一验证研究假设。这属于解释性研究。最

---

① Creswell J W, Clark V L P. Designing and Conducting Mixed Methods Research[M]. Los Angeles: Sage Publications, 2011.

② Corbin J, Strauss A. Basics of Qualitative Research: Techniques and Procedures for Developing Grounded Theory[M]. Thousand Oaks: Sage, 2015.

后,系统构建研究型大学社会服务的运行模式,并解读这一模式的运行机理和特征,提出中国情境下研究型大学开展社会服务的对策。

文献研究法。文献研究贯穿整个研究过程,通过查阅学校图书馆、中国知网(CNKI)、Web of Science 等权威数据库中与研究问题相关的期刊论文、学位论文、研究著述等文献,梳理国内外文献,运用文献计量软件对研究型大学社会服务的相关文献进行图谱分析,接着遴选重点文献进行分析和述评。一是从整体上把握研究型大学社会服务的研究进展;二是勾画出研究型大学社会服务研究的前沿理论,对学术参与、教育生态系统、知识生产模式等理论进行深入挖掘,为搭建理论分析框架奠定坚实的基础;三是了解研究型大学社会服务发展和运行的现状及局限性。

历史研究法。为全面客观地认识研究问题,把握大学社会服务的历史脉络,对研究问题有更清晰的认识,本书收集了英国、德国、美国相关大学以及中国近代国立大学开展社会服务的史料文献,对大学社会服务的历史进行考察,梳理大学参与社会服务的历史脉络,总结各阶段大学社会服务的主要特征,以史为鉴,启迪当下,在传承与开新中全面把握研究型大学社会服务的运行模式。

案例研究法。本书选取北京大学、清华大学、浙江大学、加州大学洛杉矶分校、威斯康星大学麦迪逊分校五所在社会服务方面具有代表性的研究型大学作为探索性案例研究对象,收集案例高校所在国家的政府工作报告、高等教育政策文件,以及案例高校官方网站发布的新闻、公告、年报、权威著作等二手资料,并通过访谈或邮件交流获取一手资料,整理形成五个较为翔实的案例文本;根据理论分析框架,采用内容分析方法整理案例研究资料,对五个案例文本资料进行三级编码,按照目标、过程、机构、制度、资源等类目来识别社会服务的构成要素,分析国内外高校社会服务构成要素的差异,并形成研究型大学社会服务的初始构成要素框架,构建概念模型,提出研究假设。

实证分析法。为验证研究假设,采取问卷调查和统计分析方法开展实证研究。问卷调查是通过编制问卷进行资料收集的量化研究方法,采用较为宏观的视角,大规模调研并认识某些现象。编制研究型大学社会服务相关问卷,采取网络调研和实地调研相结合的方式,针对研究型大学社会服务现状、构成要素实际受重视程度,面向研究型大学教师、学生、管理人员发放问卷,回收数据后,采用 SPSS 软件对问卷进行信效度检验、多元线性回归分析,逐一验证研究假设。

1.4.3　技术路线

从国内外研究型大学高质量开展社会服务的共同趋势、社会经济发展对研究型大学社会服务的期待、社会服务推动高校科研评价改革的内在诉求入手,阐述研究背景;在此基础上,梳理研究型大学社会服务的概念和内涵,分析研究型大学社会服务的研究现状,发现研究局限和潜在的研究点,确定研究的理论视角;梳理国内外大学社会服务的发展历程,追溯高校社会服务的历史起源和我国大学社会服务的价值根源,提出"研究型大学如何高质量开展社会服务"这一问题,基于教育生态系统理论、学术参与理论等观点,搭建本书的理论分析框架。

基于所构建的理论分析框架,研读大量的国内外文献,识别出研究型大学社会服务运行模式的初始构成要素和社会服务的成效指标。同时,根据案例选取原则,选取北京大学、清华大学、浙江大学、加州大学洛杉矶分校、威斯康星大学麦迪逊分校五所研究型大学作为案例样本,对这些高校的社会服务进行深入研究,提取研究型大学社会服务的初始构成要素,辅以专家访谈和同行研讨,提出研究型大学社会服务的构成要素框架及构成维度,形成研究假设。在此基础上,运用问卷调查、因子分析、回归分析等统计方法,修正运行模式的构成维度及其要素,验证研究假设,继而构建科学合理的社会服务运行模式,对研究问题进行深入细致的分析。

以文献综述、案例研究、实证分析的结果为依据,深入解读研究型大学社会服务运行模式的主要特征、各要素间的内在关系、运行驱动力,整体架构研究型大学社会服务运行模式。结合五所国内外案例高校经验、访谈资料、问卷调研和实证分析结果,提出我国情境下研究型大学高质量开展社会服务的对策建议。最后,提出主要研究结论,指出不足之处并展望未来研究方向。结合以上分析,形成以下研究技术路线(见图 1.3)。

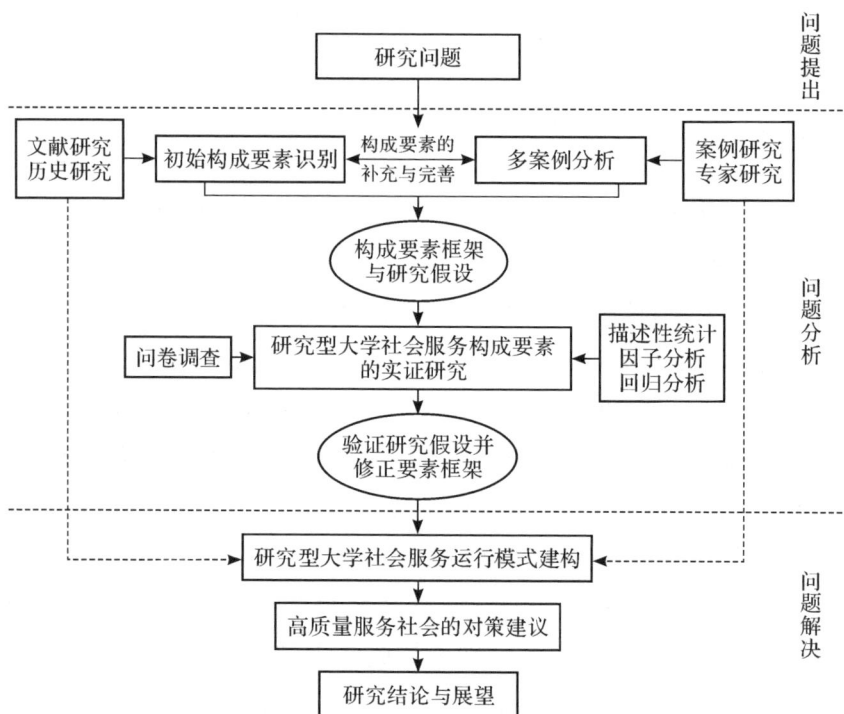

图 1.3 研究技术路线

第 2 章　研究综述及理论基础

大学社会服务的重要性得到了学界的广泛认可,研究成果与日俱增,社会服务职能的演变、社会服务过程及社会服务效果一直是国内外学者关注的焦点。为全面把握大学社会服务的研究现状和发展趋势,本章从宏观和微观两个层面,对国内外大学社会服务相关文献进行回顾,总结研究现状及研究存在的局限性,在此基础上寻找潜在的研究点。

2.1　国内大学社会服务研究综述

2.1.1　国内研究的基本情况

采用 Citespace 软件对大学社会服务的国内外文献进行可视化分析。在 CNKI 数据库中,将检索主题设为"高等教育"并含"社会服务","研究型大学"并含"大学社会责任",选择"北大核心"和"中国社会科学引文索引来源期刊",从发文量、作者、作者单位、研究主题等角度进行统计分析。剔除无关文献和无意义词条后,获得有效文献 1426篇。检索区间为 2012—2021 年,检索日期为 2021 年 9 月 25 日。

发文量分析。文献的年代分布走势能直观反映某一研究领域内文献在时间与数量方面的变化关系,可以说明该领域学术研究的理论水平和发展速度。从检索结果来看,近十年来研究大学社会服务的论文数量呈现稳定增长趋势,并在 2012 年、2015 年、2017 年出现了三次发文高峰,发文量分别为 121 篇、113 篇和 115 篇,在 2018 年以后发文量呈现下降趋势,随着产教融合、"双一流"建设高校等政策的出台,发文量再度回暖,并呈现平稳趋势。

发文量的起伏变化一定程度上与我国各时期经济社会发展的现实需求及国家出台的一系列鼓励高等教育为社会服务的文件有关。如 2010 年颁布的《国家中长期教育改革和发展规划纲要(2010—2020年)》指出,高等学校要牢固树立主动为社会服务的意识,全方位开展服务。2015 年,国家发布"双一流"建设总体方案,"构建社会参与机制"成为高等教育改革的重要任务。2016 年颁布的《"十三五"国家科技创新规划》提出,大学要面向国家重大需求培养创新型人才。2017年,教育部、财政部、国家发展和改革委员会联合出台的《统筹推进世界一流大学和一流学科建设实施办法(暂行)》提出,要全面提升我国高等教育在人才培养、科学研究、社会服务中的综合实力;《国务院办公厅关于深化产教融合的若干意见》指出,大学要融入国家创新体系建设,加强学科、人才、科研与产业互动。多项文件的出台将大学社会服务相关研究推向了高潮。从 2018 年开始,发文量呈现下降趋势。这一时期,大学全面融入国家和社会发展的洪流,社会服务也以"区域协调创新""振兴经济发展""拓展与参与"等面貌出现在大众视野,如 2018 年出台的《关于高等学校加快"双一流"建设的指导意见》,对大学社会服务的指导越来越细,要求大学增强服务国家重大战略需求能力,优化学科专业结构,完善以社会需求和学术贡献为导向的学科专业动态调整机制,充分发挥各类资源的集聚和放大效应。

2016 年颁布的《国家创新驱动发展战略纲要》提出,大学要系统提升人才培养、学科建设、科技研发的创新水平,强调大学要以全面服务社会的姿态和高质量的创新为国家和社会提供服务。2020 年印发的《深化新时代教育评价改革总体方案》要求改进高等教育学校评价,主动服务国家需求。此外,2021 年颁布的《中华人民共和国国民经济和社会发展第十四个五年规划和 2035 年远景目标纲要》指出,增强高校学科设置针对性,加快培养理工农医类专业紧缺人才。[①] 以上政策的出台表明我国对大学社会服务十分重视,充分彰显了国家大力支持高校开展社会服务的决心。

发文作者分析。根据文献计量学普莱斯定律,在同一主题中,50% 论文均由一群高生产力作者撰写,这一作者集合就被称为核心作者集。关注社会服务研究领域发表成果较多的顶尖作者及其研究动向,可以更好地掌握该领域的研究动态。发文数量最多的学者为周川、吴伟、臧玲玲、李瑞琳、杨燕蕾等,但作者合作网络较为零散,集中度不高。发文量大于 3 篇的作者即可视为核心作者,满足这个条件的作者有 27 人,共发文 123 篇,不满足普莱斯定律提出的 50% 的论文由该领域的核心作者创造这一条件,尚未形成真正意义上的核心作者集,但排名较前的核心作者和作者群在一定程度上代表了该领域的研究前沿。通过作者合作图谱可以看出,合作网络整体形态较为松散,分布着 2—3 人组成的同事合作网络或师生合作网络,高校和科研机构之间的合作呈现松散联合的状态。

发文机构分析。2012—2021 年,有近 300 位学者发表了大学社会服务研究相关的论文,发文 2 次及以上的作者有 24 人。这些学者来自 200 多个学术分支机构,发文量排名前 15 的机构中有 14 所高校,可见高等院校,尤其是高校中的教育学院、管理学院,对"高等教育社会服务"较为关注。例如,浙江大学教育学院、清华大学教育研究院、中国人民大学公共管理学院、北京师范大学教育学部等,都是该领域的主要研究机构。从图 2.1 中可以看出,各个机构间或作者间的学术交流呈非紧密联系状态,尚未形成核心研究圈层,主要以同一院校或研究机构的内部合作为主。

---

① 2015—2020 年大学服务社会相关政策文件　整理自中华人民共和国教育部."双一流"建设政策文件[EB/OL]. (2020-03-03)[2021-11-29]. http://www.moe.gov.cn/s78/A22/A22_ztzl/ztzl_tjsylpt/sylpt_zcwj/.

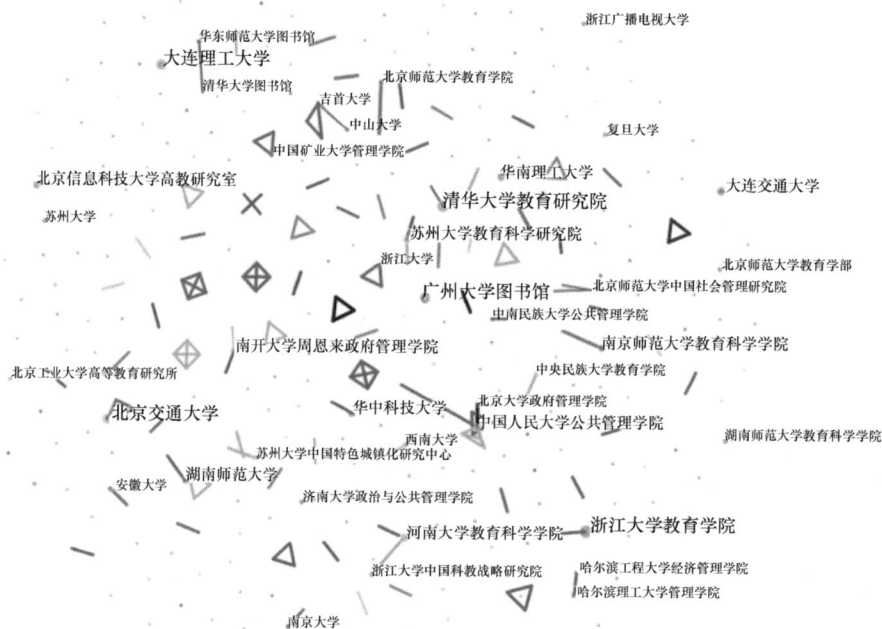

图 2.1　CNKI中文文献研究机构合作分布

资料来源:根据知识图谱分析结果绘制。

关键词共现。通过制作和分析关键词共现图谱,梳理关键词之间的关系,可对国内外大学社会服务研究相关热点及变化趋势获得较为直观的理解。圆点及文字字符的大小与该词出现的频次有关,字符越大即表示该关键词出现的频次越高,表示与该关键词有关的研究成果越多,该关键词为核心关键词,也是该领域的研究热点。从图 2.2 可以看出,我国大学社会服务的研究热点是社会服务、大学职能、地方高校、研究型大学、威斯康星理念等。

图 2.2　CNKI 中文文献关键词共现

资料来源：根据知识图谱分析结果绘制。

2.1.2　国内研究的热点和焦点

以上，研究者对国内文献研究趋势进行了分析。从研究热点和焦点来看，国内学者较为关注大学社会服务内涵及职能变迁、直接社会服务活动、国外大学社会服务经验介绍、地方高校社会服务能力评价、服务模式和机制等。

（1）大学社会服务的内涵及职能变迁[①]

有关大学社会服务的内涵研究主要包括大学社会服务内涵界定、

[①]　这方面研究聚焦考察西方大学职能发展的历史变迁，以朱国仁为代表：朱国仁.论现代高等学校三种职能的意义[J].高等教育研究，1998(1)：34-38；朱国仁.高等学校职能论[M].哈尔滨：黑龙江出版社，1999；朱国仁.20 世纪的历程：欧洲高等教育百年回眸[J].清华大学教育研究，2000(1)：22-32；朱国仁.高等学校职能的发挥与高等教育观念的转变[J].中国高教研究，1999(4)：27-28；朱国仁.从"象牙塔"到社会"服务站"——高等学校社会服务职能演变的历史考察[J].清华大学教育研究，1999(1)：35-41।

社会服务职能发展变迁研究。国内外不同学者的出发点和落脚点各不相同,主要是从广义和狭义上对社会服务进行划分,并给出相应的界定。从广义上来看,大学社会服务是指学校在人才培养、科学研究和直接社会服务中所发挥的功能,包括大学在经济、政治、文化、教育等方面发挥的作用,社会服务贯穿了大学发展的始终;而狭义的社会服务是指 19 世纪后半期诞生于美国大学,继人才培养、科学研究后的第三职能,以美国威斯康星大学等一批赠地学院为代表,仅指大学以直接满足社会需要为目的,将研究成果直接应用于解决现实问题,如产品研发、政府决策咨询、环境污染治理等,注重服务的结果和直接效应。

国内学者对大学社会服务的界定主要是从狭义上入手的,从社会服务作为大学的一项附属职能出发,考察社会服务的内容和类型,注重大学社会服务的结果。潘懋元先生提出将"直接为社会服务"作为高等学校的重要职能[1],可以表述为高等学校的智力资源直接地、迅速地转化为社会生产力(社会实践)[2]。社会服务工作大多是教学与科研活动的延伸,国外往往将其视为学校推广工作。社会服务作为一种职能,以美国《莫里尔法案(1862)》的颁布为标志,至 20 世纪中期以后才普遍确立。[3] 高等教育的社会服务是指高等学校在常规的教学和科研活动之外,根据社会发展的需要,利用自身的优势,为社会提供的直接服务。广义的社会服务是指高校作为一个学术组织为社会做出的包括直接的和间接的所有贡献;狭义的社会服务是指依托高校的教学、科研和知识等资源优势,向社会提供直接的、服务性的、促进经济和社会发展的活动。[4] 大学社会服务是直接满足社会现实需要的"第三职能"。[5] 大学的发展过程是一个不断满足社会需求的过程,一个不断面

---

① 潘懋元.高等学校的社会职能[J].高等工程教育研究,1986(3):11-17.

② 潘懋元.潘懋元文集(卷一)高等教育学讲座[M].北京:人民教育出版社,1993.

③ 顾明远.教育大辞典[Z].上海:上海教育出版社,1998.

④ 眭依凡,汤谦凡.我国高校社会服务 30 年发展实践研究[J].中国高教研究,2008(11):18-22.

⑤ 夏清华.学术创业:中国研究型大学"第三使命"的认知与实现机制[M].武汉:武汉大学出版社,2013.

向社会开放、为社会服务的过程,即大学的社会服务是根据社会发展所需,利用知识和智力优势,为社会提供直接服务。[①]

随着大学与社会的互动越来越深及社会对大学的期待越来越高,社会服务的内涵也变得越来越丰富。在现实中,大学不断突破狭义上的终端社会服务,开始走向注重大学社会服务的过程和结果相统一的方向上。以吴伟、麦均洪、赵庆年、李瑞琳等为代表的一批学者在梳理国内外大学社会服务的历史发展、概念变迁和实证研究的基础上,将大学社会服务看作一个与教学、科研职能协调发展的有机体系。任燕红紧紧围绕"大学各功能间的关系"这一主题进行研讨,将大学的功能分为本体和衍生两大类,本体功能即人才培养功能,衍生功能即科学研究、社会服务与文化传承创新功能,两者相辅相成。[②] 大学社会服务功能与本体功能是互相联系、互为一体的,对于人们认识大学社会服务的地位、大学各职能之间的关系具有极大的启示意义。吴伟等对美国若干公立研究型大学社会服务进行系统研究后提出,当今大学的社会服务是"急剧变革中的社会服务",社会服务已远非它诞生时的模样。而在传统认知中,人们对大学职能认识有一个循序渐进的过程,大学先是承担人才培养的职能,其次是科学研究,最后是社会服务这样的"第三职能",在中国的话语体系中,也出现了大学文化传承这样的"第四职能"。[③]

核心概念的诞生和更替是大学与社会关系变化的重要表征。李瑞琳、Hamish Coates 对国际上近年来兴起的大学社会服务的新提法进行了梳理,总结出了大学社会服务是"社会服务—第三职能—社会参与"这样一种演变历程,在一定程度上验证了吴伟等在《急剧变革中的大学社会服务》一书中提出的观点。目前,西方大学的社会服务概念已初步完成从"公共服务"到"第三职能"再到"公共参与"的转型发

---

① 邹晓东,李铭霞,刘继荣.顶天与立地结合,全方位打造服务社会新体系——浙江大学的综合案例[J].高等工程教育研究,2009(6):46-52.

② 任燕红.大学功能的整体性及其重建[D].重庆:西南大学,2012.

③ 吴伟,邹晓东,王凯,等.拓展与参与:美国公立大学功能的新变化[J].高等教育研究,2013(6):84-93.

展。梳理不同概念的产生背景、发展变迁情况可以得出,西方大学与社会关系形成了以双向交流为基础、以社会需求为驱动的发展特征。[①]李瑞琳、Hamish Coates 对我国大学社会服务的发展脉络进行了梳理:首先是政府主导阶段,其次是"三螺旋"模式下的快速发展阶段,接着是广泛参与的强化阶段,并对"服务""第三职能"和"参与"三个概念进行了对比,以此描绘出大学与社会关系的变迁和重构的画面(见表2.1)。[②]

表 2.1   大学社会服务概念变迁对比

概念	服务	第三职能	参与
出现时间	19 世纪 60 年代	20 世纪 80 年代	20 世纪 90 年代
理论思潮	实用主义 功利主义	新自由主义 新公共管理主义	多中心主义 新制度主义
本质	目标(使命)	职能	价值取向
作用方式	单向作用 大学—社会	单向作用 大学—社会	双向交流与合作
地位	教学、科研的拓展	并行但弱于前两者	推动力和核心诉求
利益相关者	政府	政府、市场	公民社会的多元主体

(2)大学直接社会服务活动

在文献检索中,有若干关于高校社会服务相关研究的关键词十分引人注目,如高校向公众开放图书馆、体育馆等设施,即"高校向社会开放设施";高校向社会提供继续教育,即"高校向社会提供知识";科技成果转化、产学研等,即高校向社会提供的"终端服务"或者社会服务的形式和结果。在考察大学直接开展的社会服务活动时,研究者参考已有研究对大学直接社会服务类型的划分,主要从"继续教育服务""科技拓展服务""开放公共设施类服务"等三个维度来归纳文献的主

[①] 李瑞琳,Hamish Coates. 从服务到参与:大学与社会关系概念的升级与重构[J]. 高教探索,2021(11):13-18.

[②] 李瑞琳,Hamish Coates. 我国大学社会服务职能发展:国际经验、现实问题与政策建议[J]. 高校教育管理,2020(4):96-106.

要观点。① 继续教育服务:这一类服务主要是指继续教育进修、大学为社会各类人才提供的培训和非学历教育。潘懋元等指出,继续教育对社会经济发展具有重要的促进作用,继续教育以现实的生产力为对象,是将在职人员的知识技能直接转化为生产力的过程;继续教育是将理论、生产、管理同实际相联系的重要桥梁;继续教育也是与市场经济接轨,及时反馈市场信息,根据市场信息进行人才培养目标调整的重要抓手。② 李建斌结合清华大学继续教育管理实践,梳理了 2002—2017 年四次全国人民代表大会关于继续教育的表述以及清华大学创新继续教育的实践,主动服务国家发展战略、服务人才队伍素质能力提升。③ 杨学祥、张晓东结合北京大学继续教育实践,解析了高校继续教育的使命与责任,强调新时代高校继续教育的核心任务在于服务国家发展。④ 科技拓展服务:这一类服务主要指大学参与的横向项目、科技转化类项目、政府决策咨询类活动、社会文化知识的普及与宣传活动等。学者研究了高校与社会合作开展产学研项目的理论与实践,如李颖、袁爱玲以高校在地方建设科技园或者技术转移中心为例,探讨如何充分发挥高校在国家创新系统中的功能和作用。⑤ 沈佳坤等研究了"双一流"高校推动政产学研融通创新的作用机制,以国际科技创新的核心区中关村科学城的典型政用产学研项目为例,对"双一流"高校在我国政用产学研融通创新体系中的重要作用进行了探讨。⑥ 开放公共设施类服务:这一类服务主要指大学向社会开放公共设施、传播知识、提供挂职锻炼类活动及公益类志愿活动等。例如,高丹、李秀霞认为,高校图书馆作为社会公共服务机构,开展社会化服务的时间较早,

---

① 麦均洪,赵庆年,等.高校社会服务能力评价研究[M].北京:中国社会科学出版社,2021.

② 潘懋元,方晓,邓耀彩.继续教育在经济发展中所扮演的角色——理论探讨与未来展望[J].高教探索,1994(2):16,35-36.

③ 李建斌.继续教育的时代使命与践行:改革与转型中的清华大学继续教育发展研究[J].当代继续教育,2019(6):4-8.

④ 杨学祥,张晓东.新时代高校继续教育的使命与责任[J].继续教育,2018(1):3-5.

⑤ 李颖,袁爱玲.充分发挥高校在国家创新系统中的功能[J].中国高等教育,2017(18):45-47.

⑥ 沈佳坤,张军,吴非."双一流"建设高校推动我国政用产学研融通创新的作用机制——基于中关村科学城典型项目的研究[J].高校教育管理,2022(1):87-99.

社会服务能力也相对较强,在推动经济发展和社区建设等方面作用较为明显。[①] 此外,高校社会服务的一个典型做法是教育扶贫,拥有强大人力和物力资源的高校是教育扶贫的重要生力军。胡俊生、李期经过调研得出,我国高校经过数年的探索,已基本摸索出"扶贫扶智"模式、"强师帮教"双助模式、"培才扶医"送健康模式、"学历+技能"双提升模式及全口径赋能帮扶模式。[②] 王高合基于近年来教育部直属高校精准扶贫实践,提出要发扬创新、协同、包容、红色的理念,倡导教育部直属高校要发挥资源和人才优势,从产业升级到消除贫困,从脱贫攻坚到乡村振兴,做到因地制宜、精准施策。[③]

(3)大学社会服务案例及经验引介

对于大学社会服务的案例研究,我国学者主要以美国、英国等一流研究型大学为例,介绍高校社会服务的典型做法,本书选取若干具有代表性的案例进行综述。陈贵梧以美国高校为例,分析了大学社会服务的发展阶段和实践路径。美国大学社会服务使命起源于20世纪60年代,确立于21世纪初,经历了萌芽、发展和强化三个阶段;在实现途径方面,作者借鉴英国学者安吉·哈特的大学公共参与理论分析框架,将美国大学社会服务的路径分为面向社会开放设施、面向社会传授知识、学生社会参与、教师社会参与、振兴经济与推动企业发展,以及建立公共关系六大维度[④],这一结论对本书对我国研究型大学社会服务的实践形式分类有着重要的借鉴意义和参考价值。王彬以康奈尔大学为例,系统研究了美国研究型大学社会服务的组织体系,包括社会服务网络,社会服务的评价与表彰,对我国高校如何架构社会服务组织体系具有重要的指导意义,我国高校应以社会主义新农村建设为服务重点,加强社会服务长效机制建设,全力帮助社会解决各类具

---

① 高丹,李秀霞.国外高校图书馆出版服务实践及启示[J].图书馆杂志,2021(2):74-82.

② 胡俊生,李期.高校扶贫:目标取向、帮扶模式及提质增效对策[J].西北农林科技大学学报(社会科学版),2020(3):25-31.

③ 王高合.从教育扶贫到经济脱贫——教育部直属高校参与滇西脱贫攻坚战的实践与思考[J].民族教育研究,2020(6):19-23.

④ 陈贵梧.美国大学社会服务使命及其实现路径[J].高等教育研究,2012(9):101-106.

有挑战性的问题。① 苏洋、赵文华以美国纽约市三所研究型大学为例，讨论了研究型大学如何在国家创新驱动发展战略实施中发挥引领作用，研究型大学服务纽约科技创新中心建设的成功经验对我国研究型大学服务并领跑区域经济社会发展具有借鉴意义。② 江育恒、赵文华以美国华盛顿大学为例，凝练了研究型大学推动城市发展的实践路径，大学凭借优势学科和科研实力，推动协同创新网络建设。③ 王志强、杨庆梅以威斯康星大学麦迪逊分校为例，探索了世界一流研究型大学的社会服务运行系统。威斯康星大学麦迪逊分校积极地参与区域经济发展与社会发展，其成功的技术转移机制、多学科合作研究平台、大学研究区等已经成为提升大学创新能力及知识成果转化的重要路径，且其鼓励教师和学生创新精神的项目和行动，向我们展现了知识经济时代研究型大学在构建区域创新系统中所发挥的重要作用。④ 韩双淼等考察剑桥大学、牛津大学两所高校开展的人文社会科学社会服务的实践，以两所高校发布的战略发展规划为对象，对大学人文社会科学如何开展社会服务进行比较分析后指出，"跨学科"是高校人文社会学科服务社会的重要路径；两所高校从组织文化建设、管理层建设和监督机制维度促进跨学科社会服务。⑤

（4）地方高校社会服务评价相关探究

学者主要以某一区域的高校为例构建社会服务评估体系，集中考察大学直接社会服务活动的绩效，研究对象一般以某一区域的高职院校和地方高校为主，以下本书选择若干在社会服务评价体系方面有代表性的文献进行综述。张宝友、汤易兵运用一种多指标输入和输出复

---

① 王彬.康奈尔大学社会服务的路径与启示[J].中国农业教育,2014(2):41-44.

② 苏洋,赵文华.我国研究型大学如何服务全球科技创新中心建设——基于纽约市三所研究型大学的经验[J].教育发展研究,2015(17):1-7.

③ 江育恒,赵文华.研究型大学助推创新型城市建设的路径初探——来自华盛顿大学的经验借鉴[J].中国高教研究,2016(7):73-79.

④ 王志强,杨庆梅."创新驱动"过程中研究型大学的功能实现路径——以威斯康星大学麦迪逊分校为例[J].高等工程教育研究,2017(4):151-155.

⑤ 韩双淼,谢静,汪辉."跨学科社会服务"与研究型大学人文社会科学发展——基于英国顶尖大学的战略规划和战略地图分析[J].江苏高教,2020(11):47-54.

杂系统的相对有效性评价方法——数据包络法（DEA），通过实例说明DEA 是高校社会服务的绩效评价的有效方法之一。[①] 盛国军选取社会服务素质、社会服务意愿、社会服务成效作为高校社会服务评价的一级指标。[②] 韩瑞珍、杨思洛以"投入—产出"为框架，以湖南省高校社会服务绩效评价为例，通过两轮指标筛选，构建高校社会服务绩效评价指标体系，包含投入指数、产出指数和保障指数三个一级指标和八个二级指标及若干三级指标构成的高校社会服务绩效评价的指标体系。[③] 李波、王兴华按照高校社会服务的对象，运用最小二乘法构建了高校社会服务能力模型，该模型主要由高校面向社区服务、企业服务、政府服务和高校自身服务四个维度构成。[④] 刘涛、油永华对山东省各类高校的社会服务能力进行了研究，构建了包含教学延伸服务、科研延伸服务、文化活动服务、资源服务四个维度的考核体系，并运用结构方程模型对山东省内的高校进行了测评。[⑤] 从研究视角来看，这些研究要么针对大学以知识为基础的间接社会服务活动进行研究和评价，从教学、科研和服务方面进行量化分析，要么针对某一区域的院校构建大学社会服务的评价指标体系。相关研究仍然存在评价指标不合理等问题，如有的评价体系仅仅用来评价大学的科技成果转化情况，数据来源相对单一，评价指标缺乏实证检验等。这样的评价指标难以真正发挥社会服务的"指挥棒"作用，无法全面客观地反映大学社会服务的面貌。

（5）大学社会服务运行模式相关研究

伴随着急剧的社会变迁，大学的社会服务职能也发生了翻天覆地的变化，现实社会需要对大学社会服务的期待也越来越高。那么，大

① 张宝友，汤易兵.基于 DEA 模型的高校社会服务绩效研究——以杭州市高校为例[J].西安电子科技大学学报(社会科学版),2011(4):12-18.

② 盛国军.高校社会服务职能评价体系研究[J].黑龙江高教研究,2012(2):49-52.

③ 韩瑞珍，杨思洛.区域高校社会服务绩效评价指标体系构建研究——以湖南省为例[J].重庆大学学报(社会科学版),2013(6):83-88.

④ 李波，王兴华.基于 PLS 的高校整体社会服务能力研究[J].教育科学,2016(3):61-68.

⑤ 刘涛，油永华.高校社会服务能力评价体系的构建及应用研究——以山东省高校为例[J].当代教育科学,2016(17):33-36.

学如何保持良好的社会服务运行态势,做到既能坚守人才培养和科学研究的初心与使命,也能较好地实现自身的社会价值,实现使命与价值的协调发展呢? 相较于大学职能的理论探讨、大学直接社会服务丰富翔实的研究,学界对大学社会服务的构成要素及运行模式、运行机理的探讨相对不足,部分文献即使以"社会服务模式"或"社会服务机制"为题,但实际研究的还是大学社会服务的具体组织形式,或某一类高校某一学科的社会服务的具体案例①,对大学社会服务的关键要素、各要素间的运行机理进行系统考察的研究较少。刘海涛指出,大学服务社会要想获得持续的效果,必须制定有效的运行机制,按照既定的理念和规划持续进行,防止出现短期行为和一头热的情况。近代大学从诞生之日起,就有强烈的服务社会导向,其社会服务的形式有扫盲教育、平民教育、思想启蒙运动等,其中,科普教育和农业推广占比较大既受到中国传统经世致用思想的影响,也吸收了美国现代大学社会服务的先进理念。② 康乐将大学社会服务看作一个包括保证高等教育公平、质量与社会适切性,探索知识并将知识应用于社会,推动人类社会的文明进程等一系列理念与实践的内容体系,大学社会责任是一个随着高等教育与社会关系的动态发展而不断发展的历史范畴,并提出了"使命确立—责任共担—机制保障—文化创新"的大学服务社会行动框架。③ 焦磊、袁琴对 2019 年《华盛顿月刊》社会服务排行榜前十的

---

① 关于大学社会服务模式的个案研究,具有代表性的文献如下:王红雨,刘烁.中正大学教育学院"在地·参与"的发展模式[J].高教发展与评估,2021(1):60-71;仰和芝,张德乾.服务项目教学模式在社会工作硕士专业学位研究生培养中的运用——基于井冈山大学的实践[J].学位与研究生教育,2018(1):12-17;韩玉静.农业高校提升社会服务能力模式探索——以黑龙江八一农垦大学为例[J].中国农业信息,2017(11):48-50;周晨虹.美国大学社会服务的"大学社区参与"模式评析[J].广州大学学报(社会科学版),2014(5):59-64;闵维方.知识经济时代大学的社会服务功能——以北京大学为例[J].国家教育行政学院学报,2006(9):17-19;孙明英,冯增俊.知识生产视域下大学服务社会模式变迁[J].现代教育管理,2014(3):16-21;柯玲,庄爱玲.美国和日本高校社会服务模式比较研究[J].西南交通大学学报(社会科学版),2013(4):63-67;付敏.农业高校社会服务模式研究[D].武汉:华中农业大学,2012.

② 刘海涛.运行机制与边界:我国近代大学社会服务的理念、实践与反思[J].现代教育管理,2015(6):41-45.

③ 康乐.大学社会责任理念与履行模式[D].大连:大连理工大学,2012.

研究型大学社会服务运行机制进行研究后发现,社会服务开展较好的大学,决策层都十分重视社会服务职能,秉持可持续发展的社会服务理念,且成立了专业社会服务机构,构建了全方位的社会服务体系。国内外对比来看,长期以来我国研究型大学重科研轻社会服务,在一流大学建设过程中重排名轻社会服务,教学、科研和社会服务职能未能实现协调发展。美国研究型大学由传统的单向公共服务转变为双向互惠的社区参与模式,在社会服务方面取得了显著的成效[①],对我国一流研究型大学更好地与社会和国家进行双向互动具有重要的借鉴意义。李桂平、何旻提出了大学社会服务与社区探究链接的模式,认为大学教育与社会服务的融合发展是可行的,大学社会服务是构建一个共同体,链接是大学社区服务发挥作用的核心机制。[②]

2.2　国外大学社会服务研究综述

2.2.1　国外研究的基本情况

在 Web of Science 数据库,以"university social service"(大学社会服务)、"public engagement"(公共参与)、"service learning"(服务性学习)、"civic engagement"(公民参与)为主题进行检索,剔除无关文献和无意义的词条后,共获得有效文献 628 篇,并以此为分析对象,检索区间为 2012—2021 年,检索日期为 2021 年 9 月 25 日。

发文量分析。2012—2014 年,大学社会服务相关论文数量呈现稳定增长趋势,并在 2015 年和 2019 年出现了 2 次发文小高峰,发文量分别为 86 篇、99 篇。2016—2018 年,随着世界各国建设创新型国

---

① 焦磊,袁琴.美国高水平研究型大学社会服务的模式、机制及其启示[J].黑龙江高教研究,2020(9):62-67.

② 李桂平,何旻.对大学社会服务与社区探究链接的实践模式的思考[J].现代大学教育,2021(5):96-104.

家的需要,高等教育尤其是高水平研究型大学与国家和社会的互动较为密切,大学社会服务相关发文呈现稳定增长趋势;2019—2020 年发文量快速增长,并在 2020 年达到顶峰,为 106 篇。在 628 篇英文文献中,有 60％以上的作者来自美国,发文量与美国自 20 世纪 90 年代以来兴起的"大学社区参与"模式密切相关。这一模式强调大学与社区的双向互动,旨在推进大学教学、科研与服务功能的综合发展,具有学术性、综合性、互惠性、公共性等特征。同时,美国联邦政府颁布了一系列大力促进高等教育发展的法案,鼓励高等教育发挥在国家创新系统中的中枢作用。例如,2011 年出台的《美国创新战略》(*A Strategy for American Innovation*,2011)将新能源、纳米、生物、先进制造业、太空技术、医疗卫生、教育技术等作为强国战略[①],2015 年出台的《美国创新战略》(*A Strategy for American Innovation*,2015)把精准医疗、新能源、新神经技术、太空技术、解决极端贫困等纳入国家优先发展战略[②]。这些战略主要是依靠"国之重器"的研究型大学来实现。一方面,研究型大学可以为国家培养精英人才,为国家创新系统建设注入新鲜血液;另一方面,研究型大学顶尖的科学研究能力可以为国家战略的实现提供一流的基础教育研究成果。在研究型大学的带领下,处于高等教育不同层级中的社区学院、州立大学等也在发挥各自的光和热,为实现国家战略做出应有的贡献。[③]

　　发文作者及机构分析。样本文献中发文量大于 3 篇的作者即可视为该领域的核心作者,经统计,满足这一条件的作者共 27 人,共发表论文 123 篇,不满足普莱斯定律提出的 50％的论文由该领域核心作者创造的条件,说明该研究领域没有形成真正意义上的核心作者群。可以看出,作者和机构合作网络整体形态较为松散,分布着 2—3 人组

---

① National Economic Council, Council of Economic Advisers and Office of Science and Technology Policy. A Strategy for American Innovation: Securing Our Economic Growth and Prosperity[R]. Washington, D.C.: The White House,2011.

② National Economic Council and Office of Science and Technology Policy. A Strategy for American Innovation[R]. Washington, D.C.: The White House,2015.

③ 袁传明. 创新生态系统下美国高等教育政策的走势[J]. 高教探索,2019(4):68-73.

成的同事网络或师生组合。该领域的学者大多独立完成研究任务，尚未形成核心作者群；研究机构主要是伊利诺伊大学、普渡大学、俄亥俄州立大学、加州大学系统、密歇根州立大学、威斯康星大学麦迪逊分校、马德里大学、佐治亚州大学等，美国高校与中国高校如香港大学、北京师范大学等长期保持合作关系。

对关键词进行共线性分析发现，国外研究主要聚焦于服务学习、社会参与、体验式学习、社会责任、学生参与、教师参与、社会公平、公共参与等几个大类（见图 2.3）。国内外对比发现，国内学者比较关注大学职能发展、功能研究、大学社会服务的类别和形式、大学社会服务的结果；而国外学者较为关注大学社会服务的过程、社会服务的主体，从"服务学习""学生参与"等关键词可以明显看出，高校学生群体以及高校学生参与社会服务的过程一直是国外学者追踪研究的重点，如社会服务课程的开发设计、公共参与课程的实施、公民参与社会服务的影响力、社会服务的知识学习、学生和教师参与社会服务的形式，对社会服务的主体如何发挥积极性，主体在社会服务中进行自我身份认同的关注度较高。

图 2.3　WoS 英文文献关键词

资料来源：根据知识图谱分析结果绘制。

2.2.2 国外研究的热点与焦点

以上是国外有关高等教育社会服务研究的文献宏观热点和趋势分析,本书选取若干重点文献,对研究的热点和焦点进行分析。

一是关注大学社会服务职能的新变化。这类研究强调应该从广义上对大学社会服务予以界定,即"大学的公共参与或社会参与"[①]。国外有关高校社会服务的研究呈现出从"狭义的社会服务"向"广义的社会服务"演进的趋势。"参与型学术""大学与社会双向互动"是当前研究的热点话题。[②] 从国内外对比来看,大学社区参与、参与性学术这一趋势在国外研究中更为明显,全面描绘了大学社会服务的全貌,从关注社会服务的终端走向社会服务的过程。从美国民主发展的进程来看,大学为社会提供服务是社会公平的标志之一,可以从大学社会服务这一术语名称的演变中洞见这一点,如社会服务在美国又被称为"公民参与""民主参与"。[③] 这种演变强调社会公平的价值取向,突出美国民主社会的重要性,也说明高等教育不仅仅局限于学术本身,还要承担更多的社会责任,其源头可以追溯到工业革命时期反剥削运动、美国殖民地时期大学为培养合格公民推行的通识教育[④],即高等教育不仅仅是面向精英的,也是面向普罗大众的。事实上,从广义上看待大学社会服务,并将大学社会服务拓展到大学公共参与、社会参与、公民参与的研究主要是源于美国、英国等国家。伯纳多(Bernardo)等在世界范围内抽样了若干所高校的社区参与进行比较研究后发现,高等教育社区参与超越了传统的教学和研

---

① 这类研究主要受博耶的学术参与理论的影响,如:Boyer E. Scholarship Reconsidered: Priorities of the Professoriate[M]. San Francisco:Jossey-Bass,2015;Boyer E. The Scholarship of Engagement[J]. Journal of Public Service & Outreach,1996(1):11-20.

② Navarra U O . Public Engagement at the University of Minnesota[Z]. University of Minnesota:Office for Public Engagement,2006.

③ 李瑞琳,Hamish Coates. 从服务到参与:大学与社会关系概念的升级与重构[J]. 高教探索,2021(11):13-18.

④ Butin D,Seider S. The Engaged Campus:Certificates,Minors and Majors as the New Community Engagement[M]. New York:Palgrave Macmillan,2012.

究角色,并提出了"社区参与的跨国性"观点,从菲律宾和澳大利亚大学的两个案例研究中可以清晰地看出这一点。作者揭示了不同国家的大学对社区参与的理解和实施方式的差异。这些差异与大学所在国家的经济、社会文化、政治和组织因素有关。① 美国大学公共参与的热潮也与社会公益理论(public good)有关,该理论认为知识是一种很纯粹的公共产品。高等院校与其所在地区,尤其是资助其办学的地区有着天然联系,高等院校要反哺区域发展。② 实际上,公共利益这样的社会服务理念与大学的公共参与、社区参与属于同一套话语体系,以美国赠地大学如威斯康星大学麦迪逊分校、加州大学系统为例,强调大学对本州、民族、国家和世界发展提供社会服务并做出应有的贡献。

二是关注大学与社会的双向互动。"大学与社会的融合""公民参与""公共参与"等是大势所趋,也是未来研究的趋势。从近年来高等教育社会服务相关政策的着力点变迁也可以看出,国外高等教育社会服务的研究经历了"从大学单向输出服务供给到大学与社会的双向互动"③,"大学社会服务是一个复杂系统"④,且社会服务理念和实践逐步与大学融为一体⑤。

三是关注基于大学社会服务的科研评价改革。国外已有的对于大学社会服务能力的评价研究可以分为两条主线:一条以英国的科研

---

① Bernardo M, Butcher J, Howard P. An International Comparison of Community Engagement in Higher Education[J]. International Journal of Educational Development, 2012(1): 187-192.

② McMahon W. Higher Learning, Greater Good: The Private and Social Benefits of Higher Education[M]. Baltimore: Johns Hopkins University Press, 2009.

③ Roper C, Hirth M A. A History of Change in the Third Mission of Higher Education: The Evolution of One-way Service to Interactive Engagement[J]. Journal of Higher Education Outreach and Engagement, 2005(3):3-21.

④ Weerts D J, Sandmann L R. Community Engagement and Boundary-Spanning Roles at Research Universities[J]. The Journal of Higher Education, 2010(6):632-657.

⑤ Weerts D J, Sandmann L R. Building a Two-Way Street: Challenges and Opportunities for Community Engagement at Research Universities[J]. The Review of Higher Education, 2008(1): 73-106.

卓越评估框架(REF)的演进为代表[①]；另一条是针对大学社会服务能力本身开展的评价研究,以美国卡内基高校社区参与分类社会服务框架为代表。"大学社会服务评价"在英国"科研卓越影响力评价(REF)"或"非学术影响力评价"中均有体现。Bence 和 Oppenheim 集中考察了英国科研评估框架的历史变迁过程,以及英国研究评估活动考察科研和非科研中的各项指标如何在不断变化的政策背景下演变。1985—2001 年,英国科研评估逐渐从原先注重科研论文发表量和成果产出量的评价,转向注重已发表的科研论文和科研成果转化率及其对社会的影响力的评价。[②] 2014 年,英国首次在全国高等教育系统中引入"科研成果的社会影响力"评价指标,在全球范围内引起了极大反响,并实施了"国家高等教育机构卓越科研水平评估框架"。REF 以学科为基础,以专家评议和文献计量方法为主,从高校的科研产出、影响和环境三个维度,对高校科研影响力进行评价,评估结果将作为国家对科研资源分配的依据,旨在以评价促质量,激发高等教育机构以卓越的科研水平服务国家战略。[③] 科研影响维度强调扩大科研成果影响范围,鼓励科研成果扩大辐射力,根据"辐射范围和重要性"综合评分,影响范围可以是大学所在地区、国家和全球,这一评价指标主要采用"案例(科研成果对社会产生影响的典型案例)＋模板"的方式来评价高校科研成果的社会影响力,且同一个"案例"可以重复提交,即在上一次评估中提交过的案例如果满足 REF2021 的要求,可以再次提交评审,以彰显高校科研成果对社会发展的持续性、全面性和叠加性

①　Technopolis Group. REF Accountability Review：Costs，Benefits and Burden［EB/OL］.(2020-02-26)［2024-01-06］. https：//www. technopolis-group. com/wp-content/uploads/2020/02/REF-Accountability-ReviewCosts-benefits-and-burden. pdf. 2020.

②　Bence V，Oppenheim C. The Evolution of the UK's Research Assessment Exercise：Publications，Performance and Perceptions［J］. Journal of Educational Administration and History，2005(2)：137-155.

③　王楠,张莎.构建以跨学科和社会影响为导向的科研评估框架——基于英国"科研卓越框架"的分析［J］.中国高教研究,2021(8)：71-77.

影响力。2021 年度,REF 将科研影响权重由 20% 提升到 25%[①],说明科研对社会的影响力得到了广泛认同和重视,英国持续修订科研影响力评估框架,将科研对教学和学生活动的影响纳入评估范围,可以为我国高校提升服务社会的水平提供参考借鉴。[②] 卡内基高校社区参与分类评估是世界范围内通用的高校社会服务类评价标准,具有"非强制性"的特征,属于约束性规范,大学可以自主决定是否参与"社区参与型高校"评选,以提升自身的学术声誉和社会担当[③],对于倒逼大学加入社会服务浪潮具有极大的促进作用。

四是关注大学参与社会服务的制度规范。为社会服务提供"资源和条件"并非"无限制盘活资源"或"无止境挥霍大学资源"。因此,在确保研究型大学始终保持学术卓越的前提下,为保证社会服务的过程管理、服务质量和良好的社会效益,研究型大学根据自身实际制定了一系列规范性文件,如威斯康星大学麦迪逊分校约束教师做好社区服务学习的《基于社区的课程设计标准》《公民行动计划》等约束性制度规范。尊重不同大学的办学特点,构建科学有效的分类评价系统,避免出现同质化,引导大学开展丰富多彩的社会服务。[④] 程燕林等选择意大利高校作为案例,对意大利高校开展的科研评价机构和评价实践进行了深入研究,总结了意大利科研评价在理念、方法、制度等方面的特点。意大利高校的科研评价体现出了政府主导、代表作制度、按学科分类评价、评价结果对社会的影响力强等特点,重视大学与科研机构的第三使命与社会影响评价,促进科技成果转化。[⑤] 刘路等为进一

① REF2021. Guidance on revisions to REF 2021[EB/OL].(2021-12-09)[2024-12-09]. https://www.ref.ac.uk/publications/guidance-on-revisions-to-ref-2021/.

② 王梅,颜红丽.英国高校科研影响力评估的改革与启示——基于 REF2021 的分析[J].外国教育研究,2021(7):58-72.

③ Carnegie Elective Classification. The 2024 Elective Classification for Community Engagement[EB/OL].(2024-01-02)[2024-02-24]. https://carnegieelectiveclassifications.org/the-2024-elective-classification-for-community-engagement/.

④ 李瑞琳,史静寰.如何评价大学的社会服务功能:美国卡内基高校社区参与分类 2020 年新动向及其启示[J].江苏高教,2021(7):112-118.

⑤ 程燕林,宋邱惠,陈佳妮,等.意大利的科研与第三使命评价及对中国的启示[J].世界科技研究与发展,2022(4):557-566.

步研究世界范围内大学社会服务的评价现状和参考框架,选择美国、澳大利亚和日本三国大学的社会服务评价实践进行研究。美国卡内基教学促进基金会将社会服务作为大学分类的依据,主要考察大学在课程服务、拓展与合作两个方面的表现,并对其社会服务能力进行评价(见表2.2);悉尼大学组建了"澳大利亚大学—社区参与联盟",构建了大学社会服务的评估框架,用于评估联盟成员大学的社会服务情况;日本政府实施了以目标达成度为基准的国立大学法人评价,采用内部自评和外部评价相结合的方式,对大学的教学、科研和社会服务目标达成情况进行动态评价。[①] 约翰尼斯(Carl Johannes)、马赛厄斯(Menter Matthias)认为,尽管学界一直在研究大学社会服务的评价,但这属于外界对大学社会服务活动本身的评价,大学对社会究竟产生什么样的影响的研究依然模糊。加强大学的教学使命,使之成为社会变革的中心杠杆,将大学重新定位为"解决社会之需"是十分重要的。[②]

表 2.2　卡内基高校社区参与分类评估标准(2024版)

序号	评选维度	具体描述
1	申请高校基本信息报送	高校办学情况简介
2	高校社区参与背景	描述高校为何参与社区服务,对服务架构、服务历史等进行介绍
3	社会服务的质量保证	描述高校开展社会服务的系统行动和策略、数据统计、例子等
4	大学—社区学术合作关系	描述5—8个大学与社区合作开展的学术项目研究
5	高校社会服务的界定、愿景与目标	描述高校如何看待社会服务、服务目标和愿景如何、如何打造服务品牌、领导力

① 刘路,洪茜,李瑞琳,等. 美、澳、日三国评价大学社会服务的经验与启示[J].清华大学教育研究,2020(1):134-141.

② Johannes C, Matthias M. The Social Impact of Universities: Assessing the Effects of the Three University Missions on Social Engagement[J]. Studies in Higher Education, 2021(5): 965-976.

续表

序号	评选维度	具体描述
6	社会服务的机构设置和财政支持	描述高校社会服务的组织机构、人才队伍、财政经费预算、战略规划、外部支持等事项
7	大学监控和评估服务	明确大学跟踪社会服务开展情况的工具、标准、评估手段等
8	社会服务成效及影响	提供具体案例说明大学社会服务的成效及对地区、全美、全球的影响
9	社会服务的人才队伍建设	专业人才队伍、教职员队伍、人员招聘条件、合同制人员及长聘教职
10	高校社会服务相关课程与教学建设	社会服务课程界定、课程开发、设计、开设及实施情况,要提供具体课程表,如社会服务课程数量、学分、教学计划、兼职和全职教职员授课情况;学生必修和选修比例、专业部门和院系开设社会服务课程情况
11	合作开展社会服务课程	与社区合作开设了什么课程或项目,学生参与情况、领导情况、合作机制等
12	学生社会服务发展及学习路径	描述学生参与社会服务的具体路线图,学校为学生制定的培养计划及激励措施
13	其他与社会服务计划	是否有终身学习、校园多样化、平等化、全纳性计划
14	反思与结论	描述心得体会、资源整合经验、社会服务反馈情况等

资料来源:卡内基高校社区参与分类评估框架(2024 年)[EB/OL].(2022-01-01)[2024-02-05]. https://carnegieelectiveclassifications. org/wp-content/uploads/2022/01/2024-Carnegie-Community-Engagement-First-Time-Framework. pdf.

五是聚焦考察师生参与的"服务性学习"或"基于社区的学习"

(community-based learning，CBL)①。服务性学习强调学生和教师从课程与教学层面深入参与社会服务，即前文所提及的"学生参与"(student engagement)、"教师参与"(teacher engagement)。② 在博耶的参与性学术理论影响下，大学社会服务开始由单向输出服务的形式向大学与社会的公共参与转变③，社会服务已经深深嵌入大学的运行体系之中，重塑了大学的整体面貌。例如，大学将社会服务和为公共利益服务的基因吸纳进自身课程与教学中，大规模开设"服务性学习"课程，该课程积极吸收社区的人、财、物、环境等资源，构建系统的社会参与课程体系，以解决实际问题或参与实践体验为核心，带领学生开展社区服务，实现理论与实践相结合的人才培养理念和教育教学实践。④ 博耶的学术划分理念打破了学界长期以来对大学学术的狭隘认知，博耶用"参与性学术"这个概念重新解读学术，将社会服务纳入大

---

① 聚焦考察服务性学习的文献较多，列举部分代表性文献：服务性学习或基于社区的学习对学生发展、公民养成的影响，如：Trager B. Community-Based Internships：How a Hybridized High-Impact Practice Affects Students，Community Partners，and the University[J]. Michigan Journal of Community Service Learning，2020(2)：71-94；Chan S C F ，Ngai G，Lam C H Y，et al. How Participation Affects University Students' Perspectives Toward Mandatory Service-Learning[J]. Journal of Experiential Education，2021(2)：137-155；Chen L C. A Study of the Efficacy of Service Learning on Students? Learning Outcome[J]. International Journal of Teaching and Education，2016(4)：1-11；Melaville A，Berg A C，Blank M J. Community-Based Learning：Engaging Students for Success and Citizenship[Z]. Coalition for Community Schools，2006.服务性学习是研究型大学的核心所在，如 Fischer G，Rohde M，Wulf V. Community-Based Learning：The Core Competency of Residential，Research-Based Universities [J]. International Journal of Computer-Supported Collaborative Learning，2007(1)：9-40；Weert T V，Kendall M. Community-Based Learning[M]. New York：Springer，2004.服务性学习的实践、挑战与反思，如 Morton M. Community-Based Learning：Practices，Challenges，and Reflections[J]. Collected Essays on Learning & Teaching，2009(2)：198-202.

② 服务性学习对教师发展的影响，如：Cooper J E. Strengthening the Case for Community-Based Learning in Teacher Education[J]. Journal of Teacher Education the Journal of Policy Practice & Research in Teacher Education，2007(3)：245-255；Marullo S，Cooke D，Willis J，et al. Community-Based Research Assessments：Some Principles and Practices[J]. Michigan Journal of Community Service Learning，2003(3)：57-68.

③ Wood J. The University as a Public Good：Active Citizenship and University Community Engagement[J]. International Journal of Progressive Education，2012(3)：15-31.

④ Morin S M，Jaeger A J，O'Meara，K. The State of Community Engagement in Graduate Education：Reflecting on 10 Years of Progress[J]. Journal of Higher Education Outreach and Engagement，2016(1)：151-156.

学学术的范畴，破除了长期以来将大学社会服务当作一系列边界模糊、琐碎的活动甚至慈善活动的局面，使社会服务获得了与大学探究性学术相同的价值和地位，消解了长期以来社会服务与教学、科研之间的屏障。[①]

2.3 国内外研究述评

国内外学者对大学社会服务开展了大量的研究，在大学社会服务的内涵研究、职能变化、运行机制、服务效果评价与影响因素等方面取得了诸多成果，为本书提供了良好的借鉴，但也存在一定的局限性。

从研究主题看，已有研究对研究型大学社会服务的界定较为模糊。首先，对各级各类高校社会服务的研究呈现同质化趋势，研究主要探索某一地区某一院校社会服务的案例和经验，介绍性研究偏多，针对研究型大学社会服务的专题性、系统性研究较少，缺乏高质量、有深度、引领性的研究成果，不足以为高等教育高质量开展社会服务提供良好资料借鉴和支持。研究题目常以"大学社会服务"或"高等教育社会服务"等名词涵盖所有层次和类型的大学社会服务，对高等教育系统中各级各类大学的社会服务定位、功能和模式并没有进行区分，研究型大学社会服务的关键要素和运行模式未引起研究者的关注。其次，已有研究集中考察研究型大学开展社会服务的结果、绩效，注重评价研究型大学社会服务的"结果如何"，而厘清研究型大学社会服务的内涵，识别出关键要素，并总结出社会服务的运行机理，是考察研究型大学社会服务的基础。最后，已有研究主要是从大学的职能发展观、威斯康星理念传播等视角静态讨论大学社会服务，注重高等教育各级各类院校社会服务的普遍性、一致性、整体性目标，对我国情境下

---

① Woods L, Willis J L, Wright D C, et al. Building Community Engagement in Higher Education: Public Sociology at Missouri State University[J]. Journal of Public Scholarship in Higher Education, 2013(3):67-90.

研究型大学社会服务的建设目标、需求、内容与路径探讨不足。

从研究内容看,现有研究主要考察大学社会服务实践维度。在这方面,学界主要围绕两条主线开展研究:一是宏观层次的高等教育社会服务的价值实现和政策研究;二是微观层次的高等教育社会服务的具体实践和实施途径。其中,第二条主线占比较大,这类研究主要以高等教育社会服务的实践研究为主,大学社会服务相关的理论建构、体制机制建设、政策分析较少,大部分研究从职能、服务形式、服务主体(如教师、学生)、资源、管理等不同侧面描述了大学社会服务的组织形式,鲜有综合性和系统性的研究。

从理论层面看,现有研究对研究型大学社会服务的构成要素及其运行逻辑探讨不足。因研究型大学社会服务的界定和相关研究较少,现有研究缺乏从系统论的角度去思考研究型大学社会服务的构成要素及运行模式。"系统"是由一系列相互联系、相互作用、相互制约的要素或事物运作的过程构成的、具有整体功能的统一体。长期以来,由于受西方"第三职能""第三使命""拓展职能"等对大学社会服务狭隘界定的影响,现有研究多聚焦于大学社会服务的局部探讨,如社会服务绩效评价、指标体系建构、具体服务路径等,或集中考察某种单一的社会服务方式的开展,如大学为社会提供知识、产学研合作开展知识创新、继续教育、服务性学习等,尚未运用有效理论来指导研究型大学社会服务的研究并揭示社会服务的运行规律。单纯对国外理论进行引进介绍,对理论的解析和运用浅尝辄止,难以对研究型大学社会服务构成要素、作用机理和特征进行详细刻画。

从研究实践看,大学社会服务缺乏"在地化"方案。静态考察社会服务结果的研究较多,注重社会服务的"工具理性",对其"价值理性"追问较少。制约研究型大学社会服务的根本原因是不健全的运行模式。国家鼓励大学社会服务的政策没有及时转化为大学的"在地化"方案,缺乏顶层设计和目标引领,对社会服务的内涵和外延整体认知不足,造成社会服务领域狭窄、师生参与度不高等问题,影响了研究型大学社会服务的质量,而从根本上提高研究型大学的社会服务能力,是提升我国高等教育办学水平和国际影响力的关键。[①] 因此，研究型大学要立足党和国家的发展大局，精准定位社会服务的关键要素，并充分发挥各要素间的协同创新作用，走好高质量服务社会之路。

从研究方法看，现有研究存在局限。分析现有文献发现，思辨性、经验性、描述性个案研究较多，缺乏实证研究和思辨研究的有机结合，已有研究尚未凝练出相关的概念模型和实践路径，并采用实证研究对大学社会服务进行探索性和验证性因素分析，深入探讨研究型大学社会服务要素构成、理论建构的研究较为缺乏。

2.4　理论基础

要深入认识大学的社会服务，首先要全面认识大学的本质，重新审视"大学是什么"这一问题。以下将围绕大学的学术性和契约性展开论述，以阐明大学在履行人才培养初心使命的同时也积极承诺贡献社会服务的价值。

大学首先是一个"学术性"组织，具有较强的"学术性"特征，这是从"大学是知识传授和知识创造的场所"这一角度来看大学得以存在的合理性。长久以来，学界主要是从知识传授层面来认识大学的本质。18 世纪的德国哲学家康德是最早对这个问题做出回应的人，在《学科之争》一书中，康德从理论上对现代大学的目的、性质和秩序等问题做出了界定，将大学视为"学术共同体"。纽曼则全面充分地论述了大学的理想及本质，大学是一个"为了知识而知识"的场所，通过提供博雅教育来培养具有哲学思想的人才，目的在于传播知识而非发现知识。[②] 这一提法充分展示了大学作为人才培养场所的核心使命，与亚里士多

---

① 胡昌翠，石晓男.研究型大学何以高质量服务社会——对一流研究型大学社会服务关键要素的考察[J].中国高教研究，2021(11)：75-82.

② 纽曼.大学的理念[M].高师宁，何可人，何克勇，等译.贵阳：贵州教育出版社，2006.

德提出的"知识自为性"和洛克提出的"心智训练说"一脉相承。① 此外,雅斯贝尔斯对于大学也有过类似的提法,他强调大学知识传授这一本质,大学承担着研究,教学,专业知识课程、教育与教养,生命精神交往这四项任务。② 可以说,以上论述是将大学作为一个知识传授机构来论述其人才培养使命,以凸显其作为知识传播组织的学术性。

19 世纪末,大学的发展出现了另一种转机,柏林大学的创办使得大学开始关注知识的生产和创造,但职业教育、技术教育及普及教育都不应该由大学负责,大学要追寻的是学术研究和科学研究,现代大学属于"研究型组织"。布鲁贝克将高等教育称为研究学问之场所。③克拉克认为,大学与企业、政府和非营利性组织不同,知识是大学较为特殊的生产材料,尤其是高深知识材料是高等教育的核心所在。④ 进入 20 世纪,急剧变革的社会丰富了大学的角色,大学的地位发生了急剧的变化,人们对大学本质的认识也随之改变。大学不仅仅是知识传授和知识创造的场所,还要进行知识运用,这就需要大学主动回归社会并适应社会的发展,学界在这一点上逐渐达成共识。对大学本原属性的论述虽然存在分歧,但从大学人才培养的功能角度诠释了大学是以知识为核心的学术性组织。从中世纪大学到德国洪堡大学再到现代大学,无论大学身处何种时代、何种社会,知识都是大学得以存在的前提。大学所能做到的一切,均是以大学作为一个学术性组织为前提的。

同时,大学也具有"契约性"。学术性并非大学的全部,从另一个角度看,无论是博洛尼亚大学,还是巴黎大学,都是师生为了共同目标而自发成立的正式组织或非正式组织。随着教会力量的衰退、政府力量的壮大及社会各方力量的觉醒,多元化巨型大学诞生了,大学逐渐

---

① 沈文钦.纽曼博雅教育学说的历史渊源[J].高等教育研究,2009(6):32-37.
② 雅斯贝尔斯.什么是教育[M].邹进,译.北京:生活·读书·新知三联书店,1991.
③ 布鲁贝克.高等教育哲学[M].3 版.王承绪,郑继伟,张维平,等译.杭州:浙江教育出版社,2001.
④ 克拉克.高等教育系统:学术组织的跨国研究[M].王承绪,等译.杭州:杭州大学出版社,1994.

由单纯的学术性组织变成"学术、政府、社会、市场"等多主体共同治理的组织,成了典型的利益相关者组织。各利益相关方与大学缔约使大学具有了事实或法律上存在的合理性,这种缔约关系就形成了一种"契约"。高等教育的发展本身是一个基于各方利益诉求的过程,大学治理体系由多元主体共同参加,各利益相关主体基于自身价值诉求而相互博弈,在博弈中不同的治理主体将会谋求自身利益的最大化。在此过程中,有可能多方利益都得到了满足,达成了一个理想的平衡状态,也有可能因为一方或多方的利益难以满足或相关主体的利益受损导致现代大学治理关系的破裂或无效运转。因此,大学要进行关系协调,达到平衡状态。

大学作为一个学术有机体,同时具备"学术性"与"契约性",其社会服务职能的运行逻辑亦如此。大学在向社会各利益相关方履行服务职责的过程也是学术性与契约性博弈的过程,大学与各利益相关方开展合作,不断满足与社会各利益相关方缔结的"契约",各利益相关方也在不断强化大学的学术性特征,在这样的互动逻辑中,大学得以在"学术"和"契约"间进行通约。因此,大学开展社会服务实质上就是履行与各方缔结的契约,履约方式多种多样,大致可以分为以下 4 类,即大学需要履行对学术、育人、政治、法律与伦理责任,即契约 1、契约 2、契约 3 和契约 4。在实际运行中,这几类契约存在不同的履约侧重点。

可见,大学要妥善处理与市场、社会各组织,包括政府之间的关系。大学社会服务的价值根源是学术自治和学术自由。值得注意的是,无论大学与各种利益相关方缔结、履行何种契约,这种"契约性"是以"学术性"为前提来进行知识生产和知识创造的。学术自治说明大学能够妥善处理与政府、社会的关系,减少外界对大学的干涉,依法自主办学,而这种自治力需要大学不断履行其缔结的社会契约从而慢慢获得,"契约性"也是大学存在的合法性基础。此外,大学缔造高深学问的重要前提是享受充分的学术自由。今天的学术自由与中世纪时期那种"教的自由"和"学的自由"相比,已经发生了翻天覆地的变化,学术自由在于师生在教学、学习和科学研究中的自由,教师和学生可以进行自主性、创造性思考,不受任何外界因素的干扰。 当然,学术自由是"有限度的自由",是大学主动承担社会服务的责任才能获取到的自由。布鲁贝克指出,大学没有无责任的自由,也没有无自由的责任。 从 4 类契约可以看出,大学履行社会责任受学术本身、外部市场及社会三重力量的驱动和影响。只有通过内部学术力量驱动、外部市场力量和社会力量引导,并基于相关制度安排,才能突破阻碍大学服务社会的内外部因素,顺利履行大学所承担的社会责任,这种履约责任不断赋能大学的学术发展,进一步强化其学术性特征,使大学在学术性和契约性的张力和矛盾中不断向前发展。

2.4.1　知识生产模式理论

知识探索发现、分析阐述和传承发展是高等教育的永恒主题。现代社会还没有创造出任何可以与大学这个知识生产组织相提并论的机构。 知识生产模式的变革推动大学治理模式变革,同时,大学治理模式变革为知识生产方式变革提供相应的发展空间。 大学本质上是一个以知识生产为核心的学术组织,完全遵循知识生产规律,是"控制高深知识和方法的社会机构"。在很长一段时间内,大学垄断了知识生产,但知识生产一开始并非制度化、独立化的社会活动,随着社会经济的发展,大学与外界的联系越来越多,知识的生产模式从根本上发生了变革。吉本斯等提出,知识生产模式 1 是牛顿式的科学研究,以学科为中心;知识生产模式 2 诞生于应用的语境中,提倡利用学科交

---

① 李维安,王世权.大学治理[M].北京:机械工业出版社,2013.

② 布鲁贝克.高等教育哲学[M].3 版.王承绪,郑继伟,张维平,等译.杭州:浙江教育出版社,2001.

③ 诺沃特尼,斯科特,吉本斯.反思科学:不确定时代的知识与公众[M].冷民,等译.上海:上海交通大学出版社,2011.

④ 王聪.知识生产模式转型与美国公立大学内部治理结构变革——伯克利加州大学的案例研究[J].高教探索,2017(9):55-61.

⑤ 克拉克.高等教育系统:学术组织的跨国研究[M].王承绪,等译.杭州:杭州大学出版社,1994.

叉研究成果的绩效。因此,知识生产模式 1 和模式 2 在观念、实践、机制等方面有较大区别。[①]

(1)知识生产模式 1:为了知识而知识

知识生产模式 1 是指一系列思想方法、价值与规则的知识生产方式。问题的提出和解决是以学术自治为中心的,学术研究与问题解决并未涉及学术团体之外的利益;基于单一学科生产知识,以学科框架为知识生产的依据,学科是以学者共同体为基本单位组织起来的,知识生产成果以同行评议为主;强调个体创造价值的重要性,外界对科研工作者的印象是"孤独的科学探寻者"[②]。

知识生产和创造作为大学的职能可以追溯到洪堡时代,洪堡第一次把科学研究纳入大学的职能中。大学通过开展科学研究追求真正纯粹的知识,以理性的科学知识生产扭转知识长期被神学和宗教统治的局面,用纯粹的科学知识培养高贵而自由之人,而教学和科学研究的统一便可以实现"纯粹心智"培养的重任。科学研究成为大学的第二大职能,为真正的科学研究开辟了渠道,即"纯科学模式"[③]。该模式强调人们探索知识完全是出于好奇心,纯粹是为了知识而知识,至于知识的应用、实践都是企业等社会组织该干的事情;政府和社会组织不能干涉大学的学术自由和学术自治,但可以给大学投资,如果政府干涉大学,则会被看作对学术自治和学术自由的威胁。洪堡认为,国家不应该期望大学和政府眼前的利益发生直接联系,政府要鼓励大学完成真正的使命,促进大学的学术水平不断提高。[④] 赫钦斯也认为,如果政府和企业为大学提供资助,是毫无私利地追求永恒的而不是一时的真理,那纯粹是自欺欺人。[⑤] 这时期,知识的生产建立在学院组织之

---

① 吉本斯,等.知识生产的新模式:当代社会科学与研究的动力学[M].陈洪捷,沈文钦,等译.北京:北京大学出版社,2011.

② 吉本斯,等.知识生产的新模式:当代社会科学与研究的动力学[M].陈洪捷,沈文钦,等译.北京:北京大学出版社,2011.

③ 王骥.从洪堡理想到学术资本主义——对大学知识生产模式转变的再审视[J].高教探索,2011(1):16-19.

④ 鲍尔生.德国教育史[M].滕大春,译.北京:人民教育出版社,1986.

⑤ 布鲁贝克.高等教育哲学[M].王承绪,等译.杭州:浙江教育出版社,1998.

上,以学科知识为中心,学科组织间的合作并不十分明显,外行参与的可能性较低,科学研究的问题一般是由学术共同体内部成员根据学科自身发展逻辑推导而来的,研究成果也是由本学科的精英评定。因此,在知识生产模式1背景下,大学基本属于学术自治和学术自由模式。

(2)知识生产模式2:为了应用而知识

知识生产模式2是在模式1的基础上诞生于应用性情境中,是以解决社会问题为导向的,模式2具有跨学科性;知识生产的异样性和多样性使知识具有社会责任与反思性、扩展性和多维性①,强调知识的生产、加工和运用以一定的应用性情境为前提,有别于知识生产模式1倡导的知识在"认知的情境"中生产,在知识生产模式2中,知识已经由大学内部向政府、企业外溢,并弥漫整个社会大环境,对政府和企业及整个社会都有相当的实效性,大学与企业、政府及社会的利益相关方协同合作,不断走向平衡的知识供需关系。知识生产方式并非完全取代了知识生产模式1中的传统学科结构,但复杂化、综合化的重大科学问题的出现给个体研究工作造成了极大的挑战,需要联动多个学科的研究者,整合多学科力量和智力资源,在共同的目标引领下,开展跨学科合作研究,共同解决社会面临的重大问题。随着知识商品化时代的到来,大学"唯一的知识生产机构"这一标签已不成立,大学和产业界、企业、政府机构、非政府组织、跨国组织等"非大学组织"机构合作生产知识,带有明显的异质性特征。由于在应用性、跨学科语境中,知识生产更多的是基于社会需求,解决社会面临的问题,融入了社会责任,研究者除了对自我研究行为和结果负责外,还要反思知识生产给社会带来的影响,彰显为社会服务的责任。知识生产的质量和成果存在多维度、开放化的评价渠道,知识生产模式2除了评价知识本身的价值外,还要将知识置于一个较为广泛的社会、经济、政治环境中,各利益相关方都能参与评价大学知识生产的质量(见表2.3)。

---

① 文东茅,沈文钦.知识生产的模式Ⅱ与教育研究——北京大学教育学院的案例分析[J].北京大学教育评论,2010(4):65-74.

表 2.3 知识生产模式 1 和知识生产模式 2 对比

比较维度	知识生产模式 1	知识生产模式 2
生产范围	学术共同体所控制的环境	知识生产于应用的情境中
生产主体	专业学者、大学内部、精英群体	多利益相关方、大学内外场所
面向情境	单一学科内部、学院科学、知识单向流动	知识生产于跨学科语境、多主体互动、知识交叉链接
生产机理	理论推导、学术自治、追求真理和纯粹知识;同质性	实践导向、问题导向,寻求效率和效益;异质性
解决路径	学科产生分化、为了知识而知识,知识促进科学研究	合作生产知识,应用知识解决问题,具有应用性、目标性
质量评价	权威学者、同行评价,个体研究价值对本学科的贡献	知识生产产生的社会影响力,多元化、多主体、开放式评价

  进入 19 世纪后,德国工业发展需要大量劳动力,技术型人才缺口很大,但由于德国大学坚守"纯科学模式",国家和社会组织只好在大学之外重新举办了一批技术学院,这些技术学院后来发展为著名的工科大学。相比之下,美国对于高等教育知识生产的态度则呈现出另一番景象,美国倡导"有用的就是真理,真理就是有用的"实用主义哲学,大学科学研究的功用就是要有利于改进人们的行动。"赠地大学"的诞生与美国实用主义传统有着千丝万缕的关系,美国倡导大学要惠及社会,服务工农业和机械发展。19 世纪,美国大学出现了以赠地大学为代表的"技术模式"和以研究型大学为代表的"纯科学模式"。1862年,罗杰斯创立的麻省理工学院(MIT)一开始是一所纯粹的技术学院,他把研究型大学的"纯科学模式"引入 MIT,使 MIT 在转变大学知识生产模式上发挥了关键作用,成为一所"科学—技术"模式的大学,对斯坦福大学、加州大学等一批美国高水平大学的社会服务产生了深远的影响。[①]

---

  ① 王骥. 从洪堡理想到学术资本主义——对大学知识生产模式转变的再审视[J]. 高教探索,2011(1):16-19.

（3）彰显大学社会性：知识生产逐步走向社会化

任何类型的大学都是遗传和环境的产物。从遗传角度看，大学应该继承人类的精华，弘扬客观无私、发展理性、尊重知识的固有价值等等。这种对大学的认识强而有力，是一种能被新的大学继承的内在逻辑。从环境角度看，大学发展的内在逻辑就变成了支撑大学运营的社会制度及其政治体系。[①] 从历史演变角度来看，传统意义上大学是以承担任务为主，如大学会选拔出一些人，对他们进行为社会服务的教育。为社会服务需要具备解决社会、科技与心理等各方面问题的能力，且由于这些问题并非在某一学科中产生的，在某一学科中也无法找出合适的解决办法，因此，在社会中通才和具备综合能力的人就成了王牌。[②] 阿什比的这一观点表明，从高等教育的历史演变来看，大学是知识生产的重要机构，且大学的知识生产与社会环境密不可分，现代大学的知识生产正逐渐地社会化、市场化，一步步走向社会发展的中心。如前所述，大学具有学术性和契约性，在市场和社会之间大学形成了一种中间组织。大学具有相对独立和相对自治的特点，在生产和创造知识的同时不断推动社会发展，同时，大学也通过与社会组织和市场开展各种交换活动将市场和社会连接起来。由此可见，大学能够积极融入社会，兼顾各方利益并不断促进供方和需方的协调发展，也由此赢得了较高程度的学术发展空间。与此同时，大学也需要树立良好的社会形象，接受社会各方的监督。[③]

随着全球化和科技发展引发的知识形态转变，知识生产模式已经由模式 1 向模式 2 转变，这种转变给高等教育知识生产带来新的挑战。模式 1 和模式 2 并非孤立开来的两种知识生产模式，大学要实现模式 1 和模式 2 的强强联合，将学术责任与社会责任通盘考虑，从原先的"学科语境"迈向"跨学科语境"，处理好"博学"与"专精"的关系，

① 阿什比.科技发达时代的大学教育[M].滕大春,滕大生,译.北京:人民教育出版社,1983.

② 阿什比.科技发达时代的大学教育[M].滕大春,滕大生,译.北京:人民教育出版社,1983.

③ 钟建林.现代大学的社会性:关于知识生产与社会服务的讨论[J].江苏高教,2019(5):44-48.

运用好"学术语境"与"应用语境"，平衡好"为了知识而知识"和"为社会服务"的关系。^①

2.4.2 参与性学术理论

著名的高等教育学家博耶（Ernest Boyer）认为，大学的教学、科学研究和社会服务三大职能已经远非"第一、二、三职能"这样的序列组合，要将它们看作有机融合的一个整体，但大学的学术研究的真实状况和这种"三合一"的理想状态有着巨大的鸿沟，看似近在咫尺，实则远在天边。从当前高等院校的学术科研成果评价体系来看，高校对学者的价值评判并非把他的教学、科研和社会服务同等对待，而是科研明显占上风。^② 因此，在调研了全美 1 万多名高校教师学术研究现状的基础上，博耶对大学的"学术研究"进行了再审视，并对"学术研究"进行了颠覆性的界定，将学术研究划分为探究性学术研究、教学性学术研究、融合性学术研究、应用性学术研究四个类别，或曰学术研究的四种形态，并提出了参与性学术（也称学术参与）这一重要的理论观点。作为 20 世纪美国著名的高等教育理论家和实践改革家，博耶被誉为"教育家中的领袖，领袖中的教育家"，历任卡内基教学促进基金会主席、美国联邦教育署署长、加州大学总校长、纽约州立大学校长，曾在加州大学圣巴巴拉分校等著名高校和学术机构任职。博耶担任卡内基教学促进基金会主席时，和同事们一同发布了诸多对教育具有重大影响力的报告，这些报告的话题包罗万象，从儿童早教到大学教授的研究问题都有涉及，《学术的再审视：大学学术研究的完整内涵》就发表于 20 世纪 90 年代。

过去 30 多年间，美国高等教育系统社会服务的主要对象集中在商业服务和参与政府决策咨询领域，这是一种单向度、终端性的服务

---

① 安超. 知识生产模式的转型与大学的发展——模式 1 与模式 2 知识生产的联合[J]. 现代教育管理，2015(9)：46-50.

② Boyer E. Scholarship Reconsidered：Priorities of the Professoriate[M]. San Francisco：Jossey-Bass，2015.

交付模式,与更高阶段的公共参与还有较大差距,高校明知社会服务的重要性,但在教学和科研实践中却经常"选择性"遗忘和忽略这一点,致使社会服务成为一种剩余的职能(residue category)。[①] 在此背景下,博耶认为美国高等教育机构不是在服务公共利益,而是日益成为服务私人利益的机构,如学生来校学习的目的是获取毕业证,教师关注的是何时可以取得终身教职,高校对于国家关注的公民、社会、经济和道德等重要问题往往避而不谈。[②]

在博耶的高等教育思想里,高校人才培养被赋予了"学术"的内涵和使命。博耶认为,大学教师的学术研究不仅是获得同行认可,更重要的是他要能与学生进行有效交流,同行对于教师的学术认可、学术评审不是目的,教师对学生的影响才是目的。换句话说,博耶将学术研究看作一种"高超的交流技艺"。博耶在一次学术演讲中提及:"大学教师光做研究是不可能得到长聘教职的,只有做研究且能发表研究成果才有被聘用的机会,这就意味着教师教给学生的东西都是自己生产的知识和学问,所学即所用。作为学者,要不断地和人交流,除了与同行交流学术外,最重要的是要与可能成为未来学者的学生们交流,使学术之光生生不息。"从交流技艺这个层面来说,"学术是为了与学生交流"这一观点与美国一直以来的学术研究传统可谓南辕北辙,但这正是博耶的核心教育信条,他提倡高等教育要与内外部互联互通,教师要善于沟通表达和做好传道授业,教会学生勇于承担社会责任。[③] 其中,互联互通(connectedness)是指教学与科研的联系、教师与学生的联系、学科与学科的联系、学校与社会的联系。通过建立校内的联系,可以有效整合校内的各种资源,通过建立与社会的联系,可以使大

① Benneworth P, Culum B, Farnell T, et al. Mapping and Critical Synthesis of Current State-of-the-art on Community Engagement in Higher Education [R]. Zagreb: Institute for the Development of Education, 2018.

② Boyer E. The Scholarship of Engagement[J]. Journal of Public Service & Outreach, 1996 (1):11-20.

③ Boyer E. Scholarship Reconsidered: Priorities of the Professoriate[M]. San Francisco: Jossey-Bass, 2015.

学和社会保持联系,为师生参与社会服务提供相应平台。一所和外界没有建立联系的大学,在培养学生上也注定是失败的。[①]

肯尼迪认为,大学因教授为集中精力做研究而不断压缩教学时间,转而使用访问学者或者临时性教师,在聘任终身教职时往往缺乏对卓越教学成绩的肯定。斯坦福大学在改进教学方面,并没有做出系统而卓有成效的努力,虽然大学方面很重视教学改进工作,时常也做得不错,但没有取得实质性的效果。大学里教学不力意味着什么?如何做好教学?这些问题令人十分震惊。教学是教师的职业,但却鬼使神差般地从职业话语中消失了。[②] 博耶非常认同这一观点,他一针见血地指出,从学界对"学术"一词的界定就可以看得出来,学者们把"学术"看作机会,而把"教学"看作负担。[③] 因此,重新反思"学术"的本质是题中应有之义。

1989 年,在博耶的主持下,卡内基教学促进基金会在威尔思林集团的支持下,面向全美 1 万余名教师开展调查,研究团队对美国高等教育机构学术研究现状进行考察后,于 1990 年编撰完成了《学术的再审视:大学学术研究的完整内涵》(*Scholarship Reconsidered: Priorities of the Professoriate*)报告。[④] 报告提出,高等教育机构要从"教学和科研到底哪个重要"的命题中解放出来,这个问题没有答案,陷入孰轻孰重这种永无休止的争论毫无意义。我们要对学术做出内涵丰富而广阔的界定,使学术研究丰富鲜活起来,建设一种全新的学术共同体。教学与科研孰轻孰重的争论已经过时了,我们要面对一个更加尖锐的问题:作为一名高校学者究竟意味着什么?为了回答这个问题,我们对"学术研究"重新进行界定,它包括相互联系的四个方

---

① Bringle R,Games R E,Malloy E. Colleges and Universities as Citizens[M]. Boston:Allyn and Bacon,1999.

② 肯尼迪.学术责任[M].阎凤桥,等译.北京:新华出版社,2002.

③ Boyer E. Selected Speeches 1979—1995[M]. San Francisco:Jossey-Bass,1997.

④ 丁枫、岑浩两位学者将 *Scholarship Reconsidered:Priorities of the Professoriate* 这一报告名称翻译为《学术反思:教授的工作重点》,本书根据报告的主体框架和所表达的意思,译作《学术的再审视:大学学术研究的完整内涵》。

面,即"探究性学术,应用性学术,教学性学术,融合性学术"。这四个方面共同构成了大学教授学术研究的重点领域,也是《学术的再审视:大学学术研究的完整内涵》报告的核心观点。

(1)重新审视"学术":丰富而广阔的内涵

美国殖民地时期的高等教育主要沿袭欧洲大陆的学院传统,尤其是英国传统,这种传统认为学校和教师的重点在于培养人才。随着新国家的建立,大学对人才培养、对年轻一代的塑造逐渐转移到国家建设上,政府鼓励大学要主动为各州的农业和工业发展服务,这时期为社会提供力所能及的服务逐渐成为高等教育的重点。19世纪后半期,公众对知识的追求已从崇拜权威逐渐转向信仰科学和理性,第二次世界大战的到来使大学成为科学研究的中心,联邦政府大力投资高等教育从事高精尖领域的科学研究。第二次世界大战后,联邦政府继续加大对高等教育的支持,政产学研合作日趋活跃。如今,科学研究已然成为大学的主阵地,是大学得以存续的根本,但也带来了相应的局限,当大家提起"学术研究"时,主要指代大学教师们所开展的科研活动以及他们所发表的论文、所出版的著作等"阳春白雪"。在美国,"发表或出局"(publish or perish)是学界盛行的话语体系,如果教师不做可发表、可出版的学术研究,那职称晋升就会成为挑战,发展空间更是处处受限,难以得到社会的认可。可以说,研究和出版研究成果已经成为衡量教师成功与否的唯一标尺,教师们也逐渐趋利避害,因为在纽约或者芝加哥的一次高级别学术大会上提交一篇论文,比给本科生上几门课要有价值得多。在这样的氛围下,高校里的科研明显占了上风,教学与科研平衡发展、教学与科研并重等老生常谈的理念和事实早已灰飞烟灭。[①]

基于以上考虑,博耶认为,"学术研究"不应该限定在纯粹研究、论文发表和著作出版等狭义层面,探究性学术研究属于学术研究但只是

---

① Boyer E. Scholarship Reconsidered: Priorities of the Professoriate[M]. San Francisco: Jossey-Bass, 2015.

大学学术的一方面而已,大学教师还要进行教学、社会服务之类的学术活动。从教学来说,教师要把本科教学做好,必须有扎实的准备工作和刻苦钻研的科研成果来支撑,而好的教学又可以反哺科学研究实践。要使"学术研究"变得丰富饱满,具有说服力,大学教师必须走出"象牙塔",寻求理论与实践的桥梁,并将自己丰富的学识传授给学生。教师的学术研究包括探究性学术研究、应用性学术研究、教学性学术研究和融合性学术研究。4 种学术研究在功能上既相互独立又相互交叉①,它们共同构成了"大学的学术"。事实上,"教学性学术"是博耶为了给予大学教学工作应有的重视而创造性提出的概念,它与探究性学术、应用性学术和融合性学术一起,构成了大学学术的完整内涵(见图 2.4)。

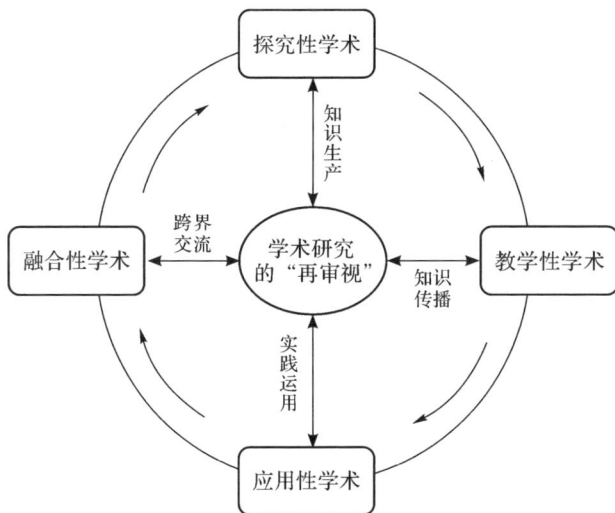

图 2.4　学术研究的完整内涵

图片来源:根据学术参与理论观点绘制。

(2)探究性学术研究:追寻并捍卫纯粹真理

探究性学术研究便是大家耳熟能详的"研究",是以一种规范的方

① Boyer E. Scholarship Reconsidered: Priorities of the Professoriate[M]. San Francisco: Jossey-Bass, 2015.

式对知识的自由追求和探究,在学界久负盛名。研究是高等教育界的核心工作,不仅可以增加人类的知识生产,也可以活跃整个学院或大学的学术氛围。探索性学术研究注重的不仅是成果,更多的是探究的过程赋予的探索乐趣和意义。学者的探究思维无论是对于学院或大学,还是整个世界来说都是至关重要的,我们要保护并捍卫探究性学术研究[①],这是大学之所以被称为大学的关键所在。

(3)融合性学术研究:学科交融的美好意蕴

融合性学术研究鼓励大学要不断拓展探究型学术的边界,建立各学科间的联系,开展跨学科研究,将研究放在更大的语境中去考虑,让无论是同行专家还是非同行专家都能对学术研究产生共鸣。它呼吁学术研究的融合发展,但并非要将学术拉回到传统的"白面书生"(gentleman scholar)派,也非将学术研究降低到"浅尝辄止"(dilettante)。相反,它提倡更为严格和规范的学术研究,从而能够全面阐释、整合各种资源,并为基础研究注入新鲜血液。[②] 范多伦曾指出,作为一名学者,我们要时常深思这样一个问题,即大千世界中的事物无不是互联互通的,而人本身的能力是有限的,无人可以强大到轻而易举就破解大千世界中宽广无边的领域。如果大学的教育者都不去探索这些领域,还有谁能够去呢?学术研究已朝着交叉学科和相互融合的方向发展,势不可当。由此,只有拓展自身的研究领域、不断与周遭世界建立互联互通的关系,才能使研究工作真实可触摸。[③]

(4)应用性学术研究:与大千世界水乳交融

前两种学术研究反映了学术生活中常态的调查研究、融合发展的传统,而应用性学术研究比较关心"公共参与"。比如,学者要如何把知识运用到解决社会重大问题中,以体现其责任感?这些知识对个人和公共机构都有什么意义?在此基础上,我们甚至也可以反问一个问

---

① Boyer E. Scholarship Reconsidered: Priorities of the Professoriate[M]. San Fransisco: Jossey-Bass, 2015.

② Boyer E. Scholarship Reconsidered: Priorities of the Professoriate[M]. San Francisco: Jossey-Bass, 2015.

③ Van Doren M. Liberal Education[M]. Boston: Beacon Press, 1959.

题:社会问题本身能不能进入学术研究的视野? 事实上,美国最初的赠地学院如伦斯勒理工大学、芝加哥大学等,无一不是基于"高等教育要服务广大社区群众的公共利益"这一理念而建立的。1906 年,一位编辑在庆祝芝加哥大学的第一位校长哈伯(William Harper)就任典礼时,曾经提到自己对美国学者的核心品质的界定:"英国学者以修身养性为学术研究旨趣,德国学者以为了知识而知识为研究旨趣,而美国学者是将学术研究作为社会服务的重要渠道。"① 应用性学术正如我们对它的界定一样,并不是单向的线性运动(one-way street)。 如果大家都以为学术研究是先被"探究"再被"运用",那可能就误解真正的学术研究了,学术研究的过程是动态发展的,与大千世界的实践呈现出双向互动的关系,一个新的学术发现也许就来源于实践运用中,如医学诊断、公共政策制定、建筑设计或公共学校改革等,理论和实践水乳交融、相伴相生。② 应用性学术研究不仅仅是研究本身,还包括为公众利益服务,这样的服务通常是与学术活动高度相关且对学术研究本身提出严格要求的。③ 韩得林(Oscar Handlin)认为,我们居住的星球充满挑战,已无法再让学者们躲在象牙塔中以探索个人研究兴趣为旨趣了,学术价值要不证自明,还需为民族和世界服务。④

(5)教学性学术研究:与生命的相逢和挑战

在旁人看来,教学性学术研究对于教授们来说可谓水到渠成、理所当然,似乎任何一位教师都可以轻松胜任教学工作。而事实上,当博耶把教学定义为"教学性学术研究"时,教学就具备了教育并启发别人的作用。在中国文化中,师者要传道授业解惑,在西方文化里也能找到对等的言论,亚里士多德曾说,教学是最高形式的

① Abbott L. William Rainey Harper[J]. Outlook,1906(82):110-111.

② Boyer E. Scholarship Reconsidered:Priorities of the Professoriate[M]. San Fransisco:Jossey-Bass,2015.

③ Boyer E. Scholarship Reconsidered:Priorities of the Professoriate[M]. San Fransisco:Jossey-Bass,2015.

④ Handlin O. Epilogue—Continuities[M]//Glimpses of the Harvard Past. Cambridge:Harvard University Press,1986.

理解。教学起源于教师所学所知,能够教书育人的教师,一定都是在各自的领域里深耕多年且学富五车。当然,我们也可以这样理解,教学要求教授们广泛涉猎、由博而约,逐步拥有过人的智慧。教学是一个动态的耦合过程,它连接着教师对知识的理解和学生对知识的学习,教师要精心设计教学,不厌其烦精进教学设计。教师要能鼓励学生积极学习、独立思考,激发学生的批判性思维和创造性思维,使学生毕业后具备学习的能力。知识传授型教学已经落伍了,教学要做的远远不止于知识传递,还有激发学生学习兴趣,保持学术之火永不熄灭。[①]世界上一切伟大的学术成果几乎都得益于教师创造性的教学工作。因此,对于教师来说,教学是一场"生命的相逢和挑战",教师要认识到真正的学术研究是通过基础研究、跨界融合、实践运用和教书育人得来的。

(6)对高等教育发展的期望:走向"参与性学术"

对学术进行重新审视后,博耶对大学的研究生教育、教师队伍、高等教育机构治理也提出了相应的期望,希望高等教育里的"人"和"事"能够自觉贯彻"学术参与"的理论。以下,本书凝练了《学术的再审视:大学学术研究的完整内涵》报告的主要观点,以期对后文研究型大学在社会服务中所要培养的"人"和所要开展的"事"提供相应的借鉴和参考。

一是希望研究生具备并发扬"学术研究的完整内涵"。学者的学术工作包括发现、综合、应用和教学四个方面,研究生教育也包含这四个方面。研究训练固然是研究生教育的核心模块,然而研究生教育质量的提高还需要对研究生进行发现、综合、应用和教学方面的训练,从而培养未来既能做研究,又能进行有效教学,还能利用知识为社会服务的学者。因此,在教育中,教师应当要求研究生思考知识的用途,反思他们的研究成果可能对社会产生的影响,并在反思中找到科研与社会的连接点。

---

① Boyer E. Scholarship Reconsidered：Priorities of the Professoriate［M］. San Fransisco：Jossey-Bass，2015.

　　二是建设多元发展的教师队伍。新的学术研究内涵意在强调不能以单一的标准来评价教师。因此,高校不仅要支持和奖励在研究工作中表现不俗的学者,也要承认在综合应用知识方面表现卓越、教学技艺高超的教师。多元化的教师队伍既能够为高等教育发展带来新的活力,也能够持续推动国家向前迈进。然而,在现实中教学的作用远远被低估了,教师的教学不但无法被褒奖,搞不了研究的教师还要受到一定的责罚。比如,教师如果没有出版专著,获得终身教职就成为奢侈,这是许多大学的惯例。有教授坦言,教书育人是理所当然之事,教师无须花费力气也能轻而易举教好书,教学也就不值一提。因此,要改变"唯科研是从"的局面,实现教学和科研并重,就应当采用公平公正的标准,赋予教学应有的地位和价值。从长远来看,高校对教师的评价应考虑其教学和服务工作,以此激发教师服务社会的动力;此外,为了促进教师队伍的多元化发展,要对教师队伍实行分层分类管理,即教师可以选择教学科研并重岗、研究岗、教学岗、社会服务岗或行政岗,每类岗位都对教师的教学、科研和服务做出相应要求,承认各类教师的"学术贡献",突出教师队伍建设的差异化和人性化。需要注意的是,这种分层管理和差异化的教师队伍建设并不意味着教师只需在某一方面表现突出即可,而是应当遵守以下通行的标准:所有教师都应成为合格的研究者,具备从事研究、探讨严肃学术问题并公开发表其成果的能力;教师在其职业生涯中应与专业发展保持联系,时刻保持活力;遵守学术规范和职业道德;不管何种岗位的教师,都要科学衡量其工作,高质量开展一切活动。

　　三是构建错落有致的高等教育体系。大学数量在不断增多的同时也变得越来越趋同,很多高校都想通过模仿知名学校,以提高自己的地位,东施效颦造成了高等教育的学术活动单调且乏味。每一所大学都要有明确的办学目标,并形成与自身发展目标相匹配、能够得到广大师生认可的治理体系。盲目模仿名校办学容易偏离既定轨道,缺乏自身特色。有的学校可以把重心放在研究上,有的学校可以把重心放在教学上,还有的则可以把重心放在知识的应用上,有的则可以包罗万象、百花齐放；学院层面则可以根据各自特色，有所侧重、发挥所长。

在学术内涵被长期局限于探究性学术范畴的情况下，博耶拓宽了学术研究的边界，提出知识需要经过研究、实践、教学和融合的过程才能完整获得，在学界引起广泛共鸣。1996 年，博耶又高呼高等教育要把"参与性学术"纳入自身的发展中，高校要运用知识解决社会的挑战性议题。拓展和参与活动既可以看作探究性学术活动，也可以看作教学性学术活动和学生服务性学习之间的关联，这种师生广泛参与、知识流动与智力交融的社会服务形式，代表着一种新的知识生产方式。[①]较早提出大学"拓展与参与"理念的是美国密歇根州立大学，社会服务被界定为"学术拓展与参与"（scholarly outreach and engagement）。大学战略规划文本指出，要将本校师生的活动与社会服务相联系，教师开展拓展和参与性活动应与其学术研究活动紧密结合，教师要在参与社会服务的过程中，充分发挥知识、研究、实践和运用功能，在社会服务中发现、融合并实践知识，且这样的过程是螺旋式上升的。参与性学术有如下特征：一是对学科专业知识要求较高；二是以学术的方式开展服务，如明确的目标、充足的准备、适当的方法；三是以适切的方式记录参与过程，参与结果能够与同行和普罗大众分享；四是参与具有普适性、原创性和突破性，经得起推敲；五是经同行审查具有较高价值。参与性学术与传统的学院型学术（academic scholarship）是相辅相成的关系。[②] 为说明参与性学术与学院型学术的联系和区别[③]，以下对二者进行了对比（见表 2.4）。

---

① 吴伟. 面向创业时代的研究型大学转型发展研究［M］.北京：人民出版社，2014.

② Barker D. The Scholarship of Engagement：A Taxonomy of Five Emerging Practices［J］. Journal of Higher Education Outreach & Engagement，2004(9)：123-137.

③ Diamond R. Defining Scholarship for the Twenty-First Century［J］. New Directions for Teaching and Learning，2002(90)：73-80.

表 2.4　学院型学术与参与性学术的区别

对比维度	学院型学术	参与性学术
人才培养	传统人才培养模式,教师给学生上课,在教室或实验室进行;以学科知识为主	学习不仅仅局限在教室,还可扩展到校园内外;学习内容不仅仅是书本上的,社会就是学生的教材,既可以是记学分的也可以是非学分制的学习;带领学生开展集学习、研究、实践为一体的服务性学习
科学研究	在学界公认的"出版或退出"原则下,教师根据自己的兴趣、专业领域开展学术研究,以出版著作或发表论文来展示自己的研究成果	科学研究不仅仅是探究性研究,还包括以社会需求为导向开展的应用性、综合性研究;参与性学术对学院型学术具有较好的促进作用
社会服务	利用资源满足社会和地方经济发展需要;师生参与校外决策咨询	提炼研究成果,为政府决策者提供决策参考,直接为公众提供各种生产生活服务

来源:Barker D . The Scholarship of Engagement: A Taxonomy of Five Emerging Practices[J]. Journal of Higher Education Outreach & Engagement, 2004(9):123-137.

从表 2.4 可以看出,首先,参与性学术既区别于单向度的服务提供,又区别于纯靠外力推动的社会服务互动,而是大学与社区的双向互动过程,其表现形式远比学院型学术丰富得多。其次,这一理论从本质上区别于《学术资本主义》一书中提出的资源依赖理论。资源依赖理论认为,"组织生存的关键在于获得资源和维持资源的能力",简而言之就是"谁付钱、谁点唱"(he who pays for the piper calls for the tune)的模式①,这一模式过度强调外界资源对大学发展的促进作用,将大学的发展看成"外发内生式"组织,忽略了大学主动与社会开展互动的内驱力,强调只要参照外部力量的作用,组织成员的内部行为就是可以被明确理解的,能够供养大学这一组织的人自然有能力对组织行使很大的权利,当资源供给处于波动状态时,组织的稳定性就会受

---

　　① 斯劳特,莱斯利.学术资本主义:政治、政策和创业型大学[M].梁骁,黎丽,译.北京:北京大学出版社,2008.

到威胁。因此,组织就会努力恢复外部资源的稳定性,以清除对组织造成的威胁,结果可能导致组织越发依赖资源提供者并逐步丧失自我主导权。[①] 长期以来,学界多用学术资本主义、资源依赖理论等解释大学对社会提供的"终端服务",将大学看作一个为社会提供知识和服务的"蓄水池",相对忽略了大学与社会互动的完整链条。与美国联邦政府逐年缩减对大学的财政拨款相比,我国研究型大学主要还是依赖国家财政,尽管近年来我国研究型大学在基金会建设、校友捐赠等方面热情高涨,但国家财政拨款依然是研究型大学的主要支柱。基于此,本书暂不采用与学术资本主义相关的话语体系来阐释研究型大学的社会服务。

2.4.3　教育生态系统理论

教育生态理论源于生态系统理论。生态系统理论最早由美国心理学家布朗芬布伦纳(U. Bronfenbrenner)提出,该模型可以归纳为个以个体为核心逐层扩展开来的嵌套式系统,由微系统、内部系统、外部系统和宏观系统构成。个体是生态系统的核心[②],这一理论强调系统与个体相互作用并影响个体发展。20 世纪 30 年代起,沃勒(W. Waller)等人开始将生态系统理论引入教育领域。后经英国学者阿什比(E. Ashby)等人的发展,教育理论与生态理论的关系进一步密切。美国教育史学家克雷明(L. A. Cremin)提出了"教育生态学"这一概念。而后,埃格尔斯顿(J. Eggleston)出版了《学校生态学》一书,该书的出版标志着教育生态理论的形成。[③]

教育生态系统理论主张运用生态学原理,从教育生态环境、教育个体生态、教育群体生态和教育生态系统的相互影响和制约关系来分

---

① 斯劳特,莱斯利. 学术资本主义:政治、政策和创业型大学[M]. 梁骁,黎丽,译. 北京:北京大学出版社,2008.

② Bronfenbrenner U,Morris P A. The Bioecological Model of Human Development[M]// Lerner R M,Damon W. Handbook of Child Psychology: Theoretical Models of Human Development. Hoboken:John Wiley & Sons Inc. ,2006.

③ 范国睿,王加强. 当代西方教育生态问题研究新进展[J]. 全球教育展望,2007(9):39-45.

析教育问题[①],体现研究的整体联动性和系统平衡性。教育生态系统可以大体划分为教育的内部生态系统与外部生态系统。内部生态系统主要以教师、学生、管理、科研等功能为构成要件;外部生态系统由经济、政治、文化、科技等诸多要素构成,外部生态系统是引起教育变革的驱动力。教育系统的诸要素不仅在内部相互联系、相互作用中形成一定的结构,且内外部系统进行着能量、物质和信息的交换。[②] 和谐共处的内部生态系统是教育获得核心竞争力的关键,而内外部生态系统的张力和矛盾则是推动教育变革的动力。只有各子系统中的构成要素各司其职,与系统内部的生态链其他环节形成合理的沟通和互补关系,才能保证教育内部生态系统的和谐稳定与动态平衡。[③]

20 世纪 70 年代,美国教育史学家克雷明在《公共教育》一书中提出了"教育生态学"(educational biology)这一概念,其核心要点是"教育结构"(configurations of education)。[④] 克雷明将教育看作由多个相互联系的因素构成的复杂系统,教育主体和教育组织是其关键要素。这一系统不断与内外部发生物质、能力和信息的交换,其构成要素又动态地呈现出一致与矛盾、平衡与失衡的关系,具有动态性、开放性、复杂性等特征。[⑤] 这一结构与整个社会结构是相互联系、相互影响的,合理的教育结构有利于系统功能的稳定发挥。教育系统是人工系统,要对教育系统内部各要素进行深入分析,并以一种科学合理的方式组建起来。同理,高等教育生态系统是一个复杂多元的整体,由教育主体和教育环境构成,这一系统有极强的可调控性,各要素和生态环境之间有着特殊的连接方式。

研究型大学作为典型的高等教育组织,具有松散联合的组织特征,是一个由目标战略、结构、流程、制度和资源构成的特定组织模式。

---

① 吴鼎福,诸文蔚. 教育生态学[M].南京:江苏教育出版社,2000.
② 凌玲,贺祖斌.教育生态学视野中的区域教育规划[J].教育发展研究,2005(9):66-68.
③ 李景春.生态位理论视域中的教育生态系统及其发展[J].教育科学,2006(3):26-29.
④ Lawrence A. Cremin. Public Education[M]. New York:Basic Books,1976.
⑤ 胡昌翠,石晓男.研究型大学何以高质量服务社会——对一流研究型大学社会服务关键要素的考察[J].中国高教研究,2021(11):75-82.

借鉴克雷明提出的教育生态系统理论,可将研究型大学的社会服务看作一个由教育主体和教育环境相互作用、整体关联、动态平衡,涵盖了目标、教师、学生、教学、课程、环境、管理等教育主体和客体要素的系统。[①] 因此,可从服务目标、服务过程、条件资源、制度规范和组织架构等方面考虑研究型大学社会服务系统。

2.4.4　理论分析框架的构建

(1)逻辑起点:追求知识的自由与服务社会的责任

大学社会服务的概念由来已久,但学者们的出发点不同,在大学社会服务的内涵、构成等方面尚未达成共识,也使得理论上存在着"大学使命说""大学职能说""组织责任说"等不同观点。[②] 这些观点大多是从大学的功能和外在行为来分析大学社会服务,在一定程度上形成了一种固化的"群体性记忆"。这种认知普遍对大学社会服务存在误解,认为社会服务属于人才培养和科学研究的附属职能,也造成因缺乏对大学本质的思考而难以将研究进一步深入的局面。其中很重要的一个原因,就在于对西方大学起源的不了解,这是强制性制度变迁带来的问题,也即"社会科学知识的局限性"[③]。因此,为了最大化地突破这种局限性,应尽可能地创造条件,厘清大学社会服务的价值根源和逻辑起点,为我国高等教育发展做出正确的制度选择。

中国现代大学滥觞于 1895 年盛宣怀主持创立的北洋大学。[④]

①　胡昌翠,石晓男.研究型大学何以高质量服务社会——对一流研究型大学社会服务关键要素的考察[J].中国高教研究,2021(11):75-82.

②　王世权,刘桂秋.大学社会责任的本原性质、履约机理与治理要义[J].教育研究,2014(4):85-93.

③　林毅夫.关于制度变迁的经济学理论:诱致性制度变迁与强制性制度变迁[M]//科斯,阿尔钦,诺斯.财产权利与制度变迁——产权学派与新制度学派译文集.刘守英,等译.上海:上海三联书店、上海人民出版社,1994.

④　潘懋元.中国高等教育百年[M].广州:广东高等教育出版社,2003.金以林、熊明安也持类似观点,均认为中国近代大学的起源为 1895 年,我国大学的历史为 100 多年,这一观点被学界所认同。金以林.近代中国大学研究(1895—1949)[M].北京:中央文献出版社,2000;熊明安.中国高等教育史[M].重庆:重庆出版社,2000.

1840 年鸦片战争以后,中国开始沦为半殖民地半封建社会,有识之士开始寻求挽救民族危机的良策,但此时的觉悟还不够高,这种觉悟直到甲午战争后才开始深入,时人感叹泱泱大国竟输给了蕞尔小国。正如梁启超所言:"吾国四千余年大梦之唤醒,实自甲午战败割台湾偿二百兆以后始也。"①诞生于半殖民地半封建社会的大学,注定要承担起救国救民、服务社会的重担。正因为如此,中国大学社会服务的理念、性质、活动等都与西方大学有着本质的区别,中国近代国立大学在挽救民族于水深火热之中,较西方大学承担了更多的社会责任。以往研究采用"西方中心主义""威斯康星理念""精英高等教育"等理论来分析中国大学社会服务的例子不胜枚举,在一定程度上影响着人们对中国大学社会服务的认识。众所周知,"威斯康星理念"诞生之时正值美国社会文化欣欣向荣的时期,为了促进州的工农业发展,联邦政府鼓励大学全面投入社会经济建设的浪潮中。中国大学制度是从西方直接移植、调适并发展而来,迄今不过 100 多年的历史,当时中国正处于传统与现代、中西方文化的交汇期,各种因素在这里汇集、上演、融合,大学的诞生均是这场变革的产物。大学诞生之时,正值中国社会风云变幻、政坛更迭、四分五裂、民不聊生,培养能够担当时代重任的人,实现救亡图存的理想是时代的主旋律,也是中国大学所要承担的主要任务。彼时高等教育的创办者、引领者大多是教育救国、学术强国的倡导者。

相比之下,西方大学与中国大学的历史渊源有天壤之别。关于中世纪大学的学术自治,拉什戴尔(Rashdall)在其著作《欧洲大学》(*Universities of Europe*)中做了相当详细的分析和阐述。在中世纪社会环境下,大学在宗教势力和世俗社会之间寻找到了属于自己的、相对稳定的位置。② 细读西方大学史便会发现,西方大学与国家、社会之间存在一种若即若离的张力,这种张力使得大学能够独立于世,既可以超脱社会而存在,也可以不过分远离社会。大学拥有绝对的权威

---

① 梁启超. 戊戌政变记[M]. 北京:中华书局,1954.
② 许美德. 中国大学 1895—1995:一个文化冲突的世纪[M]. 许洁英,译. 北京:教育科学出版社,2000.

和话语权,中世纪时期的大学教师为了维护大学自治权,通常采取两种方式来抗议外界对大学事务的干涉:一是将大学搬迁到其他地方;二是在教会或政府部门工作的毕业生都罢工。

西方大学在学术自由方面的权威性亦是如此。学术自由是指大学里任何教授在其研究领域和范围内,都有权按照公认的传统和法则自由地探索知识和开展学术研究。可以说,学术自由是大学探索知识和开展研究的重要前提。当然,学术自由和当时"以学科为中心"的知识生产方式有很大关系,学科大致被划分为神学、法律、医学和艺术,神学又被称为"科学之科学"。这种宗教权威至上的社会氛围对知识生产和文化发展起到了不可低估的促进作用,这是一种难以抗拒和不可冒犯的神圣力量。① 除宗教势力庇护外,学术自由还受到当时认识论发展的影响,今天我们熟悉的唯物主义认识论将实践作为检验真理的唯一标准,而实验科学在中世纪还未兴盛起来,学者们可以在不直接干预国家和教会事务的前提下,允分利用学术自由探索知识,靠理论演绎和逻辑推理来生产知识。随着 18 世纪和 19 世纪欧美许多国家的独立,学术自由和学术自治的含义也出现了变体,在不同的国家呈现形式也不尽相同,比如在实用主义盛行的美国,其所提倡的学术自由与中世纪大学那种由教会来领导和管理大学的方式有着截然区别,美国大学既重视"纯科学"也注重"纯实践"的学术自由方式,同欧洲大学知识生产的二元价值观形成了鲜明对比,但中世纪大学的学术自由和学术自治传统和精神被保留了下来,是大学之所以成为大学的根基。

与中世纪西方大学学术自治和学术自由不同的是,中国大学诞生之后,是作为国家建制的重要组成部分直接参与到新国家建设之中的,其诞生的机缘与国家关系的远近不同。② 许美德、潘乃容将西方大学分为德国模式、法国模式、美国模式和苏联模式,这四种模式对中国

① 许美德.中国大学 1895—1995:一个文化冲突的世纪[M].许洁英,译.北京:教育科学出版社,2000.

② 许晓青.政局与学府:从东南大学到中央大学(1919—1937)[M].北京:中国社会科学出版社,2009.

的现代化进程及高等教育的产生和发展都有着相当的影响,中国在移植西方大学的模式时也遇到了文化和认知上的冲突。① 无论西方大学各模式之间的差异有多大,它们的起源始终指向中世纪大学的知识传统,各自以不同的方式继承发展了中世纪大学的核心价值。② 但是,中国现代大学诞生后,中国传统文化不会因为大学的诞生而瞬间"销声匿迹",传统文化基因以各种各样的形式流淌在近代大学的血液中,中国传统的学术自治与欧洲大学的学术自由是完全不同的情况。③ 在我国近代高等教育系统中,有国立大学、省立大学、教会大学、民办大学等,这些名称各异的大学分属于高等教育金字塔的不同层级。其中,国立大学与国家、社会的关系最为密切,这一点从近代国立大学参与一个新国家建设的深度和广度可以看出来,国立大学在培养人才、推动国家和社会进步方面所发挥的作用要远远大于其他类型的高等教育机构。可以说,国立大学在人世间并非遗世独立的存在,它时时刻刻与政党、国家和社会密切互动,以适应社会发展与救亡图存的需要。在服务社会的浪潮中,国立大学活跃在国家经济社会发展的主战场,在"育人使命"的实现和"社会价值"的履行上可见一斑,大学与国家的关系不言而喻,其所承担的社会责任也比西方大学厚重得多。

就中国语境来看,大学在形式外表上与西方大学基本是一致的,但在大学的核心价值观上却并不一致。④ 中国大学和西方大学的创立根基有着天壤之别,学术自由和学术自治在中国现代大学中的表现并不像西方大学那样明显,独立的学术权威组织机构在中国从未出现过。⑤ 从话语体系来看,中国大学不可能照搬西方大学学术自治和学

---

① 许美德,潘乃容.东西方文化交流与高等教育[M].南京:南京师范大学出版社,2003.

② 孙益.西欧的知识传统与中世纪大学的起源[M].北京:北京师范大学出版社,2012.

③ 许美德.中国大学 1895—1995:一个文化冲突的世纪[M].许洁英,译.北京:教育科学出版社,2000.

④ 科斯,阿尔钦,诺斯.财产权利与制度变迁——产权学派与新制度学派译文集[M].刘守英,等译.上海:上海三联书店,上海人民出版社,1994.

⑤ 许美德.中国大学 1895—1995:一个文化冲突的世纪[M].许洁英,译.北京:教育科学出版社,2000.

术自由价值观。在中国高等教育发展过程中,学术自治和学术自由的价值观与中国文化进行了"和解"。① 西方大学的思想在中国文化里采取了"折中"路径,即"学术自由"和"学术自治"与我国传统文化不断磨合后,最终变成了与中国发展相适应的"知识自由"和"社会责任"思想。② 大学自建立起就是国家系统的重要组成部分,由此,中国大学的权威性要比西方大学高很多,"学术自由"和"学术自治"的背景也和西方大学完全不同,中国大学与政府、社会的关系并没有那么疏离,大学不单单是为了大学本身,更要体现大学的责任与担当,大学的学术自治和学术自由是一种基于政策和法律的自治和自由,也即"依法自主办学"。这一观点迁移到研究型大学亦是如此,拥有强大科研能力和智力资源的研究型大学,在中国共产党的领导下,在中国特色社会主义制度下,在追求知识自由和主动承担社会责任方面拥有无可比拟的优势③,研究型大学的教授拥有较高的学术权威和社会地位,有追求知识的无限自由,同时也承担着为国育人的重任,国家保护大学的学术实践,大学为国家的理想而奋斗。从这个意义上说,"追求知识的自由"和"服务社会的责任"是研究型大学社会服务的逻辑起点和价值根源。

(2)社会服务的完整性:学术的全过程参与

博耶提出的参与性学术理论强调大学社会服务过程的连续性和完整性,强调知识需要经过研究、实践、教学和融合的过程才能完整获得。参与性学术区别于单向度的服务提供,也区别于纯靠外力推动的社会服务互动,而是大学与社区的双向互动过程,它在呈现形式上远远比学院型学术要丰富得多。作为"学术全过程参与"的研究型大学社会服务,将社会服务贯穿人才培养和科学研究过程中。因此,我们

---

① 何东."双一流"时代中国大学模式的发展——对世界著名教育学者许美德教授的访谈[J].高教探索,2020(4):11-16.

② 许美德.中国大学 1895—1995:一个文化冲突的世纪[M].许洁英,译.北京:教育科学出版社,2000.

③ 胡昌翠,石晓男.研究型大学何以高质量服务社会——对一流研究型大学社会服务关键要素的考察[J].中国高教研究,2021(11):75-82.

可以将研究型大学的社会服务看作经历了探究性学术研究、应用性学术研究、教学性学术研究和融合性学术研究的完整链条。这四种学术研究在功能上既相互独立也相互交叉[①],共同构成了研究型大学学术研究的完整内涵,贯穿研究型大学社会服务全过程。参与性学术从根本上涵盖了本书的一对关键命题——研究型大学社会服务的"使命"和"价值"。以下,我们围绕研究型大学社会服务的广度和深度来进行论述。

从社会服务的广度来看,大学为国家经济建设服务涵盖不了社会服务的全部意蕴。大学社会服务的内容除经济建设外,还涉及教育、文化、政治等多方面[②],但学者在引进西方大学社会服务理念和实践的时候,存在把大学社会服务的内涵和外延窄化的情况,将大学的直接社会服务等同于社会服务的观点是片面和危险的,理论认知上的局限容易曲解社会服务,导致大众对社会服务实践的误读。在我国,一提到大学的社会服务,人们往往会想到大学振兴产业和经济发展,这种认识片面强调了大学为经济建设服务,偏向于"服务价值"实现一端,对于社会服务的"育人使命"鲜有提及,从客观上忽略了大学社会服务的广泛内涵,大学不是市场和社会的仆人、供应者和演员,尽管大学这一非营利性机构正呈现出营利性组织的特色和活动。[③] 因而,这种观点不利于全面客观地认识中国大学的社会服务,也容易将大学推向市场化、工具化的极端。

从社会服务的深度来看,正如前文对研究型大学的社会服务概念的界定一样,社会服务是一个过程而非一个终端结果。在这里,社会服务既是一个动词,也是一个名词,是大学为社会提供服务的"过程"和"结果"的统一。社会服务涉及社会生活的方方面面,同时也贯穿大学发展的始终,大学并非一个服务"蓄水池",社会服务也远非一系列

① Boyer E. Scholarship Reconsidered:Priorities of the Professoriate[M]. San Fransisco:Jossey-Bass,2015.

② 刘宝存.威斯康星理念与大学的社会服务职能[J].理工高教研究,2003(5):17-18.

③ 许衍琛.近代中国大学社会服务研究[M].北京:中国社会科学出版社,2021.

服务性、直接性、现实性活动所能涵盖的。如果研究型大学向社会提供的活动仅仅是满足社会需要、解决社会燃眉之急的权宜性活动，那研究型大学的教学、科研等职能也就失去了存在的价值，这种将社会服务等同于为经济建设服务或提供直接性服务的观点无异于将大学的人才培养、科学研究与直接社会服务对立起来，将它们看作永不相交的两条平行线。从根本上来说，研究型大学的人才培养和科学研究是促成高质量社会服务的重要抓手和全部旨趣。博伊德、金指出，大学无法从事与国家直接利益相关的事情，国家要信任大学，让大学发挥真正的作用，而不只是让大学为国家目的工作，大学要在更高水平上发挥作用。[①] 如果研究型大学过度关注经济建设相关服务活动，势必会强化教学和科学研究中的商业化色彩，弱化其育人使命，从而造成教师、学生急功近利，这无疑是对"象牙塔"精神和"高深学问"的侵蚀。

作为高等学校职能的社会服务是与高校的教学和科学研究密切互动的学术性活动[②]，这就决定了大学的社会服务不可能是纯输出式的，而是与社会深入互动且双向互动的过程。研究型大学应该超越"一般性"责任，区别于教学、科研和一般性的技术服务，要有建立在批判精神之上的具有重大创新意义的科研成果及改造社会的良好策略。[③] 大学要积极发挥"知识之光""海上灯塔"的引领作用，拥有敢于直面社会问题的勇气，为国家战略的制定和实施发挥思想库的作用，用大学的理想涤荡社会的浊流。从服务社会的目标来看，研究型大学作为第一梯队，理应承担特殊的社会使命，在社会服务中体现"高贡献、高规格、高期待"的发展理念。这样的特殊使命需要研究型大学进行系统设计，将社会服务看作其人才培养和科学研究的归途所在。因此，从系统科学的视角来认识社会服务，即回答"培养什么样

---

①　博伊德，金.西方教育史[M].任元宝，吴有训，译.北京：人民教育出版社，1985.

②　肯尼迪.学术责任[M].阎凤桥，等译.北京：新华出版社，2002.

③　周玲，谢安邦.社会批判：大学与知识分子的历史使命与学术责任[J].现代大学教育，2006(2)：1-5.

的人""为谁培养人"和"如何培养人"的核心问题,将研究型大学的社会服务统一到"立德树人""教育强国"等旗帜下,这是社会服务的方向所在。

(3)社会服务的系统性:教育生态系统理论

从教育生态系统理论出发,本书将研究型大学的社会服务看作一个由教育主体和教育环境相互作用、动态平衡的生态系统。[①] 该系统由相互关联的部分组成,各部分之间相互影响并且均有助于总体功能的发挥。研究型大学社会服务可分为内部生态系统和外部生态系统,内部生态系统包括教育主体和教育环境要素,如社会服务目标、师生参与、向社会提供知识、资源条件和组织机构等,外部生态系统包括整体社会经济环境的变化、国家和社会的政策、资金、技术等要素。本书所探讨的研究型大学社会服务的关键要素和运行模式的构建,主要以研究型大学的内部系统结构为主,考察其内部目标系统、运行过程、保障系统如何相互作用,这些均属于大学内部为了提升社会服务能力所需变革的要素和策略,对于研究型大学社会服务与外部系统的广泛互动不做深入探讨。结合本书对大学本质的再思考、参与性学术理论、知识生产模式理论和教育生态系统理论主要观点,初步构建出研究型大学社会服务的理论分析框架(见图 2.5),将研究型大学社会服务看作一个完整的运行系统,在追求知识的自由和服务社会的责任这一价值引领下,研究型大学社会服务由目标愿景、运行过程、管理机构、制度规范和条件资源等维度及若干要素构成,而各要素之间的互动经历了探究性学术研究、应用性学术研究、教学性学术研究和融合性学术研究的全过程,突出社会服务的完整性和系统性,兼顾过程和结果的统一。

---

① 胡昌翠,石晓男.研究型大学何以高质量服务社会——对一流研究型大学社会服务关键要素的考察[J].中国高教研究,2021(11):75-82.

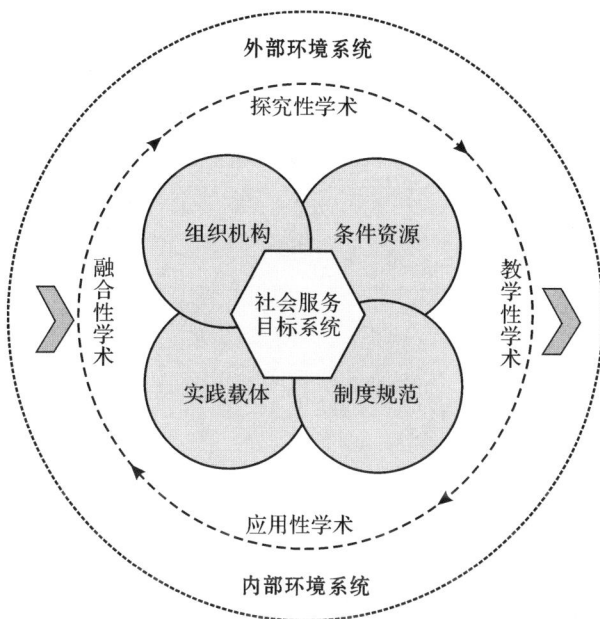

图 2.5　研究型大学社会服务的理论分析框架

本章小结

　　本章对国内外大学服务社会相关文献的研究现状、热点和焦点、研究的局限性进行了回顾和梳理，并整理了可以供研究型大学社会服务借鉴的若干理论。首先，在文献综述部分，系统分析了国内外对高校社会服务的研究热点和未来研究趋势，总结了现有研究取得的成果和进展，同时探讨了现有研究的局限性。其次，本章审视了大学的本质，提出"追求知识的自由"和"服务社会的责任"是中国大学开展社会服务的逻辑起点和价值根源。在此基础上，本章回顾了教育生态系统理论、知识生产理论、学术参与理论，基于这些理论观点构架了理论分析框架，将研究型大学的社会服务看作一个完整的运行系统。这一系统在追求知识的自由和服务社会的责任这一价值引领下，由若干要素构成,而各要素之间的互动经历了探究性学术研究、应用性学术研究、教学性学术研究和融合性学术研究的全过程,突出社会服务的完整性和系统性,兼顾过程和结果的统一,为下一步开展国内外探索性案例研究、识别研究型大学社会服务的构成要素提供了理论框架。

第3章　大学社会服务的历史考察

任何类型的大学都是遗传和环境的产物。大学的变革必须以固有的传统为基础,因此可以通过研究大学的发展过程来学习和掌握大学的发展规律。[①] 大学社会服务的研究亦是如此。本章主要考察国内外大学社会服务的历史,以部分具有代表性的大学社会服务理念和实践为线索,介绍西方大学和我国现代大学社会服务职能的嬗变,汲取国内外大学社会服务的历史基因,为研究型大学服务社会提供借鉴。回首现代大学社会服务的形成及其形成的动力可知,过去每所大学都是独立的有机体,各自按照内在发展规律去吸收营养并发育成长。如今,大学好似高产的农作物,国家竭力给大学施加足够的肥料以求丰产,大学也促进国家繁荣发展。[②]

3.1　西方大学社会服务的起源与发展

3.1.1　博雅教育之外萌芽的大学社会服务

为了充分理解某种活生生的现象的发展,说明其在历史各个环节

---

① 阿什比.科技发达时代的大学教育[M].滕大春,滕大生,译.北京:人民教育出版社,1983.
② 阿什比.科技发达时代的大学教育[M].滕大春,滕大生,译.北京:人民教育出版社,1983.

中表现出的不同形式,首先要揭示它演进的源头。一旦开始进行这项追根溯源的研究,就会清楚地看到,这种回溯性的研究绝不是毫无意义的,因为现代种种信念中的某些根本特性,依然留有那些久远影响的痕迹。[①] 高等教育机构因从事远离社会的学术活动、传播高深学问而被称为"象牙塔"。[②] 从中世纪大学诞生到 19 世纪中后期,高等教育机构一直处于"象牙塔"状态,与社会联系极少。从已有文献来看,英国高校是最早介入社会服务的。随着 16 世纪末新航道的开辟,英国对外贸易、海上扩张快速发展,社会对新知识、新技术和工商业人才的渴望与需求日益增长。然而,牛津和剑桥两所大学发挥的作用十分有限,资产阶级对此十分不满。因此,培养能够从事各行各业的人,满足城市发展需求成为高等院校的当务之急。[③] 16 世纪初成立的英国格雷沙姆(Gresham)学院除了开设传统课程外,还根据社会需要开设了航海、地理等课程,教师向社会各界人士提供咨询,为绅士、海员、商人答疑解惑,时常面向社会举办一些讲座,一定程度上拓宽了人们了解知识的途径。[④] 但学院这样的社会服务实践波澜不惊,要改变高等院校与社会接轨的局面,依然任重道远。

17 世纪末 18 世纪初,格拉斯哥大学开始面向工人阶级举办夜校,传播知识和技术。例如,大学教授到工厂指导工人设计蒸汽机车,开设讲习所向工人讲解科学原理。这样的形式颇受大众欢迎。[⑤] 同时,格拉斯哥大学带动了一批工人技术讲习所的建立。到 19 世纪 50 年代,英国主要城市出现了一批为工商业发展服务的高等教育机构,如利兹学院是当时的纺织品研究中心,伯明翰学院是酿酒研究中心,纽卡斯尔学院是机械制造研究中心。这些学院对英国工业的发展产生

---

① 涂尔干.教育思想的演进[M].李康,译.上海:上海人民出版社,2003.
② 朱国仁.从"象牙塔"到社会"服务站"——高等学校社会服务职能演变的历史考察[J].清华大学教育研究,1999(1):35-41.
③ 奥尔德里奇.简明英国教育史[M].诸惠芳,等译.北京:人民教育出版社,1987.
④ 奥尔德里奇.简明英国教育史[M].诸惠芳,等译.北京:人民教育出版社,1987.
⑤ 日本世界教育史研究会.六国技术教育史[M].李永连,等译.北京:教育科学出版社,1984.

了重要影响①,基本满足了新兴资产阶级的需求。但这些学院的社会
服务远远不能满足社会需求,对带动高等教育主动服务社会的影响甚
微。在牛津和剑桥这类传统权威高校的影响下,这些学院一旦拿到学
位授予权,就自动向传统大学靠拢,其社会服务职能也逐步销声匿迹。
这与英国大学教育在很长时间内强调培养有教养的人、坚守博雅教育
的初衷有关。随着科技的发展,19 世纪中叶,英国围绕大学究竟应该
有什么样的教育进行了一次理念交锋,纽曼和密尔坚持认为大学应该
实施古典教育,以培养有教养的人,专门知识的传授不应该成为大学
教育的范畴;而斯宾塞和赫胥黎坚持认为科学知识才是最有用的学
问,大学教育要接纳科学教育。这种交锋成为大学进行革新的前奏。

　　为了适应经济社会发展的需要,传统古典大学在坚持博雅教育的
基础上,也开始了为社会服务的行动。19 世纪 70 年代开始,剑桥大学
教师斯图尔特积极倡议大学要实施推广活动,英国大学兴起了推广运
动,并得到很多学校的响应和支持。剑桥大学和牛津大学分别成立了
推广会,如剑桥大学开设了上百门面向社会公众的推广活动课程,受
益人数达上万人。这些课程形式丰富,还配套授课提纲、讨论题目、阅
读书目、课程总结等规范材料,公众还可以参加考试并获得相应证书。
这一时期,传统精英大学面向公众开放的意识纷纷觉醒,推广运动成
为英国高等教育向社会服务的主要形式,对新大学的诞生做出了贡
献,现代高等教育在发展过程中很多重要的形式都可以从中窥见。②

3.1.2　"纯科学"中兴起的大学社会服务

　　19 世纪初,普法战争失败后,德国高等教育进行了一系列改革,
促进了高等教育与社会的联系。一般认为,现代意义上的大学是以洪
堡 1810 年组建的柏林大学为肇端的,德国为了弥补普法战争中失去
的几所重要大学,在建设柏林大学初期就开始谋划大学要为国家利益

---

① 张泰金.英国的高等教育历史・现状[M].上海:上海外语教育出版社,1995.
② 奥尔德里奇.简明英国教育史[M].诸惠芳,等译.北京:人民教育出版社,1987.

服务的蓝图。然而,在洪堡、费希特等人看来,大学为国家利益服务并不等同于放弃学术自治和学术自由。因此,洪堡在制订大学计划时,提出了大学组织的三个原则:大学自治、学术自由、教学与科研结合。① 洪堡认为,大学和国家的关系是间接的,国家是大学的支持者,不能直接干涉大学事务。② 从学术谱系上来说,康德是高等教育史上第一个提出系统的大学理念的人,他将哲学院和理性知识居于第一位,赋予大学学术自由和评判一切知识的权威。③ 康德新建的知识和系科地位与秩序后来由费希特、施莱尔马赫、谢林等继承,更由洪堡在柏林大学具体实践并实现。④ 洪堡将科学(Wissenschaft)看作大学的根本所在,大学只涉及纯粹知识,不考虑社会经济、职业等种种实际需要。洪堡主张大学要追求纯粹知识,即"纯科学模式",大学不能追求任何科学本身之外的目标,只能进行纯知识、纯学理的探求。⑤

因此,系科之争、知识地位之争在历史上持续了很长一段时间,19世纪、20世纪的很长一段时间里,大学都是以理论知识和系科为中心的,应用型知识被排除在大学之外,大学教授极力排斥应用学科,瞧不起技术性知识,学者之间的斗争十分激烈,比如技术人员与法学学者之间的争执,有时甚至发展到要诉诸武力。工程类知识、技术类知识只能在大学外发展,大学还通过各种方式限制技术学院升级为大学,阻止这些学院授予博士学位甚至学士学位。然而,这样的局面不仅没有强化纯粹知识在大学中的地位,反而使大学逐步丧失了对知识的垄断权。

19世纪30年代后,随着实证自然科学的发展,洪堡的大学改革理念无法完全落实到大学实际的教学和科学研究中,德国大学的"洪堡神话"逐步式微。事实上,真正终结德国哲学统治的不是纯粹科学,而是第二次科技革命,当时的大部分应用性知识几乎都来源于大学这座

---

① 李工真.德意志道路——现代化进程研究[M].武汉:武汉大学出版社,1997.
② 雷丁斯.废墟中的大学[M].郭军,陈毅平,等译.北京:北京大学出版社,2008.
③ 康德.系科之争[M]//康德.论教育学.赵鹏,何兆武,译.上海:上海人民出版社,2005.
④ 叶赋桂.系科之争:学术、政治与时尚[J].北京大学教育评论,2023(2):41-63.
⑤ 陈洪捷.什么是洪堡的大学思想?[J].中国大学教学,2003(6):24-26.

"知识工厂",化工、电子等应用科学和技术逐步被纳入大学的系科之中,国家政策和资金源源不断地涌向大学。随着社会经济的发展,政府和社会各界也大力支持技术院校,以工程和技术等知识为主导的系科和院校取得了蓬勃发展,技术类院校服务社会、国家的趋势蔓延开来。19 世纪后期,德国政府以法令的形式支持技术学院升格为大学,院校获得了办学章程、自治权,也可以提名教授,授予博士学位,甚至进入议会①,应用知识和系科在大学很快就占据了半壁江山。

除了政府的影响外,社会各界的需求也是影响大学知识和系科地位的重要因素。19 世纪末 20 世纪初,应用知识和系科在德国高等教育体系中的地位提升,1870—1914 年,德国企业对应用知识的需求逐步增大,并愿意提供资助支持大学发展应用科学。在工业界的推动下,1887 年帝国议会批准成立机械技术和基础物理两个国家研究所,西门子(Werner Siemens)、蔡司(Carl Zeiss)等企业对大学提供资助,支持物理技术研究。② 19 世纪末 20 世纪初,德国大学不仅在科学研究方面取得了卓越成就,而且在应用性学科和技术发展方面也有不凡的表现。③ 德国在大学之外建立了一大批工业学校,它们在服务国家建设中初步崭露头角,大学里的科学家也积极从事与社会相关的科学研究,与企业家进行合作实施技术转移和成果转化。那些被排斥在德国大学之外的技术型学院,因为顺应工业时代社会发展的洪流而获得了长足发展,不少学院发展成工业大学,为德国社会输送了大量的实用型人才。④

从这一时期英国、德国等欧洲国家的高等院校的社会服务情况来看,尽管不少院校开展了社会服务,但无论是规模还是成效都处于萌

---

① McClelland C E. State, Society, and University in Germany, 1700—1914[M]. Cambridge: Cambridge University Press, 1980.

② McClelland C E. State, Society, and University in Germany, 1700—1914[M]. Cambridge: Cambridge University Press, 1980.

③ 陈洪捷. 什么是洪堡的大学思想? [J]. 中国大学教学,2003(6):24-26.

④ 朱国仁. 从"象牙塔"到社会"服务站"——高等学校社会服务职能演变的历史考察[J]. 清华大学教育研究,1999(1):35-41.

芽期,高等院校的社会服务职能还未充分发挥。

3.1.3　赠地学院及其社会服务职能的确立

在西方知识传统下,知识和系科地位在不同国家的位次也不尽相同,美国高校社会服务职能的诞生就是一个典型的案例。美国在引进欧陆传统的同时,开展了又一场知识革命和大学革命,在很多方面颠覆了欧洲知识传统。不论是民族特性,还是实用主义思想,抑或美国政府和民众的普遍心态,在政治、经济、文化、教育各领域均追求实用高效。因此,美国大学不仅将实用和应用知识建制化为大学系科,更将欧陆知识传统里位次较低的日常经验、生活技艺和职业能力都合法化为大学的知识、课程与系科,正所谓"任何人可以学习任何知识",真正实现了高等教育知识生产的平等和学习自由。从《莫里尔法案(1862)》到《退伍军人法案》,再到高校里雨后春笋般涌现的专业学院,以及综合性研究型大学的崛起等,都是美国知识平等和民主社会建设的另一种制度安排。

回溯历史便知,高等教育社会服务的概念发端于美国赠地学院时代。[①] 一般认为,19 世纪末是美国高等教育机构社会服务职能的诞生期,这一点被学界广为接受。[②] 事实上,高等教育社会服务的职能在美国诞生并非偶然。美国殖民地时期,无论是杰弗逊,还是富兰克林,都主张教育要适应社会需要。富兰克林 1755 年创办的宾夕法尼亚学院就体现了这一点。富兰克林认为,对社会上任何职业有帮助的科学,学院都要纳入其中考虑,竭力满足商贸经营者、机械制造者等各行各业从业者的需求。[③] 1825 年,杰弗逊创建了弗吉尼亚大学,他对当时

---

① 陈时见,甄丽娜.美国高校社会服务的历史发展、主要形式与基本特征[J].比较教育研究,2006(12):7-11.

② Kerr C, Millett J D, Clark B R, et al. 12 System of High Education: 6 Decisive Issues [M]. Princeton: International Council for Education Development, 1978.美国著名高等教育学家克尔指出,"公共服务概念始于美国赠地学院运动";经合组织教育研究与创新中心也指出,从历史上看,大学为社会服务的观念源于赠地学院时代。

③ 滕大春.美国教育史[M].北京:人民教育出版社,1994.

在欧洲占据主导地位的神学等古典学科不以为然，主张在大学中教授实用学科，在当时美国进行西部大开发、技术型人才紧缺的情况下，杰弗逊倡导大学要为州的发展提供实际利益①，对高等教育发展影响深远。

作为美国民主典范的《莫里尔法案(1862)》具有双重的民主意义：第一层民主意义是指高校要招收各阶层的学生，以扩大高等教育入学权利；第二层民主意义是指高校务必要将农业、技工、采矿、军事等实用知识纳入高等教育，以扩大高等教育的知识生产和服务范畴。②1862 年颁布时，该法案规定州要资助至少一所专门从事农业、工业和机械相关教育的学院，在不触及传统古典课程利益的基础上，这些学院须开设农业和机械课程，以服务于州的工农业发展。③ 这一规定为高等院校从事社会服务提供了依据，赠地学院也由此获得迅速发展，纷纷开设了与农业和机械相关的实用性课程，为了方便实践性课程的实施，赠地学院还附设了机械工厂、铸造厂、农场等实践基地，为师生开展实操、服务社会提供了条件。在美国民主社会建设和大学为社会服务方面，《莫里尔法案(1862)》的颁布影响深远。从 1862 年法案颁布到 1922 年间，美国共建立了 69 所赠地学院，其中许多学院到了 20 世纪初已经发展成州立大学，为州服务成为大学的重要职能。此后，美国多所高校的创办者或掌校者都提倡大学的知识和系科要为民主社会贡献力量。比如，康奈尔大学创办人和捐赠人康奈尔(Ezra Cornell)就提倡"任何人都可以学习任何学科"；哈佛大学校长艾略特(Charles W. Eliot)就曾说"一所真正的大学不能把人类探究的任何事物排除在其课程计划之外"；芝加哥大学校长哈珀也曾说过"所有知识为人民服务"；明尼苏达大学校长考夫曼(Lotus Delta Coffman)曾指出"学术上没有什么低卑到不能纳入高等教育的东西"。④ 如此种

———————————

　① 滕大春.美国教育史[M].北京：人民教育出版社，1994.
　② 叶赋桂.系科之争：学术、政治与时尚[J].北京大学教育评论，2023(2)：41-63.
　③ 王英杰.美国高等教育的发展与改革[M].北京：人民教育出版社，1993.
　④ 叶赋桂.系科之争：学术、政治与时尚[J].北京大学教育评论，2023(2)：41-63.

种,无不体现出高等院校的知识民主和招生平等已成为美国社会广泛接受的事实。

现代大学需要与公共生活、历史事实及现实环境保持联络,大学必须对其所处时代的整个现实环境开放,整个融入外部环境。[①] 如果说"威斯康星理念"是大学社会服务职能确立的标志,那么康奈尔大学则为这一职能的确立奠定了坚实的基础。《莫里尔法案(1862)》颁布后,康奈尔大学创立者康奈尔指出,赠地学院使科学直接服务于农业等其他行业,研究工业和农业生产的新技术、新方法和新问题,不断推广科学知识和技术。康奈尔大学的社会服务思想集中体现在"康奈尔计划"中。1868 年创立后,康奈尔大学提出了为社会服务的理念,并在"康奈尔计划"中明确了这样的办学方向和宗旨。康奈尔大学不断完善社会服务机制,提高社会服务能力,为美国现代大学社会服务职能的确立奠定了重要思想基础。[②] 1865 年,怀特和康奈尔共同创立康奈尔大学,由怀特担任第一任校长,负责起草大学发展规划,并于1866 年 10 月 21 日向大学董事会提交了《大学组织报告》(简称《1866 年报告》),这个报告即"康奈尔计划"的雏形。怀特从学校治理、学科设置、课程体系、教授制度、学生管理、学业制度和大学董事会等方面详细阐述了康奈尔大学的理念和目标:一是自由教育和实用教育相结合,建立一所避免受到政治因素和宗教权威干扰、精研学术、培养实用人才的新大学;二是在课程设置上,全科课程体系与选课制相结合;三是科学研究和为社会服务相结合;四是董事会和校友会相结合;五是大学与政府、社会相结合。[③]

怀特早年在耶鲁大学读书,有留学法国和德国的经历,十分熟悉欧洲古典教育,也赞同大学要成为科学的庇护所,主动探求真理、追求科学,但怀特并没有将古典教育完全移植到康奈尔大学中,而是积极吸收自由教育的精华。怀特认为,这种教育对于培养学生个人修养、

①　加塞特.大学的使命[M].徐小洲,陈军,译.杭州:浙江教育出版社,2001.
②　朱鹏举.美国康奈尔计划发展研究[D].保定:河北大学,2014.
③　朱鹏举.美国康奈尔计划发展研究[D].保定:河北大学,2014.

研究纯粹科学的能力具有不可替代的作用,康奈尔大学应是"用活力迸发的智慧教育去替代原先古典教育中严苛呆板的训诫"。怀特将欧洲自由教育与美国实用教育合二为一,将学生的人格塑造与社会所需相结合。① 怀特掌校的 18 年间,主要致力于发展实用高等教育,其中包括农业学和机械工艺等实用学科,他主张学校不应受任何党派控制,并逐步带领康奈尔大学走上世界精英院校之路。康奈尔大学曾是全美科技的象征,特别在农业研究及工程学上表现优秀。时至今日,康奈尔大学依旧将社会服务作为其重要的使命和职责,在其官网上,首先映入眼帘的就是"社会参与中的康奈尔人"(Engaged Cornellians)。同时,康奈尔大学也不断赋予社会服务新的内涵:"公众参与是康奈尔大学开展一切工作的基础,我们要履行康奈尔大学历史悠久的社会服务传统,并对社会做出应有的贡献。我们的学生、教师、员工和校友都是'社会参与中的康奈尔人',师生积极与社区建立伙伴关系,解决全美和全球面临的挑战,创造知识、造福人类。"②2019 年,康奈尔大学更新了其核心价值观,即"作为纽约州的赠地大学,大学主校区有着悠久的历史,我们重视社区参与、珍视纽约州和宽广的大千世界,积极了解纽约州及世界的需求和优势,应用大学的知识来造福整个社会"③。

1848 年以后,由赠地学院发展而来的,由巴斯科姆(John Bascom)、钱柏林(T. C. Chamberlin)和范海斯(Charles R. Van Hise)相继领导的威斯康星大学成为美国高等院校服务社会的典范,西方大学发展历程中的重要转折点,不仅是大学社会服务功能的集中体现,也是大学社会服务职能产生的标志性事件。④

巴斯科姆于 1874—1887 年担任威斯康星大学校长。其间,巴斯

① White A D. Autobiography[M]. New York: New York Press, 1906.
② Cornell University. Public engagement[EB/OL]. (2022-01-01)[2022-03-01]. https://www.cornell.edu/engagement/.
③ Cornell University. Cornell University Core Values[EB/OL]. (2022-01-01)[2022-03-01]. https://www.cornell.edu/about/values.cfm.
④ 杨艳蕾. 超越大学的围墙:"威斯康星理念"研究[M]. 北京:中国社会科学出版社,2015.

科姆为学校发展做出了极大的贡献，为大学播下了社会服务的种子。事实上，在巴斯科姆掌校时期，威斯康星大学尚未大规模开设实用学科课程，也未广泛开展应用性研究，各种各样的社会服务活动还未走入公众的视野。巴斯科姆对学生和教师的精神影响是深远的，他主张大学要成为"社会精神进步的源泉"[①]，其内涵丰富的道德哲学理论为威斯康星大学开展推广服务提供了精神食粮。道德哲学理论提倡大学的责任，即大学对于整个社会道德提升的作用。巴斯科姆坚信社会文明程度会不断提升，每一个从事教育教学工作的人都要紧跟时代步伐、积蓄影响力，以更好地为社会服务。[②] 这种思想对师生极具感召力，后来将社会服务思想发扬光大的拉弗莱特（La Follte）、范海斯均深受巴斯科姆的影响。在 1904 年的就职演讲上，范海斯校长曾说："对很多大学生来说，在大学中最记忆深刻的就是巴斯科姆那影响深远的道德力量，他的人格魅力对我们每一位毕业生都产生了重要的影响。你们被巴斯科姆高深的道德理想、火焰般的热情所鼓舞，他引导你们坚定不移地朝着正确的方向迈进。"[③]

钱柏林在担任威斯康星大学校长期间（1887—1892 年），强调高校教育要"超越学校围墙"，寻求对社会的普适性影响，其治校理念可以概括为"大学的普遍性影响""州共同体教育""科学研究的制度化"及"发展科学"几个关键字。"大学的普遍性影响"强调大学的公共性，大学必须确保人民的福祉，与州的公共教育系统合作，开展推广活动。钱柏林强调大学要为学生提供有价值的职业性学术训练，使学生具备实用知识和技能，培养学生实地调研的能力，将大学的影响带到州的各个地区。[④] "州共同体教育"旨在说明正规教育要逐步面向所有人开

---

① Hoeveler J D. The University and the Social Gospel：The Intellectual Origin of the "Wisconsin Idea"[J]. Wisconsin Magazine of History，1976（4）：282-298.

② Hoeveler J D. The University and the Social Gospel：The Intellectual Origin of the "Wisconsin Idea"[J]. Wisconsin Magazine of History，1976（4）：282-298.

③ Maurice M V. Charles Richard Van Hise：Scientist Progressive[M]. Madison：State Historical Society of Wisconsin，1960.

④ 杨艳蕾. 超越大学的围墙："威斯康星理念"研究[M]. 北京：中国社会科学出版社，2015.

放,取代原来狭隘的教育观念,大学教育是属于全州的共同体教育,为了州的理想而奋斗。"发展科学"旨在说明大学必须发展系统科学知识,提高民众的科学素养和思想水平,促进文明的进步。1904 年,钱柏林在毕业典礼上发表的《州的大学与科研》演讲中更加坚定了这一想法,他说:"发展农业科学,增加每一位农民的心智训练,改善每一个农场的技术水平,为市民提供更好、更安全的食品,是大学最高层次和最正确的功能。"[①]

　　兴起于 19 世纪末 20 世纪初的进步主义运动赋予了威斯康星大学新的使命。进步主义倡导者通过建立中产阶级的道德标准来重建美国社会的价值体系。州长拉弗莱特深受进步主义思潮的影响,进行了雄心勃勃的改革计划,他主张教育要承担起改善人性、促进社会进步的重任,使民众成为经济繁荣的主人而非奴隶。范海斯是一位注重实际的教育家,也是一位极具改革意识的思想家,拉弗莱特州长任命范海斯为威斯康星大学校长。[②] 范海斯掌校期间(1904－1918 年),将威斯康星大学的社会服务运动推向了高潮,威斯康星大学内涵得到进一步发展并最终定型。[③] 范海斯深受芝加哥大学校长哈珀高等教育思想的影响,非常重视引导大学发挥在社会经济文化发展中的作用。他认为大学就是要把知识、技术传授给广大民众。作为巴斯科姆的学生,范海斯在巴斯科姆及钱柏林等的影响下,提炼总结了威斯康星理念,这一思想体系可以分为三个层次:一是大学要参与州的各项事务,全州都可以看作大学教学的场所。"大学就像猪栏那样与农民生活密切相关,大学实验室是工匠生产机器的组成部分,大学把纯洁的种子播撒到孩子们的心里,把客观事实带入青年们的辩论中,把客观公正的知识带入选举中……"[④]

　　① The Wisconsin Jubilee Committee. The Jubilee of the University of Wisconsin [M]. Madison:University of Wisconsin Press,1904.

　　② 王保星.威斯康星观念的诞生及对美国高等教育的影响[J].河北师范大学学报(教育科学版),2000(1):50-54.

　　③ 王保星.美国现代高等教育制度的确立[M].石家庄:河北教育出版社,2005.

　　④ Karier C J. Man,Society and Education[M]. Glenview:Scott,Foresman and Company,1967.

二是大学与州结为战略合作关系,这也得益于州长拉弗莱特和范海斯校长之间的密切交往。拉弗莱特在演讲中曾说,威斯康星大学反映了州的进步主义思想,拓宽了全州人民的文化视野。[①] 范海斯也主动将进步主义教育理念渗透进大学的课程与教学中,把知识和技术带给全州的公民,大学唯一的理想就是为州提供服务。三是大学要弘扬学术自由的思想。当然,这里的学术自由思想含义较为广泛,从认识论方面来说,教师和学生的学术活动要追求真理,这一点和德国大学所弘扬的纯科学模式是一致的。从道德论方面考虑,学术自由的根本不是个人的飞黄腾达,而是要为全社会公众的福祉而奋斗。因此,威斯康星大学鼓励教师和学生个人从认识论方面追求真理、探索世界的同时,也要从道德层面为社会所需奋斗。当然,教师有教学和研究自由,学生也有学习自由,他们在课程选择方面拥有广阔的自由权和公平权,可以选择语言、文学、历史、政治经济、农学、工程学等学科。

这一时期,社会服务的思想弥漫了整个大学和威斯康星州。但事实上,直到 1912 年威斯康星州立法咨询委员会主席麦卡锡(Charles McCarthy)出版《威斯康星理念》一书时,"威斯康星理念"这个词才浮出水面,他首次采用"威斯康星理念"这个概念来总结威斯康星大学 20 世纪初的办学理念和实践。麦卡锡认为,"威斯康星理念"是大学在进步主义思潮影响下积极开展的各种改革活动。该书的出版对美国高等教育产生了深远的影响。威斯康星大学在社会服务过程中主要采取以下形式。

设立农业推广部,使大学与社会发生联系,这是威斯康星大学的重要办学特色。大学开设的推广型服务、调查研究向农民普及了新的知识和技术,夜校课堂使广大民众受到了教育,这些服务形式得到了大学职员、教师、学生的广泛认同。[②] 几十年来,私立大学在办学模式上曾一直落后于赠地大学,直到 1940 年,大多数私立大学仍旧与社会

① 克雷明.学校的变革[M].单中惠,马晓斌,译.上海:上海教育出版社,1994.
② 王志强.传承与超越:威斯康星理念的百年流变[J].清华大学教育研究,2017(4):57-64.

脱节,所从事的科学研究与学生教育工作与其外部世界没有多少交流。传播知识是威斯康星大学为州服务的主要模式,帮助打破大学的封闭状态,成为任何人都可以学习任何东西的地方,这也是多元化办学方式的体现。① 大学开设短期农业课程,研究开发新品种、新农药,提高农业生产能力,防治病虫害,开办流动图书馆并对外开放借阅;与政府建立良好关系,提供专家服务。大学鼓励教师参与社会服务,教师要研究农业、畜牧业、劳动力与资本等问题并给出解决问题的建议。在范海斯的努力下,大学方面与社会建立了密切的伙伴关系,大学教授去乡村、工厂、商店进行指导。范海斯说过:"鞋子上沾满牛粪的教授是最好的教授。"大学教授因此可以接触社会,把科研、教学与社会实际需要结合起来,使大学更好地服务于社会。②

3.1.4 多元巨型大学与社会的双向融合

19 世纪德国的大学模式标志着现代研究型大学的初步建制,而第一所真正意义上的研究型大学则是深受德国大学影响的约翰·霍普金斯大学。此后,美国若干所研究型大学逐渐以高水平的研究水准和高质量的人才培养屹立于世,对美国高等教育的改革进程和全美社会经济的发展产生了深远的影响。

美国大学与社会发展逐步紧密的过程主要有两个大的标志性事件:一是赠地大学的出现;二是多元巨型大学的兴起。美国研究型大学在国家发展中的重要地位与欧洲许多国家的大学相比是相当独特的。赠地大学在很大程度上满足了社会工业化、民主化进程和公民培养的需求,引领着美国大学教育面向大众、走向市场。20 世纪 40—60 年代,美国大学处在关键的历史转折点上,大学在沿袭欧陆办学传统的同时,正在朝着另一个方向转变。如果说纽曼时代的大学是一个

---

① Stark J. The Wisconsin Idea: The University's Service to the State [M]. Madison: Wisconsin Bluebook by the Legislative Reference Bureau,1995.

② 王保星.威斯康星观念的诞生及对美国高等教育的影响[J].河北师范大学学报(教育科学版),2000(1):50-54.

"居住着僧侣的村庄",弗莱克斯纳时代的大学是"一座由知识分子垄断的城镇",那么克尔时代的多元巨型大学则是"一座充满无穷变化的城市"。① 这一时期,大学社会服务职能呈现出前所未有的变革,高校也由此获得了蓬勃发展的机会。

在第二次世界大战的刺激下,各国对壮大经济和科技实力的渴望不断转化为对科研创新、军工力量的巨大需求。以美国"曼哈顿计划"为代表,政府对大学发展的主导作用十分明显,也使大学在整个社会发展中的地位大大提升,研究型大学逐渐从幕后走到台前,成为美国经济发展的重要支撑。1941 年 12 月 6 日,美国制订了"曼哈顿计划"(Manhattan Project),罗斯福总统赋予这一计划以"高于一切行动的特别优先权"。麻省理工学院、哈佛大学、加州大学、芝加哥大学等一批高校纷纷卷入其中,各高校均建立了服务国家战略需求的重点实验室。② 在帮助国家壮大科技实力的同时,这些大学充分利用联邦政府的巨额拨款和庞大资源打造了一批全球领先的学科。例如,加州大学伯克利分校汇聚了科学和工程领域的顶尖人才和科研成果,提升了自身的综合实力和促进社会经济发展的能力。这一时期,大学社会服务的范围不断扩大,由州扩大到联邦政府再到全美各地,服务领域从农业、工业扩展到高科技、武器、医药等专业领域。从学科发展来看,基础研究和应用研究也对大学本身的物理、化学、工程等学科发展产生了重要影响,大学社会服务的积极性和服务质量也提高了很多。③

随着冷战形势的加剧,联邦政府对高校资助重点从基础研究转向应用研究,原子能、生物技术、空间技术等蓬勃发展。在第三次科技革命的推动下,大学与政府持续建立合作关系,大学通过承担政府委托的研究项目、出售知识产权、开展技术转移等形式,加快知识的社会价值实现。20 世纪 80 年代《贝多法案》(Bayh-Dole Act)的出台,大力加

① 克尔.大学的功用[M].陈学飞,等译.南昌:江西教育出版社,1993.
② 吴伟,臧玲玲,齐书宇.急剧变革中的大学社会服务[M].上海:上海交通大学出版社,2020.
③ Kerr C. Expanding Access and Changing Missions: The Federal Role in U. S. Higher Education[J]. The Educational Record, 1994(75):27-31.

强了大学振兴产业和经济发展的作用,研究型大学纷纷成立相应的技术转移管理部门,专司大学科技成果的转化运用。这一时期,全球进入知识经济时代,科技创新成为第一生产力,美国研究型大学纷纷建立大学科技园、高新技术产业园等,深度卷入社会经济发展的洪流中,与周边的产业园区建立了密切的产学研关系。例如,以哈佛大学和麻省理工学院为轴心形成的波士顿 128 号公路产业带,以斯坦福大学为中心形成的硅谷产业园区,数百个大学科技园活跃在全美各地,为大学学科的创新发展和人才培养提供了广阔的试验田。同时,在大学科技园、产业园区的引领下,区域创新生态系统不断拓展,社会服务不断被赋予"创新创业"的内涵。

在博耶的"参与性学术"理论影响下,大学学术研究的内涵不断拓展,大学社会服务开始由单向输出、终端提供服务的形式向公共参与转变,社会服务已经深深嵌入大学运行体系之中,成为大学生存和发展的必要条件。20 世纪 90 年代兴起的"大学—社区"参与模式强调大学和社会在半等交往、互惠互利的基础上,拓展社会服务范围,扩大社会服务效应,由服务当地、本州拓展到国家和整个国际社区,促进知识在不同地域间的流动和资源交换,将社会引入大学,使校外的办学智慧促进大学的人才培养。这一时期最有代表性的是大学将社会服务的精神和为公共利益服务的基因吸纳进自身的课程与教学中,大规模开设"服务性学习"课程,积极盘活社区的人、财、物、环境等资源,构建系统的社会参与或社会服务课程体系,以解决实际问题或参与实践体验为核心,带领教师和学生开展大规模社区服务。[1] 博耶用"参与性学术"这个概念将社会服务纳入学术范畴,使社会服务获得了与大学探究性学术相同的价值和地位,消解了长期以来社会服务、教学、科研之间的屏障。由此,大学最初的推广(outreach)不断与参与(engagement)这个概念耦合,形成横向拓展服务范围、纵向深化社会服务水平的"拓展与参与"格局,大学与社区的嵌入式交互使社会服务

---

① 吴伟,臧玲玲,齐书宇.急剧变革中的大学社会服务[M].上海:上海交通大学出版社,2020.

逐渐走向大学的中心,促使大学在人才培养、科学研究和社会服务方面自我更新,践行人才培养"使命"的同时也实现了社会服务"价值",社会服务也因此成为横跨知识生产、知识传播、知识运用和知识溢出的完整链条,贯穿大学发展的始终。[①]

3.2 我国大学社会服务的发展历程

我国大学自诞生之日起就有强烈的社会服务导向和内在动力,既是对传统文化思想的延续,也受到西方文化影响,顺应了救亡图存的时代要求。[②] 五四运动后,民主与科学、实用主义、进步主义等思想西风东渐,教育界大力批判传统教育脱离实际,提倡教育要适应国家和社会的需要,为大学主动开展社会服务奠定了思想基础。此外,我国传统教育中不乏"以天下为己任"的"入世"思想,诸如春秋战国时期的"士不可以不弘毅,任重而道远",张载的"为天地立心,为生民立命,为往圣继绝学,为万世开太平",顾炎武的"天下兴亡,匹夫有责",王夫之等人提出的"经世致用"思想,皆倡导做学问要有益于国家和社会,以求国泰民安,体现了士大夫阶层家国天下的情怀。中国近代国立大学校长如蔡元培、梅贻琦、竺可桢等受过传统教育和西方学术洗礼的知识分子,直接或间接地将传统教育思想渗透在治校理念和实践中。[③] 这种"士大夫"精神,使中国大学不同于西方纯粹的"象牙塔"机构,随着科举制度的废除和新国家的建制,士大夫阶层不再享有文化和政治上的特权,而是逐渐转变为新国家中的"知识分子",成为"既有思想之

---

① The Provost's Committee on Outreach. University Outreach at Michigan University: Extending Knowledge to Serve Society[R]. East Lansing: Michigan State University,1993.

② 周谷平,张雁,孙秀玲,等.中国近代大学的现代转型:移植、调适与发展[M].杭州:浙江大学出版社,2012.

③ 纪宝成,李立国.近代大学校长和教育家对中国教育传统的认识[J].清华大学教育研究,2006(4):23-29.

中等社会"①,承担着开民智、兴国家的重任。梁启超指出,"今日谈救国者,宜莫如养成国民能力之为急矣"。国民的素质和能力并非与生俱来,那谁是国民能力养成的主体呢? 实则不在"大多数之小民",而在"既有思想之中等社会"②。从现实来看,20 世纪 20—30 年代,我国民族资本主义发展迎来了短暂的黄金期,急需大量掌握知识和技术的专门人才。当时大多数农村经济破产,复兴农村经济、为工商业发展提供人才支撑的呼声越来越高,客观上要求高等教育培养的知识分子要适应社会的需要,主动承担起培养国民的公德、自主、自尊、尚武等素质的重任,要具备为社会各界服务的自知自觉。

从我国第一所现代大学诞生到 1949 年中华人民共和国成立的短短几十年间,大学经历了从初创到正式建制并成为国家重要组成部分的历程。就大学职能来看,西方大学用了数百年时间才发展起来三大职能,而我国大学只用了很短的时间就完成了三大职能的建制。现代大学的诞生为我国现代化进程贡献了不可或缺的力量:政治上,大学为国家培养了大批精英人才,他们成为时代发展的推动力;经济上,大学成为近代社会转型发展的孵化器;文化上,大学是新思想和新文化的摇篮,承担着转移社会风气、开启民智的重任。根据重要历史事件及研究对象的发展规律,我国大学社会服务历程可以分为四个阶段:一是大学社会服务之萌芽,自 1895 年北洋大学建立至 1912 年民国初创,以北洋大学、京师大学堂为代表;二是大学社会服务之兴起,自 1913 年至 1927 年南京国民政府成立,以北京大学、清华大学为例;三是大学社会服务之蓬勃发展,自 1928 年至 1949 年中华人民共和国成立,以浙江大学为例;四是 1949 年以后大学社会服务之变迁。

---

① 许纪霖.“少数人的责任”:近代中国知识分子的士大夫意识[J].近代史研究,2010(3):73-90.

② 梁启超.新民说[M]//梁启超.梁启超全集(第二册).北京:北京出版社,1999.

3.2.1　20世纪初社会服务之尝试——北洋大学、京师大学堂

甲午战败宣告了洋务运动及"中体西用"的彻底失败,有志之士开始另辟蹊径,尝试不同的教育救国路径。盛宣怀创办的北洋大学,取法"西体中用"的办学思路,以美为师,在传统与现代之间办理新式高等教育。北洋大学自诞生那一刻起就被赋予了崇高的历史使命,承担着培养新式人才和服务社会紧缺行业发展的社会重任,无论是学制规划、学科设置,还是后期附设的各类科目,都体现了极强的社会需求导向。

甲午战争之后,朝野上下普遍认同"兴学强国"的思想。1895年,时任津海关道的盛宣怀参照耶鲁大学和哈佛大学办学体制,规划建设北洋大学堂,他负责起草的《拟设天津中西学堂章程禀》提出:"职道之愚,当赶紧设立头等二等学堂各一所。"1895年9月,该提议由北洋大臣王文韶呈送光绪皇帝并最终获得批准。头等学堂为大学本科水平,学制4年,二等学堂为大学预科水平,学制也是4年,学生毕业后可升入头等学堂。① 如此,8年才能正式培养一批毕业生,对于时局艰难、迫于维持的清政府来说,花8年培养新式人才的命题自不成立。为加速人才培养的进程,北洋大学在上海、天津、香港等风气先开之地遴选小学堂第三年级生,并将这批学生纳为二等学堂第四年级生。学生通过考核后可升入头等学堂,如此每年约有30名学生可升入头等学堂进行学习。

学制确定后,大学开设何种学科成为讨论的重点,北洋大学的学科设置无疑是要以社会急需为基础的。在洋务运动的"中体西用"与新式教育的碰撞交锋中,盛宣怀既要权衡晚清朝堂之上各派力量的意见,保留传统的读经等科目,也要顾及社会发展的实际需要,以体现新

---

① 盛宣怀.拟设天津中西学堂章程禀[M]//舒新城.中国近代教育史资料(上).北京:人民教育出版社,1961.

式学堂之"新"。同时,为了天津中西学堂顺利开办而四处奔走的美国人丁家立(Charles Daniel Tenney),深谙清政府对实用人才的渴望,且熟悉美国现代大学办学体制。于是,丁家立引入哈佛大学及耶鲁大学的学科设置模式,在北洋大学率先开设律例(法律)、工程(土木工程)、矿冶、机械四大学门,并在后续办学实践中不断根据社会急需增补学科。

彼时正值清政府修筑京汉铁路,铁路建设人才稀缺,而盛宣怀此前办理的山海关铁路学堂关闭,因此,1897 年,山海关铁路学堂铁路专科并入北洋大学,在大学堂附设铁路先修班,共招生 30 人,后因八国联军侵华被迫停办;接着,清政府实施"新政",外交事务日益增多,为了培养外语人才,1903 年,北洋大学又临时附设了俄语班和法语班,共招生 27 人;1907 年,为了解决中等学校师资短缺问题,北洋大学又开设了师范科,连续两年招收师范生。① 北洋大学附设的铁路、外语、师范班均是根据时局所需,在正常学门之外临时开办,虽存在时间较短,但办学成绩斐然。然而,这种形式的社会服务虽然是面向社会开放的,但起点较高,以师范科为例,学生只有"国文较优、西学程度亦高"者才有入学机会。

在北洋大学之后成立的京师大学堂,在服务国家建设、开启民智方面亦表现不俗。1898 年 7 月,光绪皇帝正式批准设立京师大学堂。京师大学堂附设编译局。为解决大学创立初期普遍缺乏教科书的问题,京师大学堂成立了编译局,在翻译教科书的同时,也进一步引进法律、数学、地理、逻辑、天文、物理等书籍,在满足日常教学所需的情况下,不断传播西方新知识,激发国人的民主和科学意识。② 同时,京师大学堂附设的译学馆办学体制较为灵活,在正常学额之外,设置了旁听生制度(附学科),学生自愿入学成为附学生,品学兼优的附学生有

---

① 北洋大学—天津大学校史编辑室.北洋大学—天津大学校史资料选编[M].天津:天津大学出版社,1991.

② 北京大学校史研究室.北京大学史料(第一卷):1898—1911[M].北京:北京大学出版社,1993.

机会转为正式学生,满足了社会青年好学上进的需求。

八国联军侵华后,清政府重建京师大学堂,仕学馆、师范馆相继成立。其中,仕学馆以提升官员执政能力为目的而开办。早在甲午战败后,清政府官员的昏庸与低能就遭到了社会的严厉抨击。至于官员低智的原因,时人总结为:八股取士无法适应社会需要,官员奉命办理学堂、商务,彼时少年所学皆无之,实不知所办为何物。① 梁启超痛斥官员不知学堂工艺商政为何事,不知修道养兵为何政,提出"今日欲开民智、开绅智,而假手于官力者,尚不知凡几也,故开官智又为万事之起点"的倡议。② 1902 年,为了提升官员素质,管学大臣张百熙准奏开办仕学馆,为速成科之一。作为清末开官智的重要组成部分,仕学馆以清廷各部门在职官员为教育对象,通过招考录取,从师范馆、译学馆拨入等渠道,共招收了 80 名学员及若干旁听生,最终毕业者 34 名。毕业学员为各衙门争相罗致,基本供职于各新设机构、大清银行等部门,为清末新政与民初法政建设培养了一批骨干建设力量。③

1903 年,京师大学堂开办医学实业馆,1905 年改为医学馆,分教学部和诊治部两部分,是为了实现医学人才培养和诊治民众疾病的双重需求,"于学堂之中,兼寓医院之治,凡来就医者,皆随时施诊,且酌施中西通用药品,期以保卫生灵"④。除了在大学开设社会急需的实业学科,附设各种各样的专业性、短期性学科,培养新式人才,大学也积极开展社会教育。例如,京师大学堂自开办之日起就设立了藏书楼。该藏书楼在强学会图书馆的基础上建成,对社会开放,凡"留心时事、请求学问者"均可到此借阅书籍。除了北京、天津的大学外,同时期建立的山西大学堂也积极向社会开放博物馆,普及新知,教育民众,并对社会开设培训课程,提升官员的执政水平。山西大学还开展农业推广服务,积极发挥大学堂对当地社会的影响作用,山西大学堂的一位教

① 康有为.康南海自编年谱.中国史学会编戊戌政变(四)[M].上海:上海人民出版社,2000.
② 梁启超.梁启超全集(第一册)[M].北京:北京出版社,1999.
③ 徐保安.京师大学堂仕学馆学员的入学、分流与就业[J].北大政治学评论,2019(2):185-220.
④ 北京大学校史研究室.北京大学史料(第一卷):1898—1911[M].北京:北京大学出版社,1993.

师曾言,希望山西大学堂的影响能尽快到大学外墙去。①

在中国内忧外患的特殊环境下,北洋大学、京师大学堂、山西大学堂等高校的迅速建成在解社会之急用的同时,也成为后续大学服务国家和社会的典范。但这一时期,中国大学处于破旧立新的转型期,高等院校办学规模较小,向社会开放范围有限,主要是面向政府官员及上流社会服务,且很多"服务"是奉命而为,并非自发形成。到清朝灭亡时,中国人自己创办的大学只有 4 所。京师大学堂在辛亥革命前只有预科毕业生 120 人;北洋大学仅有法科毕业生 9 人,工科毕业生 35 人;山西大学堂仅有法科毕业生 16 人,工科毕业生 19 人,理科生 9 人。② 大学在社会服务上缺乏系统设计,临时性、偶然性服务活动较多,无论是设立编译局,还是临时附设科目,大学所开展的各项社会服务都有不得已而为之的急促,影响力十分有限。

3.2.2　20 世纪 20 年代社会服务之探索——北京大学、清华大学

1912—1927 年,中国进入动荡发展期,中华民国临时政府昙花一现,北洋军阀呈现"你方唱罢我登场"的执政纷争,民族资本主义曲折发展,追求民主科学的五四运动轰轰烈烈地上演,实用主义思潮广泛传播,这样的时代背景深刻影响着高等教育的发展方向。

"社会服务"一词是西方舶来品,今天我们对"社会服务"已经耳熟能详,但民国建立初期,"民主""共和""服务"等概念刚刚在民众脑海里呈现出一定的画面感,与以往封建社会的臣民只有效忠君主的义务不同,民众开始具有权利意识,对"新国民"也有了一定的期待。这一时期,以梁启超的"新民思想"最为引人注目。梁启超提出了"国民性"改造的任务,大声疾呼"论新民为今日中国第一急务"。为了让国民摆脱"愚民性"和"奴隶性",改"臣民"为"国民",梁启超以社会进化论为

---

① 山西大学百年纪事委员会.山西大学百年纪事[M].北京:中华书局,2002.
② 陈翊林.最近三十年中国教育史[M].上海:太平洋书店,1931.

基础，撰写了《新民说》一书，系统论述了公民在社会中应该具备的国家观念、爱国热情、权利义务、公民道德等内容。[①] 人们纷纷呼吁关注社会事业，这在一定程度上也和教会宣扬服务和奉献的教义有关。[②] 1914 年，基督教青年会撰写的《学生社会服务之研究》一书被译为中文，序言中提到"社会服务四字，盖新名词也，其输入吾国不过数年"，"吾国旧有之学说，固初无所谓社会服务焉者"，"社会服务实为共和国之根本"等论述。[③] 社会服务要求人们要有奉献精神，这样的思想在大学中也有迹可循。例如，郑振铎指出，知识阶级里的人，利用职务闲暇，投身于劳动阶级或没有觉悟的群众中，用种种切实的方法，唤起他们的觉悟，改进他们的生活。[④]

　　新式学堂造就了一批有别于传统经生的知识分子。西学东渐的深入浸润，使学生群体的民主意识日渐觉醒。近代学生群体被称为"制造新中国之良工"，他们有了新的知识结构，新的人生理想，新的价值观念，新的行为选择。在救亡图存的总目标下，他们开始了新的追求，在传统经籍之外寻求有益于社会进化的新知和强国之道，体现了知识分子阶层的新陈代谢。[⑤] 青年学生是智识阶级的重要组成部分，北京大学杨贤江教授号召学生要积极参与社会服务，以让学生养成社会道德和自治习惯，熟悉社会情形，丰富社会同情，且不能囿于演讲、教育等形式，而应该包括有关促进社会改革的一切事务。[⑥] 杨贤江认为，社会服务甚至可以作为判断新学生和旧学生的标准，是学生生活的重要组成部分。[⑦] 社会上除了讨论学生如何开展社会服务外，还涉及对国外大学社会服务的介绍，如北京大学教授陶孟和在《吾之大学教育观》一文中介绍了美国威斯康星大学社会服务的情形，称赞了美

①　顾红亮.梁启超《新民说》权利概念的多重含义[J].江苏社会科学,2010(6):182-188.
②　许衍琛.近代中国大学社会服务研究[M].北京:中国社会科学出版社,2021.
③　皕诲.学生社会服务之研究(序)[J].进步,1914(6):104-107.
④　郑振铎.社会服务[J].新社会,1920(7):1-2.
⑤　陈旭麓.近代中国社会的新陈代谢[M].北京:中国人民大学出版社,2012.
⑥　杨贤江.学生社会服务何以必要[J].学生杂志,1920(3):16-19.
⑦　杨贤江.新学生与旧学生[J].学生杂志,1925(3):12-13.

国一批州立大学社会服务的精神①,呼吁学生"当探明个人在大学中之地位,及大学在社会上之地位,大学中不特自行研究学问,同时且以其研究之结果普及于平民"②。

倡导"学术自由"的北京大学校长蔡元培在考察欧美教育后,对大学与社会的关系有了较为深刻的认识,十分注重学生社会服务精神的培养。他指出,"美国人服务社会之精神,不可多得……中国社会事业,可办者正多,学生应有此种服务精神"③。蔡元培认为,美国大学人才培养的重要目标之一,就是要让学生具备社会服务能力和精神。"大凡研究学理的结果,必要影响于人生,倘没有养成博爱人类的心情,服务社会的习惯,不但印证的材料不完全,就是研究的结果也是虚无。"④由此,蔡元培也提出了"学校为社会开门,教授为社会服务"的主张。⑤ 在各种鼓励学生参与社会服务的声音中,北京大学学生走出校门,走向乡村,向社会普及科学知识,利用课余时间开展讲演,启发民众智慧,为社会贡献自己的力量。从实践来看,北京大学开展的社会服务大致可以分为教育改进、出版刊物及组织讲演三类。

教育改进,启发民智。1918 年,北京大学学生向校长蔡元培建议开设校役班,以满足校役强烈的求学渴望。蔡元培复函:"一校之中职员与仆役同是作工,并无贵贱之别……且本校对于校役本有开设夜班之计划,他日刻期开课,尚须请诸君及其他寄宿舍诸君分门教授。"⑥接着,北大发布开设校役夜班的通告,拟定开设校役夜班 10 班,课程包括国文、算术、理科、外语、修身等科目,由学生教员负责教授。⑦ 校役夜班相当于初、高等小学水平,根据校役识字水平分为六个级别开课。除开设校役夜班,学生也进一步面向校外民众招收向学子弟,开设补

---

① 陶孟和.吾之大学教育观[J].中华教育界,1916(10):1-10.

② 本校开学纪事[J].北京大学日刊,1918(209):3-4.

③ 高平叔.蔡元培教育论著选[M].北京:人民教育出版社,1991.

④ 高平叔.蔡元培教育论著选[M].北京:人民教育出版社,1991.

⑤ 蔡建国.蔡元培先生纪念集[M].北京:中华书局,1984.

⑥ 记第一寄宿舍斋役何以庄调教务处:第一寄宿舍诸生致蔡校长[J].北京大学日刊,1918(56):2-3.

⑦ 本校于春假后开设校役夜班[J].北京大学日刊,1918(94):1.

习学校。1920 年,在补习学校开班典礼上,蔡元培指出:"今日为北京大学准许平民进去的第一日。从前这个地方是不许旁人进去的,现在这个地方人人都可以进去……北京大学第一步的改变,便是校役夜班之开办……于是大学中无论何人,都有了受教育的权利。不过单是大学中人有受教育的权利还不够,还要全国人都能享受这种权利才好,所以先从一部分做起,开办平民夜校。"①此外,北大以解决青年学生升学问题为目的,开办暑期补习学校,教员主要由北大毕业生或高年级学生担任,除了开设正常的暑期补习学校课程外,还邀请著名学者如丁绪贤、徐志摩、谭熙鸿等担任导师。②

出版刊物,呼吁救国。1918 年,北京大学学生创办了杂志《国民》,其创刊宗旨为"增进国民人格、灌输国民常识、提倡国货、研究学术"③,强调对国民问题的重视及唤醒民众对爱国主义的强烈渴望。当然,任何一种历史现象的产生,都离不开特定的历史环境,《国民》诞生于严重的民族危机之中,其创办的直接原因在于通过宣传爱国救国,动员国民挽救国家于水火之中。1918 年 5 月,为了防止俄国十月革命的春风进一步吹入中国,段祺瑞勾结日本人秘密签订了《中日共同防敌军事协定》,允许日本派兵到东北驻训。④ 段祺瑞的这一行为直接引发了中国留日学生的游行集会,消息传回国内,引起北京大学、北京高等师范学校等 2000 多名学生向总统府游行请愿,学生纷纷要求废除《中日共同防敌军事协定》,但由于各种原因,这次行动并没有取得成功。学生意识到,救国需要成立一个具有群众基础的组织,且需要发行一种刊物,以方便宣传并开展各种活动。于是,"学生救国会"应运而生,并筹划出版《国民》杂志。在杂志社的 180 多名社员中,有初步接受了马克思主义的知识分子,也有无政府主义者、国家主义者、不过问政治的学生等。《国民》杂志于 1919 年 1 月 1 日正式发行,得到了

---

① 刘克选,方明东.北大与清华:中国两所著名高等学府的历史与风格[M].北京:中国行政学院出版社,1998.

② 北大学生主办马神庙暑期补习学校[J].北京大学日刊,1924(1498):4.

③ 国民杂志社启事[J].北京大学日刊,1918(275):1.

④ 萧超然.北京大学与五四运动[M].北京:北京大学出版社,1986.

校长蔡元培及李大钊、陈独秀、徐悲鸿等人的支持。蔡元培亲自为《国民》创刊号作序。[①]《国民》以"启蒙国民"为主线,聚焦当时较为突出的教育、妇女解放及劳工问题,展示了强烈的社会责任感,发表了大量关于"国民性"改造的文章。在对待中西文化差异上,《国民》采取的是相对中立和调和的立场,有诸多客观冷静的文化思考。《国民》虽然存在时间短,但对当时的青年知识分子产生了较大的影响。

组织讲演,传播新知。1919 年 2 月,学生致信蔡元培校长,提出大学有转移风气指导人民之责,建议大学带头开展社会教育,使人民耳目心知有所寄托。[②] 接着,学生创立了"平民教育讲演团",旨在"增进平民知识,唤起民众之自觉心",讲演团以北京市区或郊区的民众为对象,组织一批志同道合、有社会公益心的同学加入。[③] 讲演内容以反封建制度为主,包括国民常识、科学知识、反日救国、公民道德等话题。根据《北京大学日刊》记载,讲演团关于爱国的主题最多,如 1919 年 4 月,学生陈中立演讲的《国民应尽之责任》、周炳林演讲的《什么是国家》等,主要探讨应对国事持何种态度、为何要爱国,等等。此外,普及科学知识的演讲如《国民常识》《破除迷信》等,旨在鼓励民众相信科学,不要被迷信所惑。为了保证讲演的持续性和有效性,学生还建设了讲演场所,设置有书报阅览处,让民众自由取阅。这一时期,马克思主义已经传入中国,学生发起成立了"马克思学说研究会",在平民运动的大旗下,早期共产党骨干成员积极宣扬马克思主义精神,如北京大学学生在长辛店举行的劳动补习学校,办学宗旨是增进劳动者的完全知识、养成高尚人格。补习学校分为日班和夜班,日班主要针对儿童开展与普通国小相当的课程;夜班招收工人,开设科学、国文、社会发展、工人运动等课程,向工人传播马克思主义学说,社会服务重心逐步转移到政治宣传上,学生联合工人阶级一起开展政治运动。

民国前期(1912—1928 年),与北京大学类似,清华大学的学生也

---

① 本刊启事[J].国民,1919(1):1.

② 邓康君致校长函[J].北京大学日刊,1919(309):4.

③ 平民教育讲演团征集团员[J].北京大学日刊,1919(326):4-5.

开展了形式多样的社会服务,其最主要的活动也是教育类社会服务,包括为校役开办夜班、兴建图书室、举办讲演、创办刊物等,这些服务活动对提升校园周边平民的知识水平,促进学生成长和改良社会风气起到了重要作用。社会服务的主体是由基督教青年会建立的社会服务部。1916 年,清华大学组织学生在北京西山开展社会服务,形成了清华学生社会服务团。有人撰文呼吁学生参与社会服务,诚心诚意地加入社会服务,使我们所居住的社会,因为有我,可以向真善美的仙乡更进一步。① 在社会服务形式上,清华大学学生开办了针对农村失学儿童的露天学校;针对清华园内的厨役、电工、花匠等校役的夜班;针对已经入学的贫寒子弟的补习学校;针对贫寒失学子弟的职业学校。学生还组织成立了改良乡村教育研究所,针对清华大学附近的小学教员和私塾教师开设。此外,学生还举办了通俗演讲、发行“白话报”。从社会服务的具体形式来看,这时期清华大学的社会服务与北京大学如出一辙。

从社会服务成效来看,与萌芽阶段相比,这一时期大学开展的各类社会服务收效良好,开办平民学校、夜校、暑期学校,以及创办杂志等活动不但增进了民众对教育和社会的了解,也使大学和社会建立了良好的关系,让学生有机会了解中国底层社会。例如,对校役进行的识字教育,不但提升了校役的知识水平,也锻炼了学生的教学能力,培养了学生的社会服务精神。学生创办的工人补习学校成功凝聚了新生的政治力量,促进了知识分子与工人阶级的互相了解,工人补习学校也成为部分共产党员从事革命运动的重要基地。在创办刊物的过程中,北京大学学生四处奔走,出版宣传册、印发传单,先后在北京城区和乡村讲演百余次,在最短的时间内使民众了解常识,向社会传播新思想,对改良社会风气、传播文化起到了重要的促进作用。从罗家伦、马星野对蔡元培时期北京大学的评价也可以窥见北京大学当时的社会影响力:“以一个大学来转移一时代学术或社会的风气,进而影响

---

① 清华社会服务之今后[J].清华周刊,1922(233):4-9.

到整个国家的青年思想,恐怕要算蔡孑民时代的北京大学。"[①]

　　然而,北京大学、清华大学的学生社会服务也有零散性、突发性等特点,学生主要是利用空余时间开展系列服务性活动,用大学的文化气息陶冶平民百姓。从服务主体来看,北京大学是由学生自发组织,报校长蔡元培同意后开展,教师很少参与,办理平民教育的一切事宜都是由学生自主发起,缺乏领导核心。例如,校役夜班是学生在了解到校役求学的强烈愿望后,联名写信给蔡元培,希望学校当局可以满足校役的求学希望。而从清华大学社会服务的组织主体来看,学生大部分社会服务都是由基督教青年会组织的。这个组织带有一定的传教目的,同时,在社会服务中学生流动性较大,参加社会服务的学生主要靠个人热情,缺乏强有力的约束和引导,给管理增添了诸多不便。从社会服务的范围来看,受众的人群较为局限,所谓平民即指北京市区和郊区的普通民众,校役夜班、平民夜校、暑期班等教育活动都是集中在学校周边区域。学生创办的《国民》、"白话报"等刊物也是钊对城市民众发放。在露天演讲中,学生也感到民众对讲演的接受度有待提升,演讲与平民生活联系较少,难以提起民众的兴趣。[②]

3.2.3　20世纪三四十年代社会服务之兴盛——浙江大学

　　南京国民政府成立后,对各级教育的整顿逐渐提上日程。1928年的全国教育会议商讨"培养建国人才"的方针,开始整顿大学教育。南京国民政府于1929年公布的《中华民国教育宗旨及其实施方针》对大学教育提出"注重实用科学,充实科学内容,养成专门知识技能"的要求。至此,在国家宏观政策的指导下,大学教育转变办学方向,为国家实现工业化及国防建设做出贡献。这也意味着大学,尤其是国立大

　　① 罗家伦,马星野(伟).蔡元培时代的北京大学与五四运动(选刊)——"五四"领导人之一罗家伦自述五十八年前旧作首次公开发表[J].鲁迅研究月刊,1990(5):52-57.
　　② 张允侯,等.五四时期的社团(二)[M].北京:生活·读书·新知三联书店,1979.

学能够获得南京国民政府的支持,在追求学校自身发展和服务民族国家中找到结合点。20世纪30年代,浙江大学校长更迭频繁,蒋梦麟、邵裴子、程天放、郭任远、竺可桢均担任过浙江大学校长,除郭任远和竺可桢外,其余校长掌校时间都在两年以内,竺可桢担任校长长达13年。以下,本书以郭任远和竺可桢掌校时期为重点,梳理国立浙江大学的社会服务。

国立浙江大学自创立伊始,就将为国储才、服务浙江省地方经济社会的发展作为义不容辞的责任。毕业于加州大学伯克利分校的蒋梦麟,早在20世纪20年代末就创设了萧山湘湖农场,并设立了信用合作社,办有农民子弟学校。毕业于斯坦福大学的邵裴子校长也强调大学扶持浙江省农村建设的必要性,程天放掌校期间,曾成立推广部,组织师生向农民推广农业技术及知识。

1933—1936年,国立浙江大学正值郭任远掌校,作为一位在加州大学受过严格且系统科学训练的卓越学生,郭任远深受该校教育理念及学风的影响。加州大学是美国综合性公立大学的典范,在教学、科研、社会服务及学制系统构建上,均为各州树立了良好的榜样。20世纪20年代初,加州大学正值惠勒(Benjamin Ide Wheeler)掌校。加州大学办学的突出理念是追求卓越,自1853年创立,即以耶鲁大学为样板,以建设一所科学与人文并重的大学为目标。加州大学素以学术自由著称,这里没有保守传统的约束,没有不可逾越的清规戒律,在这片自由的土地上,你可以尽情地探索未知的世界。为社会服务是加州大学的重要传统。在《莫里尔法案(1862)》的影响下,加州大学创立伊始,主要是以"农业、矿业和机械工艺学院"为建设基础,以服务加州农业和工业发展为目的。[①] 加州大学声称,要办成一所人民的大学,既然使用了联邦政府的土地,大学的发展就应该按照政府的法律办事,发展与农业和矿山相关的实用技术。因此,加州大学与加州工、农业的

---

① 马万华.从伯克利到清华北大:中美公立研究型大学建设与运行[M].北京:教育科学出版社,2004.

发展紧密联系,尤其是与加州农业发展的需要相结合。比如,加州大学建立了农业拓展系,负责农业技术的推广。[①] 此外,还通过设立农业研究所、试验站,开设农业课程等方式,给民众传播知识、提供服务。为进一步拓宽为社会服务的渠道,校长惠勒主张"民主实用"的办学方针。他认为,加州大学既要有民主,又要服务于人民,且是开展高水平专业研究的中心。因此,1920 年,加州大学建立起了全美第一个正式的、由不同层次院校构成的三级公立高等教育体系[②],该体系包含两年制社区学院(初级学院)、一系列地方大学(州立大学、师范学校等)和高水平研究型大学,促进了教育规模与质量、政府与公立高校之间的均衡发展。

郭任远执掌浙江大学期间,其办学理念无论是从行政、学制的改组,还是从教学、科研及为地方服务的改革,皆深受其母校追求卓越、民主多元、学术自由等理念的影响。郭任远秉持大学要为社会服务的理念,尤其是以农学院为重心,发挥大学为社会服务的职能。南京国民政府1929年颁布的《中华民国教育宗旨及其实施方针》规定,农业推广必须由农业教育机关积极实施,如农业生产方法、农民技能、科学知识普及、生产消费合作,须以全力推行。1933 年,郭任远上任伊始,就提出了大学应该支持浙江省农村建设的计划[③],这不仅是受到母校加州大学"以地方服务为己任"的影响,也契合当时南京国民政府亟须复兴农村的需要。例如,南京行政院就专门成立了农村复兴委员会与全国经济委员会,与各农业教育机关一道,致力于振兴农村经济。郭任远于 1933 年 5 月赴南京向蒋介石报告了农学院改组事宜,此时,蒋介石正在潜心酝酿国民经济建设运动,希望从整顿农村经济入手,振兴国民经济。浙江大学农学院作为华东最高农业教育机关,担负着复

---

① 马万华.从伯克利到清华北大:中美公立研究型大学建设与运行[M].北京:教育科学出版社,2004.

② Douglass J A. The California Idea and American Higher Education:1850 to the 1960 Master Plan[M]. Palo Alto:Stanford University Press,2000.

③ 刘正伟,胡昌翠.郭任远与全面抗战爆发前的浙江大学[J].晋阳学刊,2021(2):64-71.

兴农村的重任。①

　　郭任远认为，学校的经费是国库支付的，国库的税收，是人民的汗血，所以学校也可以说是人民设立的。那么，学校在能力所及的范围内，应该为人民尽些力。② 郭任远指出，浙江省和其他大部分省市一样，80％以上的人口还是极度贫困的农业人口，农村发展是重建中国的重心，要实现农村发展的工业化，生产方式现代化，并在农村地区引进现代医疗设施。为实现这一目标，须"重构浙大"，俾符农村建设之蓝图。③ 郭任远提出，要让浙江大学成为浙江省农村"技术之重镇、人才之中心"④。因此，浙江大学的前途与最终目标，集中于农场方面。郭任远曾说："农学院之革新，实为最必要之区。夫复兴农村，不特有赖于良法，且有赖于英才，值此农村破产之际，欲求打开难境，自非力倾农学院之革新不可，以农院为良法英才所自出也。"⑤浙江大学是浙江省的最高学府，务必使人尽其才，地尽其利，所造人才，应以浙江的需要为前提。⑥ 郭任远深表认同，并拟订了农业人才培养计划。⑦

　　在大学部，郭任远指出，要大量吸收农家子弟，为提高办学程度，采用导师制，以养成学生对于局部地方问题的独立研究能力。⑧ 郭任远还对当时农学院的组织及课程进行改革，第一年不分系组，教授一般农业基本科学；第二年则分为农业植物、农业动物、农业社会三系授课，授予各系基本科学，并设立20余个讲座；第三、四年三系分十组上

---

　　① Kuo Z Y. Confession as a Chinese Scientist [Z]. Philadelphia：American Philosophical Society Library，1953.

　　② 郭任远. 郭校长补行宣誓[J]. 国立浙江大学校刊，1933(131)：2.

　　③ Kuo Z Y. Confession as a Chinese Scientist [Z]. Philadelphia：American Philosophical Society Library，1953.

　　④ Kuo Z Y. Confession as a Chinese Scientist [Z]. Philadelphia：American Philosophical Society Library，1953.

　　⑤ Kuo Z Y. Confession as a Chinese Scientist [Z]. Philadelphia：American Philosophical Society Library，1953.

　　⑥ 国立浙江大学. 陈立夫先生莅校演讲中国教育之改造问题[J]. 国立浙江大学校刊，1935(212)：2443-2447.

　　⑦ 刘正伟，胡昌翠. 郭任远与全面抗战爆发前的浙江大学[J]. 晋阳学刊，2021(2)：64-71.

　　⑧ 国立浙江大学. 国立浙江大学要览(二十四年度)[R]. 1935.

课,每一位学生应择定正组和副组上课,正副组内所选课程的质量,由主管教授的意见而定。在最后两学年中,每一学生的主科,由一教授从事个人的指导,此种导师制度,在我国尚属初试。① 郭任远批评说,过去全国办农学院的失败,因为课目太多,样样要修,故都是半精不熟,要养成独立研究的能力自不必想。设讲座及导师制度的目的,在免去贪多不精的弊病。② 农学院导师制的实施颇为具体。以农业社会学系为例,导师制主要体现在对学生的学术指导上,从学生择定正副组选课、开展课外研究、农业调查、实习到毕业论文写作,学院均给学生分配导师指导。③ 农学院每年制订详细的科研计划,分为教授研究、学生研究和农村调查。④

在农村调查方面,郭任远历来极为重视,为使学生养成不说无根据的话、不做无根据的事的习惯,由冯紫岗、彭师勤两位专攻农业经济学的教授,负责指导三、四年级学生完成调查、整理、统计、分析及撰写研究报告等各项工作。⑤ 郭任远指出,浙江大学以后的研究,要着重于关系人民实用的利益。因此,科研的方针,除了学理研究之外,应当注重实用的方面。⑥ 在此方针指导下,农学院各学系针对兰溪实验县、华家池农村试验区、嘉兴县、萧山等地区急需解决的动物检疫、植物病虫害防治、农产品运产销等问题,就地取材,开展关于人民实利的研究。有了导师制的支撑,农学院三系十组均可实现教员指导学生实习、研究、推广的模式,达到"教授学生对于本省农工方面之特殊问题研究,而谋所以解决之道"⑦。

在职业人才培养上,郭任远积极利用浙江大学代办高职的机会,将高职定位在偏重于训练浙江省所需的中等工业人才、农业人才。⑧

---

① 郭任远.今后之浙江大学[N].杭州民国日报,1934 年元旦特刊。
② 国立浙江大学概况[J].清心壬申级级友会季刊,1934(2):52-58.
③ 刘正伟,胡昌翠.郭任远与全面抗战爆发前的浙江大学[J].晋阳学刊,2021(2):64-71.
④ 国立浙江大学.国立浙江大学农学院报告[R].杭州:浙江大学档案馆,1936.
⑤ 国立浙江大学农学院报告[R].杭州:浙江大学档案馆,1936.
⑥ 郭任远.郭校长补行宣誓[J].国立浙江大学校刊,1933(131):1390-1392.
⑦ 国立浙江大学.国立浙江大学要览(二十四年度)[R].杭州:浙江大学档案馆,1935.
⑧ 国立浙江大学.国立浙江大学要览(二十四年度)[R].杭州:浙江大学档案馆,1935.

郭任远认为我国新教育的设施,迄今垂 40 年,但仍成效不彰,就是忽视生产教育与实用人才所致。[①] 郭任远告诫毕业生:"高农高工毕业诸生,皆曾受生产教育之训练,与实用人才之优秀者也。适应客观环境之需要,发挥新式教育之机能,使社会风气,为之丕变,而国族生命,得以延续。"[②]为增加教育机会,浙江大学创建了一个初中程度的农艺班,目的在于培植乡村农人完善之领袖,训练有农业科学知识的新农夫。[③]1934 年,初级农艺班招收兰溪县 10 名,杭县、嘉兴、吴兴、绍兴县各 5 名自行耕田的农家子弟。录取后所有费用一律免收,每年来校学习一段时间,学业考核合格即可,并非一定要修读满三年,主要是让农家子弟学会运用所学的农业知识。[④] 相对于没有学制的临时短期培训班,初中程度的农艺班从根本上解决了农民的教育问题,初级学院办学成绩优异,颇受各方好评。

在服务地方建设上,郭任远制订的《农村建设计划》得到了政府的批准,浙江大学三个学院均围绕农学院开展地方服务。郭任远重新改组了农业推广委员会,并深入实施了一系列复兴农村的活动。

首先,郭任远努力充实文理学院物理、生物、化学系,以开展农村建设所需人力的基础科学培训工作,并计划在文理学院开设卫生学系并设立附属医院,学生享受免费学额,毕业后须义务服务于农村地区的医疗建设。卫生学系作为医学规划、监督、指导医疗活动、培养医疗人才的机关,附属医院则作为实习和为地方医疗服务的卫生机构。[⑤]因卫生学系筹设困难,最终由农学院在华家池乡村具体负责乡村卫生整理事宜。

其次,郭任远认为,我国工业尚在萌芽,国家经济基础是以农立国。[⑥]

---

① 郭任远.代办高农高工毕业纪念刊序言[J].国立浙江大学校刊,1934(169):1737-1738.

② 郭任远.代办高农高工毕业纪念刊序言[J].国立浙江大学校刊,1934(169):1737-1738.

③ 刘正伟,胡昌翠.郭任远与全面抗战爆发前的浙江大学[J].晋阳学刊,2021(2):64-71.

④ 浙高农职校设初级农艺班[N].申报,1934-06-22(15).

⑤ Kuo Z Y. Confession as a Chinese Scientist[Z]. Philadelphia:American Philosophical Society Library,1953.

⑥ 刘正伟,胡昌翠.郭任远与全面抗战爆发前的浙江大学[J].晋阳学刊,2021(2):64-71.

因此,要利用工业辅助农业发展,浙江大学工学院需重新定位,为农业发展服务。① 工学院及其代办高工学科设置均以省情为需要,所开设专业都是江浙一带的急需专业,即水利、煤矿、铁路、土木等,尤其是水利工程。中国农事的首要问题是水利。江浙为吴越平原,地处长江下游,河港交织,水道密若蛛网。"若不设法利用水利,则前途非常危险。"② 工学院各系均为我国工业教育最重要的部门,如土木工程系拟增设水利工程、卫生工程、道路工程诸教程,以适应当时国家工业上的急切需要。化学工程系从事国产煤的研究,以服务于我国煤矿领域。③

最后,郭任远与实验县、区政府密切联系。1934 年,浙江大学支持农业资源禀赋较好的兰溪实验县建设,并与县政府合组了"兰溪实验县建设委员会",拟定组织规程,呈请建设厅备案。委员会的职权包括负责乡村建设的调查、研究、设备、指导、考核等事宜。委员会由浙江大学校长郭任远、农院院长、工院院长,以及文理学院专家委员和兰溪县县长胡次威、各科科长组成,郭任远亲自担任委员长,委员会下设农业、工业、卫生、经济和乡村教育五部。④ 兰溪县为浙东富庶之区,盛产豆、麦、桐、杨梅等农产品,但对于植物病虫害缺少科学方法防治,农产品开发销售滞后。浙江大学将其建设计划分为四项:一是增加生产;二是植物病害的防治(豆、桐、麦之锈病等);三是农业制造(杨梅、火腿等);四是以合作方式,从事农产品的生产、运销各方面,推进该县建设。⑤ 制订计划后,郭任远随即前往兰溪县视察。⑥ 1934 年初,冯紫岗教授率领四年级学生和推广员 10 人赴兰溪,培训兰溪实验县政府

①　Kuo Z Y. Confession as a Chinese Scientist[Z]. Philadelphia：American Philosophical Society Library，1953.

②　国立浙江大学.陈立夫先生莅校演讲中国教育之改造问题[J].国立浙江大学校刊,1935(212):2443-2447.

③　国立浙江大学.国立浙江大学要览[R].1935.

④　国立浙江大学.浙大与兰溪县合组乡村建设委员会分农业等五组[J].浙江合作,1935(12):16.

⑤　国立浙江大学.农学院与兰溪县政府合组建设委员会[J].国立浙江大学校刊,1934(198):2265-2266.

⑥　国立浙江大学.郭校长偕王秘书长视察兰溪试验县政[J].国立浙江大学校刊,1934(203):2362.

24 人为调查员。^① 浙江大学完成了对兰溪全县的调研,师生将课堂搬到了田间地头,为农业社会系历来所未有的大规模精确调查。浙江大学师生合作出版的《兰溪农村调查》,亦作为实验县建设的依据和参考。^② 1935 年,为实现乡村自治,浙江省农会与浙江大学农学院合组了"华家池农村建设实验区管理委员会",并开办华家池乡村建设实验区乡村诊疗所。后因经费困难,省农会退出,浙江大学独自承担起华家池农村合作的重任。^③ 农学院克服一切困难,开办大规模民众夜校一所,由该院教师学生及其他各系学生 20 余人担任教职,结业后召开乡民联欢大会,意义在于与乡民同乐。^④ 浙江大学与实验县、实验区的合作较为顺利,很多项目取得了不错的成效,引起了南京国民政府的关注,洛氏基金会代表耿土楷对此极其赞赏,并表示了对国立浙江大学的资助意向。^⑤

1936 年 4 月 25 日,竺可桢正式接任浙江大学校长。竺可桢在就职演说中阐明了办理浙江大学的方针,尤其强调了大学需要明了历史、服务社会、为国储才的重要性。^⑥ 首先,竺可桢教导学生要"明了历史,承前启后,砥砺精神"。他鼓励同学们要做到致力学问和"以身许国"相统一。竺可桢勉励同学说:"我们生在文化灿烂的中国,又是生在学术发达先行足式的浙江,应如何承前启后,以精研学术,而且不忘致用实行为国效牢的精神。"^⑦其次,竺可桢教导学生要顾及局势,不辱使命,心系民族国家。竺可桢认为,办理大学还要立足于中国的安危。竺可桢号召大学生尤其要承担起这样的重任,杜绝一盘散沙、放任无

---

① 国立浙江大学.国立浙江大学农学院报告[R].1936.

② 冯紫岗.兰溪农村调查[J].国立浙江大学农学院专刊第一号,1935(1):1.

③ 刘正伟,胡昌翠.郭任远与全面抗战爆发前的浙江大学[J].晋阳学刊,2021(2):64-71.

④ 农社学会筹开乡民联欢大会[J].国立浙江大学校刊,1934(166):1693.

⑤ Kuo Z Y. Confession as a Chinese Scientist[Z]. Philadelphia: American Philosophical Society Library, 1953.

⑥ 竺可桢.大学教育之主要方针(二十五年四月十五日第一次对本校学生训话纪录)[J].浙大学生,1941(复刊 2):1-7.

⑦ 竺可桢.大学教育之主要方针(二十五年四月十五日第一次对本校学生训话纪录)[J].浙大学生,1941(复刊 2):1-7.

拘,养成有组织、有系统的精神。① 竺可桢认为,民族的自由重于个人的自由。他建议同学们要深切考虑民族自由和个人自由的关系,才能不负浙江省过去光荣的地位与今后神圣的使命。1931 年 5 月 13 日,国民会议第五次大会通过了"确定实施教育设施趋向案",其中第六条规定大学教育以注重自然科学及实用科学为原则。② 竺可桢提出,在大学内通才教育与技术教育,理应并重,以达到培养理智的目的。③ 但是,这并非大学的职责所在,竺可桢认为,在中国要想培养高级专门人才,非办综合性大学不可。若一个大学,单从零星专门知识的传授,既乏学术研究的空气,又无科学方法的训练,则其学生之思想即难收到融会贯通之效。④

　　随着抗日战争的全面爆发,浙江大学开启了西迁办学之路。在迁往建德、吉安、泰和、宜山等地的过程中,浙江大学在大后方积极开展社会服务活动。1937 年 12 月,浙江大学师生利用自带的无线电设备,夜间收听广播新闻记录消息,并编写成文字。在建德,浙江大学师生主要采用壁报张贴,之后则采用油印排版,前后编辑印刷出版了 24 期《浙大日报》,不仅使校内消息灵通,也深受建德县各界人士的欢迎。⑤《浙大日报》对战时的募捐、宣传意义重大。在泰和这样一个远离战场、世外桃源般的地方,《浙大日报》时时提醒后方的人不能忘了国民的责任。竺可桢说:"我们学校一迁建德,再迁泰和,建德与泰和统是没有日报的地方,而在全民族热烈抗战的时候,前方战场的消息,国际形势的变化,我们全校人士刻刻关怀,莫不以先睹先知为快……不但给我们以最近的消息,而且时时促进我们的自省。"⑥浙江大学师生在迁校办学中始终不忘救国,积极组织宣传抗日活动。在泰和期间,学

　　① 竺可桢.大学教育之主要方针(二十五年四月十五日第一次对本校学生训话纪录)[J].浙大学生,1941(复刊 2):1-7.
　　② 国民会议重要文件:确定教育设施之趋向案[J].东方杂志,1931(11):98-99.
　　③ 竺可桢.我国大学教育之前途[N].大公报,1945-09-23.
　　④ 竺可桢.大学生与抗战建国[J].国立浙江大学校刊,1941(100):1-3.
　　⑤ 李絜非.浙江大学西迁纪实[M].杭州:国立浙江大学,1939.
　　⑥ 李絜非.浙江大学西迁纪实[M].杭州:国立浙江大学,1939.

生自治会发起了给前线将士捐献棉衣的活动,学校专门分拨出两间房屋作为缝纫场。学生自治会还宣传、组织了为受伤将士募捐医药的活动。[①] 浙江大学特种委员会还组织学校教职员捐款慰劳前方将士。[②]

浙江大学师生在吉安、泰和办学期间,积极开展社会服务,从代办中小学,到修筑防洪大堤,再到开发荒地、安置难民等,多次与江西省政府、省建设厅、省教育厅、泰和县政府商议办学、农业合作、修筑堤坝等事宜,履行了大学教育要与落后地区开发建设相结合的诺言。[③] 因赣江流经之地,多为平原,夏季暴雨来临时,赣江几乎年年泛滥,村民屡遭水害,却无力防治。浙江大学到达泰和后,组成堤工委员会,由工学院土木工程系教员及工读学生参加水位测量等工作。[④] 大堤修筑完成后,泰和上田村一带再未遭受水灾。当地民众为了感谢浙江大学,将堤坝称为"浙大防洪堤",将赣江边的一个码头称为"浙大码头",以纪念浙江大学在泰和办学。1938年暑假,农业经济系教员梁庆椿等对泰和乡村教育状况进行调研后,提出泰和县中小学办学问题。[⑤] 1938年2月上旬,浙江大学刚在吉安稳定下来,特种委员会就立即开会讨论在当地办学一事。[⑥] 因浙江大学所创办的学校位于泰和县澄江镇上田村,又称"澄江学校"。澄江学校的创办,极大地解决了当地中小学教育质量不高的问题,使泰和的农村儿童和浙江大学教职工子女受到了良好的教育。为响应南京国民政府战区难民救济政策,江西省政府与迁到泰和的浙江大学商议合作开办沙村难民垦殖场。浙江大学土木工程系高工学生负责测量、勘定、绘制工程建设方案,农学院学生负责规划建设垦殖场。垦殖场采取垦荒耕种、集体经营的方式运行。1938年8月底,沙村难民垦殖场已全面运转,一切进展顺利,垦民

---

① 李絜非.浙江大学西迁纪实[M].杭州:国立浙江大学,1939.
② 竺可桢.竺可桢全集(第6卷)[M].上海:上海科技教育出版社,2004.
③ 李絜非.浙江大学西迁纪实[M].杭州:国立浙江大学,1939.
④ 李絜非.浙江大学西迁纪实[M].杭州:国立浙江大学,1939.
⑤ 梁庆椿.吾国乡村教育问题——从泰和乡村调查所见[J].国命旬刊,1938(13):22-27.
⑥ 李絜非.浙江大学西迁纪实[M].杭州:国立浙江大学,1939.

亦能安居乐业。① 此外,浙江大学还在力所能及的范围内开展了多项
社会服务,如创办了民众俱乐部,组织儿童健康检查;农学院专门成立
了农业消费合作社,组织了大规模农业调查和推广活动。

　　1938 年底,浙江大学迁到了广西宜山。为解决中等学校师资短
缺问题,以加强中等学校师资培养,1938 年 8 月,浙江大学将文理学院
教育系扩充为师范学院,设立国文、英语、教育、史地、数学、理化六
系②,负责广西、贵州两省的高级师范教育;同时,浙江大学师范学院还
与浙江省教育机关通力合作,以谋浙江省中等教育的改进③。此外,为
振兴农村经济,适应农业发展需要,浙江大学在广西办学期间,还增设
了农业化学系。1939 年 5 月 15 日,教育部正式批准浙江大学设立农
业化学系。浙江大学在原四学院二十三学系的基础上,扩充为五学院
二十四学系。④ 为了支持国防事业和国民经济生产,为抗战培养高级
人才,浙江大学积极响应教育部号召,创办研究生教育。1939 年,浙
江大学设立文理两科研究所,先设史地、数学两部。文科研究所史地
学部下设史学组、地形组、气象组、人文地埋组。

　　浙江大学在广西开展了系列社会服务活动,主要以农业服务和教
育服务为主,不仅促进了地方事业的发展,也提升了大学自身的影响
力。成人教育班主要由浙江大学师范学院发起,在宜山永庆小学举行
第一次教育研讨会,由浙江大学教授指导小学教师开展教育研究。⑤
1939 年 8 月至 10 月,浙江大学夏令讲习会开办的成人教育班为 80 余
人提供了成人教育,得到了宜山当地政府的好评。⑥ 广西作为战争时
期的大后方,粮食生产刻不容缓。浙江大学文、理、工、农、师范各学院
均组织学生在暑假中参与秋收。除了协助秋收,收获队员还组织民众
举行联欢会,以抗战、乡村为主题的歌舞、话剧表演有助于消除村民的

---

① 竺可桢.竺可桢全集(第 6 卷)[M].上海:上海科技教育出版社,2004.
② 本校师范学院成立[J].国立浙江大学校刊,1938(1):3-4.
③ 全国高级师范会议议案志要[J].国立浙江大学校刊,1939(5):7.
④ 本校新增农业化学系[J].国立浙江大学校刊,1939(24):2.
⑤ 夏令讲习会成人教育班近讯[J].国立浙江大学校刊,1939(33):2.
⑥ 表证成人班近讯[J].国立浙江大学校刊,1939(41):2.

愚昧,增加与地方乡民的联络。[1] 此外,应广西省政府主席黄旭初的邀请,浙江大学教育系参与设计广西省中等学校改进方案,提出包括改进中小学师资、提高国民中学教育质量,以及推进健康教育等建议,还对广西省实际教育情况进行调研,调查广西省中学发展情况,为 1939 年国立各院校在桂林区的统一招生做好准备工作。[2] 浙江大学师范学院于1939 年秋学期附设中小学各一所,中学设立初中部,小学为完全小学。[3]

浙江大学农学院各系师生还积极利用暑期为当地农业生产服务。为增进学生的服务精神,使所学为所用,农学院学生,除农艺系三、四年级外,在暑假积极赴广西大学农学院、宜山沙塘农事实验场实习两个月;农业化学系学生到广西大学农学院和沙塘农事实验场参观学习;病虫害系学生则在梁庆椿的带领下,前往宜山小龙江一带做农村调查。[4] 农学院园艺系师生到达宜山后,即计划开展广西省园艺植物之调查。农学院师生开展的各种调查活动,均撰写了调查报告并发表在《浙大园艺》上,供学者及当地政府参阅。[5]

3.2.4　1949 年以后大学社会服务之变迁

中华人民共和国成立后,中国共产党对社会各行各业进行接管和改造,高等教育在新制度下开始了漫长的变迁之路。其间,中国共产党在解决高等教育合法性问题的同时,确定了"教育为工农服务""教育为国家建设服务"的方针,使教育适应计划经济体制改革需要,以凝聚人心、稳定社会秩序。[6]

教育为工农服务。1949 年,时任教育部部长的马叙伦在全国第一次教育工作会议上指出,我国是以工农联盟为基础的人民民主专政国家,要为工农大众办理文化教育、政治教育和技术教育,"教育为工

---

① 夏令讲习会收获队工作简报[J].国立浙江大学校刊,1939(34):6.

② 胡家健先生出席桂省中等教育设计会议[J].国立浙江大学校刊,1939(34):3.

③ 实验学校小学部续招新生[J].国立浙江大学校刊,1939(44):3.

④ 农学院学生暑期动态[J].国立浙江大学校刊,1939(38):3.

⑤ 园艺系利用暑假调查果树[J].国立浙江大学校刊,1939(39):3.

⑥ 毛亚庆.建国以来我国高等教育发展的新制度主义分析[J].重庆高教研究,2014(2):1-6.

农服务"的方针随即确立。[①] 当时的高等教育普及率十分低,1950 年全国有大中专学校 200 余所,学生 15 万余人。中等学校 5000 余所,学生 150 万余人;小学 30 万余所,学生 2000 万余人。绝大部分学生是中农以上、城市小资产阶级以上的子女,占总人口 80％以上的工农群众还在学校大门外。[②] 教育部副部长钱俊瑞指出,大学生是为将来工农服务的干部,大学之门必须为广大工农青年的干部敞开。[③] 在教育部的"纠偏"下,高等教育积极为工农敞开大门,培养新中国建设的骨干力量。[④] 1950 年建立的中国人民大学承担着培养工农群众成为受过高等教育知识分子的重任,为学生传播马克思列宁主义、毛泽东思想的同时,还要为各级各类高校培养思想政治课教师。[⑤] 教育部号召大中专学校都要以中国人民大学为榜样,吸收并培养工农群众成为高级知识分子。

　　教育为国家建设服务。中华人民共和国成立后,经济基础十分薄弱,需要大量人才从事政治、经济、国防和文化建设。1949 年召开的京津十九所院校负责人会议提出,高等教育无论其内容、制度、方法各方面,须密切配合国家政治、经济、国防和文化建设的需要,尤其是经济建设的需要。[⑥] 1950 年召开的第一届高等教育会议通过的《高等学校暂行规程》提出,高等教育要培养具有高度文化水平、掌握现代科学技术、全心全意为人民服务的建国人才,要大力吸纳工农干部和青年进大学深造。[⑦]《高等学校暂行规程》废除了国民党开设的一切政治课程,将其改造为以马克思列宁主义为基础的新课程体系。[⑧]

---

　　① 高等教育部办公厅.高等教育文献法令汇编(1949—1952)[Z].北京:高等教育部办公厅,1958.

　　② 钱俊瑞.当前教育建设的方针[J].人民教育,1950(1):10-16.

　　③ 钱俊瑞.当前教育建设的方针[J].人民教育,1950(1):10-16.

　　④ 钱俊瑞.当前教育建设的方针[J].人民教育,1950(1):10-16.

　　⑤ 钱俊瑞.当前教育建设的方针[J].人民教育,1950(1):10-16.

　　⑥ 高等教育部办公厅.高等教育文献法令汇编(1949—1952)[Z].北京:高等教育部办公厅,1958.

　　⑦ 毛亚庆.建国以来我国高等教育发展的新制度主义分析[J].重庆高教研究,2014(2):1-6.

　　⑧ 李素敏,王子悦.建国以来中国高等教育发展的历史回溯与思考[J].天津师范大学学报(社会科学版),2012(2):72-75.

　　成人教育和业余教育成为高校服务社会的重要渠道。1950年教育部颁布了《关于中国人民大学实施计划的决定》,中国人民大学正式招生开办夜校。1955年,全国文化教育工作会议决定采用夜校和函授教育的形式吸收技术人员、工矿干部和熟练工人在职学习。[①] 随后,《关于综合大学开办函授教育的通知》印发实施,全国大中专院校纷纷开办函授教育和夜校。截至1965年,全国共有83所大学开办夜校,123所高等学校开设函授教育,共接收学生15万余人。[②] 此外,高等学校按需增设了短期班、专修班,为国家培养各种急需人才,缓解了人才不足的紧张矛盾。为贯彻教育与生产劳动相结合的方针,高等学校普遍建立了工厂、农场和各种试验场,让学生、教师和科研工作者开展生产劳动。例如,清华大学水利系完成了北京密云水库的设计,北京大学联合多个单位研发了人工合成胰岛素等。[③] 1956—1966年,高等学校科研进入中华人民共和国成立后的第一个春天,“向科学进军”的口号响彻大江南北,不断推动学校产出尖端科技成果。以钱学森、邓稼先等为代表的科学家自主研发出原子弹和氢弹,中国科学院数学研究所陈景润在证明哥德巴赫猜想上有重大突破。[④]

　　总的来说,这一时期摆在高等教育发展第一位的问题是领导权,教育部对高等学校直接接管并在改造中逐步实现统一领导。高等教育的发展方针、制度设计、人事任免、课程教材、教学安排等都受国家的统一部署。这一时期的高等教育为国家输送了大批的人才和技术。但由于高度集权,高等教育也存在缺少活力、效率低下等情况。

　　以重点大学建设支撑国家经济社会发展的战略选择。党的十一届三中全会确立了改革开放的基本国策,高等教育步入正轨。在实现

---

　　① 中国教育年鉴编辑部.中国教育年鉴(1949—1981)[M].北京:中国大百科全书出版社,1984.

　　② 汤谦繁.我国高等学校社会服务研究[D].南昌:江西师范大学,2008.

　　③ 中华人民共和国教育部计划财务司.中国教育成就统计资料(1949—1983)[M].北京:人民教育出版社,1984.

　　④ 中华人民共和国教育部计划财务司.中国教育成就统计资料(1949—1983)[M].北京:人民教育出版社,1984.

现代化、发展市场经济的政策导向下,高等教育的合法性也从"强政府控制"向"弱政府控制"转变,但政府依然是其合法性的关键来源。[①] 这一时期,高等教育适应改革开放要求,不断满足政治、经济、文化等体制改革的需要。1978 年,《关于恢复和办好全国重点高等学校的报告》提出,为了集中有限的力量建设高等学校,拟恢复原有 60 所之后再增加 28 所,共建设 88 所重点高等院校,占高等院校总数的 22%,成为恢复高等教育发展的重要举措。[②] 20 世纪 80 年代,邓小平同志将教育和科学作为经济发展的重心,确立了依靠科技赶超发达国家的战略,主张集中办一批重点大学。[③] 这一时期大学社会服务开始恢复,无论是服务内容还是服务形式均较以前有显著性提升和改变。1980 年9 月,国务院批复《关于大力发展高等学校函授教育和夜大学的意见》,各高校扩大夜大、函授规模,为社会人员提供本专科教育,大量高校增设了一大批诸如电子技术、计算机科学、材料科学、医疗技术等新兴学科和社会急需的专业,同时大幅度增加财经、法律、工科等中短线专业的招生人数。此外,高校积极探索如何使人才培养和科学研究符合经济发展的需求,如参与国家科技计划中的重大攻关课题,高校科研成果推广应用取得了良好的社会经济效益;注重发展校办产业,促进教育与生产劳动相结合。

　　1985 年 5 月,《中共中央关于教育体制改革的决定》颁布,高等学校的目标转换为"培养高级专门人才和发展科学技术文化"。这一时期,高等院校已成为教学和科研的重心,大胆借鉴西方国家高等院校的课程体系和内容,开放度也进一步提高,高等教育"精英化"取向得到扭转。[④]在经济和教育体制改革的双重推动下,高校社会服务也随之展现出全新的面貌。一是高校加强人才培养,拓展教育服务。高校通过联合办学、委托培养和招收自费生等方式积极创造条件扩大招生,同时还通

　　①　毛亚庆.建国以来我国高等教育发展的新制度主义分析[J].重庆高教研究,2014(2):1-6.
　　②　中国教育事典编委会.中国教育事典·高等教育卷[M].石家庄:河北教育出版社,1994.
　　③　中共中央文献编辑委员会.邓小平文选(1957—1982 年)[M].北京:人民出版社,1983.
　　④　李素敏,王子悦.建国以来中国高等教育发展的历史回溯与思考[J].天津师范大学学报(社会科学版),2012(2):72-75.

过开设各种培训班、学习班的方式,充分发挥教育拓展功能。二是高校积极适应地方经济和社会发展需要,并在推进地区经济繁荣发展中发挥了重要作用。三是科技赋能社会服务成效显著。高校承担了大量国家重点需求领域的科技攻关计划,科技成果转化取得了显著效益。四是高校积极促进产学研联合体的发展,高校社会服务职能受重视度明显提高。

1992年邓小平南方谈话以及党的十四届全国代表大会顺利召开,标志着改革开放和现代化建设事业进入了新发展阶段,高等教育在国家综合国力竞争中的作用也越来越重要。为培养能够促进经济和社会发展的高层次人才,我国对标世界一流大学,开启了"211"和"985"工程建设。1995年11月,国务院批准实施"211"工程,面向21世纪重点建设100所左右的高校和重点学科,使之达到或接近世界先进水平,确立清华大学、北京大学、复旦大学、浙江大学等作为首批重点建设高校。1998年5月,国务院提出了建设世界先进水平一流大学的重大决策,支持部分高校创建世界高水平大学,简称"985"工程。建设世界一流大学对振兴教育事业、促进我国经济发展、实现民族复兴的意义重大。20世纪90年代中期以后,建设一流大学成为党和国家的重要战略。为了更好地实现现代化发展,国家决定在全国范围内重点建设若干所具有世界先进水平的大学。通过高等教育发展经济、不断促进现代化建设,成为几代领导集体共同的战略举措。[①] 随着《中共中央、国务院关于加速科学技术进步的决定》的出台、"科教兴国"战略的实施、《国家教育委员会关于加强高等学校为经济社会发展服务的意见》等文件的颁布,高校社会服务逐渐走向规范和成熟。

当一个国家变得有影响力时,都趋向于发展其居领导地位的智力机构,意大利、法国、英国、美国等都是如此,伟大的大学都是历史上伟大的政治实体在伟大时期发展起来的[②],中国大学的发展亦如此。大

---

① 袁贵仁.建设社会主义高水平大学的动员令[J].求是,2002(7):51-54.
② 克尔.大学的功用[M].陈学飞,等译.南昌:江西教育出版社,1993.

学作为时代的晴雨表，代表着最前沿的时代精神，驱动着社会向前发展。面对科技突飞猛进的知识经济时代，综合国力竞争日益激烈，高等教育成为振兴经济和产业发展的重要抓手。从中国历史的不同时期考察大学的社会服务，实质上是考察大学与政府、社会的持续互动关系，绝大多数国家或地区在历史演进过程中都尝试以不同的方式调适政府控制与大学自治的关系，一方面为大学发展营造良好的环境，另一方面也使得大学更好地发挥社会服务职能。① 区别于农业和工业经济时代，知识经济时代的大学与政府关系发生了巨大变化，大学与政府形成了相互依存与广泛合作的关系，政府对大学的调控强调大学的实用价值；而拥有创新人才、自主知识产权及政府资源支持下的高等院校，为国家经济建设注入了强大的活力，实现了教育和社会发展的双赢。

3.3　大学社会服务历史研究的启示

历史哲学家克罗齐(B. Croce)提出了"一切真历史都是当代史"的著名论断。历史的当代性不是某一类历史的特征，而是一切历史的内在特征。只有现在生活的兴趣方能使人去研究过去的事实，因此，过去的事实只要和现在的生活的一种兴趣打成一片，它就不是针对一种过去的兴趣而是针对现在的兴趣。② 历史的现时性即着重历史与当下的连贯。③ 无论与实践有关的那些事实如何年深日久，历史实际上总面向当时代的需要和实际。④ 本书从中西方大学社会服务的发展变迁入手，在梳理琐碎的实践中串联起历史与现代的勾连。

西方大学职能的"序幕式"演进特征十分明显。在科学研究职能

---

　① 樊明成.论知识经济时代大学与政府的关系[J].江西教育科研,2006(3):20-22.

　② 克罗齐.历史学的理论和实际[M].安斯利,付任敢,译.北京:商务印书馆,1982.

　③ 石冲白.心的层次:读朱光潜评克罗齐的历史学有感[J].革新月刊,1947(8):14-15.

　④ 王晴佳.历史的精神　精神的历史——评克罗齐《历史学的理论和实际》[J].读书,1986(6):42-50.

确立之前，人才培养主要是面向教会和上流社会，培养神职人员和有教养的精英绅士。① 科学研究进入大学职能视野后，人才培养的范围回应了洪堡的理想，逐步扩展为科学家、工程师、公民，各级各类人群也享有接受高等教育的权利。科学研究上，大学从一开始的经验式、零散化、偶然式研究逐步向制度化、精细化、规模化的方向发展，政治经济环境的变化引发了大学职能的迭代与更新，从而促进大学运行系统的变革。从富兰克林、杰弗逊到吉尔曼，再到怀特、巴斯科姆、钱柏林、范海斯、克尔，都强调"大学对社会的功用"。社会服务职能自19世纪在美国高校确立开始，历经了以知识传播推动工农业发展，以科技成果转化促进工业繁荣，以参与型学术引领社会变革的序幕式和递进式展开。其中，以参与型学术为代表的新一轮学术革命撬动了大学社会服务职能的整体升级。社会服务的价值理念从被动回应外部需求转向主动参与公共事务，职能定位从人才培养、科学研究之间的附属走向三大职能的整合，服务路径从单向度提供服务转向多向度伙伴式合作。②

大学社会服务的"学术参与性"逐步加强。博耶对学术的重新审视则刷新了大学学术的演进方向，将学术扩展为包含研究、实践、教学、融合的闭环，大学从社会服务（public service）③走向公共参与（public engagement）④，不断衍生出"参与型大学""社区参与"等社会服务的变体，与之配套的人才培养目标是培养公民的责任感和社会感⑤，使大学的传统功能发生了翻天覆地的变化。大学承担了新的使命和责任，"拓展"活动逐渐与传统大学功能融合发展，社会服务中的

① 纽曼.大学的理想[M].徐辉,顾建新,何曙荣,译.杭州:浙江教育出版社,2001.
② 王楠.美国大学社会服务职能演进与转型[J].高等工程教育研究,2022(1):188-193.
③ J.斯科特.大学的使命:从中世纪到后现代的转变[J].国外社会科学,2007(6):108-109.
④ 1999年,凯洛格委员会在《教育回根:大学文化的和谐发展》报告中首次使用"public engagement"来指代大学社会服务。报告指出:无论是公立大学还是私立大学,都应该从事社会相关事务。我们要重新架构大学,使大学不再拘泥于教学和研究,将职能延伸到公共参与领域,使之与社区融为一体。Kellogg Commission on the Future of State and Lang-Grant Universities. Returning to Our Roots: Toward a Coherent Campus Culture[R]. New York: National Association of State Universities and Land-Grant Colleges,1999.
⑤ 陈贵梧.美国研究型大学的核心使命及其演变研究:基于使命陈述中关键词的词频分析[J].复旦教育论坛,2013(1):80-85.

商业倾向逐步减弱,转而指向学术心脏地带。"知识发展"与"社会服务"的互动成为公民培养的核心目标,"全球视野"也逐步与服务学习框架并轨。[①] "参与性大学"这一概念足以说明大学与社会建构的新关系,即大学通过对知识、技能、信息的共同开发和资源共享,实现与外部社区的相互依赖和交互作用。通过交互作用,大学的知识开发能力得以扩展,社区可以深度理解大学对知识的储备和开发,从而促进社区经济增益。[②] 事实上,"参与性大学"首先注重的是维护好与社区的关系,其次才是从这一关系中获利。[③]

西方大学社会服务变迁历程即"走出象牙塔"的过程,各种社会服务活动呈"水波涟漪状"依次展开,由零散化走向制度化,最终促成大学与社会的双向融合,社会与大学协同育人,共同培养有公益心、责任心的世界公民。高校社会服务职能发挥得越来越充分,成为世界各国经济和社会发展的强大推动力。博克提出的大学的社会责任观,正是研究型大学的社会责任观,对各级各类大学都有一定的借鉴作用。[④] 在"学术自由"和"学术自治"的理念引领下,大学从与社会若即若离、始终保持一定的距离到与社会水乳交融,社会服务由幕后走到前台。

从我国大学社会服务的演进来看,社会服务职能已成为大学职能中发展最快的一个,大学承担了改良社会、建设国家的重任。我国大学社会服务的变迁可概括为在"象牙塔精神"守护下"追求卓越的知识"和"承担社会的责任"。诚然,我国大学诞生的情境和西方大学有着天壤之别,中国情境下的大学社会服务自然与西方大学社会服务的环境有极大的区别。与西方大学三职能的"演进式"路径不同,我国现代大学本身属于国家建制的重要组成部分,社会服务贯穿大学发展的

①　程军,高文豪.美国公立大学使命宣言的话语变迁——基于语料库的批判话语分析[J].比较教育研究,2017(3):14-25.

②　任重,邵晓梅.论大学功能的演进和创业型大学的兴起:基于三螺旋和参与型大学的两种路径[J].学术论坛,2009(8):188-192.

③　Bogue E G, Aper J. Exploring the Heritage of American Higher Education: The Evolution of Philosophy and Policy[M]. Phoenix: Oryx Press, 2000.

④　曲铭峰.德里克·博克大学社会责任观评析[J].清华大学教育研究,2014(1):44-54..

始终，它的存在和发展与国家建立、社会发展相伴相生。从北洋大学、京师大学堂浅尝辄止的社会教育活动，到北京大学、清华大学学生自发组织社会服务，再到浙江大学社会服务的发展壮大，大学将社会责任作为自身的重要使命，在保持学术卓越的基础上积极开展社会服务。从浙江大学的例子来看，无论是首任校长蒋梦麟，还是后来的校长邵裴子、程天放、郭任远，抑或抗战西迁中的校长竺可桢，都时刻保持着浙江大学卓越的"学术性"，为复兴浙江农村、推进浙江省工业化进程贡献力量。西迁中的大学似乎是被动地撤退，但实际上是积极地西进，高等教育文化资源由先进发达地区向落后的西部地区转移，短期内是文化版图发生了变化，从长远来看这样的版图变化对西部政治、经济和文化发展的促进作用极大。① 对浙江大学西迁过程中所开展的社会服务进行研究，可以管窥大学与民族国家之间的互动关系。抗战导致的政治重心的转移、大学育人理念的变化、院系设置及科学研究与时局刚需的匹配、对地方开展的系列社会服务活动，折射出国立大学拯救民族于危难中的责任与担当，大学发展壮大的过程即民族国家逐步走向独立自强的缩影。

随着时代的发展，我国大学社会服务也具有丰富性、全面性、交互性、实体性等特点，对研究型大学社会服务的研究具有较强的借鉴意义。丰富性体现在不同层次的院校所开展的社会服务的形式和类型各有千秋。全面性是指大学对社会参与的重视，将大学参与社区服务纳入发展规划、年度计划等重要文件，成立相关实体和非实体组织机构，以制度化的形式将公共参与固定下来，使之成为一项可持续发展的工作。交互性在于大学与社会的互动已经从大学为社会提供服务转化为大学与社会的双向互动。大学将自身的知识转化为社会价值，成为区域和国家发展的动力原，而社会也与大学一道，共同培养具有奉献精神的公民，实现了"育人"和"服务"的双赢。无论何种社会服务

---

① 许晓青.政局与学府：从东南大学到中央大学(1919—1937)[M].北京：中国社会科学出版社，2009.

活动,大学本质上不是将服务泛化,而是以培育对社会有价值之人为目的。实体性体现在大学的社会服务也逐步向"拓展与参与"靠拢。在服务范围上,大学已超越学校的围墙,为所在省市、全国、全世界提供服务;在服务深度上,大学将社会服务理念贯穿在自身的课程、教学、科研、管理、评价全过程。

高等教育发展的历史表明,世界一流大学都是在服务国家发展的过程中成长起来的。纵观我国近代大学社会服务的历程,以及中华人民共和国成立以来党和国家以重点大学建设助推国家经济发展的战略选择,无论是近代国立大学,还是我们耳熟能详的"重点大学""211""985"和"双一流"建设高校,都是与国家发展和民族崛起的历程相伴相生,自觉履行社会服务职能已成为大学心照不宣的默会知识,大学也在建设国家和解决社会问题的过程中逐步提升教学和科研实力,以主动开放的姿态践行育人使命和服务价值。因此,研究型大学要将社会服务理念作为一种常态化和内生化价值追求,在大学发展过程中主动贯穿学术参与理念,主动寻求知识生产与价值实现统一、知识生产与人才培养统一、知识生产与原始创新统一的发展路径,树立良好的公共形象,提升社会服务能力,区别于以往向直接性、交付式社会服务一边倒的现象,将社会服务职能放置在更广阔的时空中来看待,与人才培养和科学研究并轨发展,以更加开放的姿态与社会进行双向融合,面向本国实际和时代要求,不断解决国家面临的重大战略问题和人类发展难题是一流大学的必由之路。

本章小结

本章从中西方大学社会服务的历史发展变迁入手,针对国外大学,梳理形成了诞生于博雅教育外的大学社会服务、兴起于"纯科学"模式中的社会服务、赠地学院与社会服务职能的确立、多元巨型大学与社会发展的深度融合的历史发展脉络;针对国内大学,重点以北洋大学、京师大学堂、北京大学、清华大学、浙江大学为代表,系统梳理了近代大学社会服务的理念和实践。作为时代的风向标和晴雨表,大学紧紧扣住时代的脉搏,在学术本位与现实关怀的张力和矛盾中逐步向前迈进,唯有"内外兼修",才能推动大学永续发展。

第4章 研究型大学社会服务的探索性案例研究

在汲取历史基因的基础上,本章运用所构建的理论分析框架,根据案例样本选取原则,遴选在社会服务方面具有代表性意义的国内外研究型大学开展案例研究,以识别社会服务的初始构成要素。案例研究是一种调查现实情况的实证研究方法,其中探索性案例多用于在已有研究的基础上对现有理论进行扩展和补充,从而产生新的理论。内容分析法则适合分析一些较难观测到或较难接近的复杂社会问题。本书采用内容分析法开展多案例研究,以获得一般定性分析难以找到的联系和规律,不仅能够识别关键要素,还有利于分析要素互动关系,为构建研究型大学社会服务运行模式、提出对策建议提供扎实的证据支持。

4.1 案例研究设计

案例研究是一种基于大量实例证明的实证主义研究方法,主要用来考察研究对象与其所在背景难以抽象分离的复杂情境。[1] 案例研究不仅可以拓宽原有理论的解释范畴,而且能够精进已有的理论概念,甚至构建新的理论。[2] 案例研究可以分为探索性案例研究、描述性案

---

[1] Yin R K. Case Study Research: Design and Methods [M]. Thousand Oaks: Sage Publication,2014.

[2] 余菁.案例研究与案例研究方法[J].经济管理,2004(20):24-29.

例研究、解释性案例研究和评价性案例研究,其中探索性案例研究多用于在已有研究的基础上对现有理论进行扩展和补充,以产生新的理论假设。[①] 探索性案例研究以一种扎根式和归纳性的方式来研究问题,是观察实践现象并解释"过程"(how)和"原因"(why)的行之有效的方法。按照研究对象的数量,案例研究可分为单案例研究和多案例研究。[②] 单案例研究主要适用于证实或证伪已有的理论假设,也可用于分析极端、独特和罕见的问题或研究情境;而多案例研究则有助于构建新的理论体系,研究者可选取若干个有典型意义的案例,更全面地反映案例的不同方面,以确保结论的适普性,从而提高研究的效度。本书尝试探索研究型大学的社会服务是如何做的,为什么要这样做,不同国家和地区的研究型大学如何开展社会服务等问题。由于大学社会服务的实践受多种因素影响,情况也较为复杂,且现阶段研究对于研究型大学社会服务的理论探索仍处于起步阶段,因此,本书采用探索性、纵向多案例的研究方法,以增强研究结论的有效性。

本书采用内容分析法开展多案例研究。内容分析法以定性分析为前提,将分析结果用统计数字描述出来,通过对文献内容"量"的分析,以获得在一般定性分析中难以找到的联系和规律[③],有助于克服定性资料分析中受主观影响的缺陷,提高资料分析的客观性,以对资料进行更深刻、更精确的解读[④]。此外,内容分析法以量化分析的方式,将大量零散式、碎片化的文本内容转化为系统性文本,归纳出有价值的结论,较适合分析那些难以观测、较难接近的复杂问题。内容分析法是以文本为研究对象,通过定性与定量相结合,透过现象揭示文本内容所隐藏的本质,并给予相应预测的一种科学方法。内容分析法具

---

① Shavelson R J, Towne L. Scientific Research in Education[M]. Washington, D. C. : The National Academies Press, 2002.

② Eisenhardt K M. Building Theories from Case Study Research[J]. Academy of Management Review, 1989(4):532-550.

③ Krippendorff K. Content Analysis: An Introduction to its Methodology[M]. Beverly Hills: Sage, 2003.

④ 胡昌翠,石晓男. 研究型大学何以高质量服务社会——对一流研究型大学社会服务关键要素的考察[J]. 中国高教研究,2021(11):75-82.

有客观性、定量性和系统性的特点。客观性是指内容分析依据研究规范开展,确保不同的人可以从同样的文献资料中得出基本一致的结论;定量性是指用统计法统计单元出现的频数,以量化方式呈现结果;系统性是指只能采取同一个标准对资料或者类目进行取舍,避免只采纳那些支持研究假设的资料而忽略全局资料的收集。内容分析法研究过程分为确定样本、数据收集、资料编码、类目表建构、呈现分析结果几个步骤。① 研究型大学社会服务具有一定的复杂性,涉及大学人才培养过程、科学研究范式的转移及社会服务过程各环节,需深入分析服务主体及服务环境的互动关系,而长时间的介入式跟踪研究显得相对困难,内容分析法则可以实现对文本资料、小规模访谈文本、新闻报道等资料的客观分析②;基于案例研究规范对所收集到的文本进行层级分析编码,梳理社会服务的关键要素及互动关系,从理论上对研究问题给出清晰的解释。

4.1.1 确定研究样本

案例选取原则。在研究中,尽量使用"立意抽样"而非"随机抽样",需要设定资料收集范围并优先识别与研究问题相关的文献资料和素材,这些素材与研究问题高度相关、承载大量有效信息、具有连续性、在内容体例上基本一致。本书按照如下四个标准进行遴选:一是普适性,国内外案例要兼顾,所选案例要能够解答研究问题。二是代表性,案例必须具有代表性,至少在某一方面具有代表性,以便从中总结出较全面的经验和发展规律。三是延续性,研究型大学的社会服务职能经历了从建立到不断发展完善的历史过程,因此,选取的案例必须有一定的时间跨度和延续性。四是可行性,选取的案例资料具有可获得性,选取可以最大限度获取资料的样本。

---

① 苑春荟,燕阳.中央环保督察:压力型环境治理模式的自我调适——一项基于内容分析法的案例研究[J].治理研究,2020(1):57-68.

② 胡昌翠,石晓男.研究型大学何以高质量服务社会——对一流研究型大学社会服务关键要素的考察[J].中国高教研究,2021(11):75-82.

案例样本描述。艾森豪特(Eisenhardt)认为,研究问题确定后,就须从理论角度选择适切的案例样本而不是随机选择。在样本数量的确定上,选择 4—10 个案例样本较为合适。① 殷(Yin)认为,增加案例研究样本数量可以在不同程度上改善研究结论的信度和效度。② 本书选取了 5 所国内外研究型大学作为案例分析样本,且尽可能保证案例之间的差异性、案例高校的典型性和代表性。现将样本选取情况描述如下:一是综合考虑案例高校所在国别、历史渊源、学术声誉;二是兼顾案例高校的社会服务实践是否具有典型性和普适性,其卓越的社会服务更能为大学职能发展及其制度建设提供有益参考;三是考虑研究者对国内外案例高校资料的获取度和便利度。基于以上考虑,选取美国大学社会服务职能的发源地威斯康星大学麦迪逊分校,其历史悠久、与时俱进的社会服务理念和实践具有极强的代表性;近年来在解决社会重大挑战、全球共同面临的重大问题方面成绩突出的加州大学洛杉矶分校;接着,选取我国社会服务运行体系较为完善、在社会服务上具有一定影响力和代表性的北京大学、清华大学和浙江大学。以上案例高校均属于所在国的公立高水平研究型大学,在校地融合、服务国家和区域重大发展战略上取得了卓越成就,大学声誉和发展均表现稳定;此外,选取多个案例样本有助于跨案例比较,确认每个识别出的关键要素为多个案例高校共有,符合本书探索研究型大学社会服务运行模式的关键要素诉求。③

4.1.2 案例资料收集

借鉴美国学者曼宁(Manning)提出的案例资料收集框架,从研究对象所涉及场所、主体、事件和过程四个维度来设定本书的资料收集

---

① Eisenhardt K M. Building Theories from Case Study Research[J]. Academy of Management Review,1989(4):532-550.

② Yin R K. Case Study Research:Design and Methods [M]. Thousand Oaks:Sage Publication,2014.

③ 胡昌翠,石晓男.研究型大学何以高质量服务社会——对一流研究型大学社会服务关键要素的考察[J].中国高教研究,2021(11):75-82.

范围①,有助于在整个研究过程中围绕研究问题来收集资料,不断缩小资料分析范围,提高资料获取质量和效率,提高分析针对性。根据这一框架(见表 4.1),采用目的性和便利性抽样方法框定相关案例样本的资料及数据来源。

表 4.1　案例资料获取范围

资料获取维度	资料收集范围描述
场所	案例高校所在国家、州、省、市的政策文件;校务会议记录及与社会服务活动有关的方案、年度报告、官方网站及文献资料
主体	对外拓展服务部、大学公共参与部负责人、分管社会服务的大学校长(副校长)、师生、社会组织等利益相关方的有关资料
事件	案例高校所开展的重要的社会服务活动、所成立的标志性机构、所建立的公共关系等有关资料
过程	充分体现案例高校在服务目标设定、科研范式转移、资源条件配置方面的过程性资料和新闻报道,如根据国家重大战略需求出台的人才培养方略,建立的跨学科平台、所设置的系科等资料

资料来源:根据曼宁的资料收集框架绘制。胡昌翠,石晓男.研究型大学何以高质量服务社会——对一流研究型大学社会服务关键要素的考察[J].中国高教研究,2021(11):75-82.

　　案例高校的研究资料均通过调研、访谈和多渠道收集获得。首先,以"研究型大学社会服务""university public service""public engagement""大学社会服务""高等教育社会服务"等为关键词在中国知网、Web of Science 等数据库检索文献,整理文献资料中与案例相关的内容。其次,在国内外案例高校的官方网站、图书资料室收集相关资料;收集国家和地区有关高校社会服务的政策文件、新闻报道。最后,为获取一手资料,对国内案例高校进行调研,对高校管理者、教师、学生进行半结构化访谈,访谈时间为 1—2 小时/次,受访人员 20 余人次,访谈前与访谈对象签署访谈知情同意书,访谈结束后将访谈录音

①　Manning P K. Policy Work: The Social Organization of Policing [M]. Cambridge: MIT Press, 1977.

通过邮件发给受访者确认,其他资料包括受访者提供的实物资料和佐证材料等。[①]

在国内外探索性案例分析的基础上,研究者多次前往北京、上海和浙江等地的研究型大学进行实地考察。在相关高校社会服务主管部门的大力支持及高校管理人员、教师和学生的帮助下,研究者获得了大量关于研究型大学社会服务的政策文件和素材,整理形成了包括一手资料和二手资料在内的政策文件、访谈记录文本以及新闻报道、视频和图片若干份。最后,将资料去芜存菁后全部转化为翔实的文本,并结合访谈进一步梳理案例分析数据(见表4.2)。

表 4.2　案例资料收集情况一览

类型	来源	获取途径
直接资料	政府文件资料	国家、省市级教育部门发布的高校服务社会相关资料,如教育部、北京、上海、浙江等地与高等教育相关的资料;国外如美国联邦政府、威斯康星州、加利福尼亚州出台的相关文件
	官方宣传资料	国内外研究型大学的官方网站、新闻报道、微信公众号、视频号等宣传资料
	人员访谈资料	访谈样本涵盖教育主管部门人员、研究型大学社会服务部门领导、教师、学生,访谈转录文字计3万字
间接资料	高校师生社会服务回忆录、期刊文献、学位论文、报纸文章等	

4.1.3　资料分析编码

初始编码。研究型大学作为典型的高等教育组织,具有松散联合的组织特征,是一个由目标战略、结构、流程、制度和资源等要素构成的特定组织。借鉴教育生态系统理论,将研究型大学的社会服务看作一个由教育主体和教育环境相互作用、动态平衡的生态系统,并根据这一理论来分析案例资料。构建良好类目表的核心在于对资料进行编码。文本信息的编码需要经过初始编码,并以条目的形式呈现出描

[①]　胡昌翠,石晓男.研究型大学何以高质量服务社会——对一流研究型大学社会服务关键要素的考察[J].中国高教研究,2021(11):75-82.

述性代码。^① 根据内容分析法的编码要求,为了保证研究信度和编码的一致性,研究者在编码过程中邀请了两位高等教育管理专业的研究生组成编码小组,共同参与本书的案例文本编码,在编码过程中完全采用手工编码而非软件编码,以保证编码的准确性、客观性和全面性。编码小组成员一致同意以下编码原则:一是文本的编码要简洁明了、命名要准确清楚,在命名时要采用研究相关的含义。二是文本中的句子是最小的分析单元,以逐句逐段的顺序展开,对于个别信息量较小的文本板块以自然段为最小的分析单元,反复阅读后提取具有一定意义的文字,在同一编码文本中,意思相同或相近的内容只计为一个条目,最终对同一个案例文本的编码条目进行合并同类项。三是当某一文本的编码一致性(信度)低于 70% 时,则进行协商以达成共识,提高编码一致性比例。

　　构建类目表。在初始编码阶段,研究者对大量案例文本信息进行凝练,但尚未建立与研究问题之间的直接联系。得出描述性代码后,再将这些条目进行编码归类。归类必须完全彻底,将所有分析单元都可以归纳到相应的类别下,且只能使用一个标准对资料进行分类。类目表根据前文提出的研究型大学社会服务运行模式的理论分析框架来建构,将所得到的描述性代码都分门别类地编排好,分析什么样的主题代表什么样的类目。将通过各种渠道获取的北京大学、清华大学、浙江大学、威斯康星大学麦迪逊分校、加州大学洛杉矶分校的资料进行整合,最终整理出五个相对完整和翔实的案例研究文本^②,分别命名为 PKU-sstx1、THU-sstx2、ZJU-sstx3、UWM-sstx4、UCLA-sstx5,并以此作为文本分析的基础素材^③。研究者先对每一个案例高校进行单

---

① 胡昌翠,石晓男.研究型大学何以高质量服务社会——对一流研究型大学社会服务关键要素的考察[J].中国高教研究,2021(11):75-82.

② 胡昌翠,石晓男.研究型大学何以高质量服务社会——对一流研究型大学社会服务关键要素的考察[J].中国高教研究,2021(11):75-82.

③ 根据各大学英文简称,Peking University(PKU)、Tsinghua University(THU)、Zhejiang University(ZJU)、University of Wisconsin-Madison(UWM),以及 University of California, Los Angeles(UCLA),再结合"社会服务文本"的英文 Social Service Text,将整理出的五个案例高校文本分别命名为 PKU-sstx1、THU-sstx2、ZJU-sstx3、UWM-sstx4、UCLA-sstx5,高校排名不分先后。

独分析,根据上一章构建的研究型大学社会服务的构成要素理论框架,围绕社会服务的目标、实践载体、组织机构、条件资源和制度规范五个维度进行编码,分别识别案例高校社会服务的构成要素;基于单案例分析结果,对国内外 5 所案例高校样本进行多案例比较分析,总结研究型大学社会服务呈现出的共同要素。

4.2　北京大学

作为一所拥有多种学科,集人才培养、科学研究、社会服务于一体的新型综合性大学,北京大学以民族振兴为己任,积极承担科教兴国和科技创新的重要使命。近年来,北京大学进入了新发展阶段,在人才培养、教学科研、师资队伍建设等各方面都取得了显著成绩,已经成为国家培养高素质、创造性人才的摇篮,科学研究前沿和知识创新的重要基地和国际交流的重要窗口。

4.2.1　"指导社会、走向卓越"的理念

作为五四新文化运动的摇篮,马克思主义和民主科学思想传播的发源地,北京大学为民族的振兴和解放、国家的建设和发展、社会的文明和进步做出了不可替代的贡献。爱国、进步、民主、科学的传统精神和勤奋、严谨、求实、创新的学风在这里生生不息、代代相传。正如鲁迅先生在纪念北京大学建校 27 周年时所言:"北大是常为新的,改进的运动的先锋,要使中国向着好的,往上的道路走。"[①]在蔡元培先生思想自由、兼容并包的办学理念引领下,北京大学始终认为,教育应指导社会而非追逐社会,使大学在与社会的互动中不断走向卓越。

---

① 鲁迅.鲁迅作品精选[M].昆明:云南人民出版社,2021.

4.2.2　社会服务导向的"选—育—送"体系

（1）以国家重大需求为导向的跨学科人才培养体系

在社会服务理念的指引下，2006 年，北京大学前沿交叉学科研究院（以下简称"AAIS"）成立，生物医学跨学科研究中心便作为核心机构之一被纳入研究院，旨在推动和落实基础学科及应用学科之间的学科交叉，将基础、应用和临床科学的前沿研究结合在一起，促进医学新发明、新发现与技术创新。AAIS 基于社会重大需求实施了面向解决交叉学科重大问题的"生物医学跨学科研究生培养计划"。本书以此为例，阐述北京大学如何在教学和科研环节培养学生具备社会服务的意识和能力。从案例资料来看，北京大学成立该研究院的目的，就是从人才培养的招生"入口"、培养"过程"和就业"出口"三大板块打造"选—育—送"一体化育人模式（见图 4.1），其人才培养目标具体指向将德智体美劳全面发展、具有全球竞争力的高素质创新人才"送到人民中间去"。在招生、教学和科研、就业各环节培养学生的社会服务意识，是前沿交叉学科研究院立德树人的重要一环，也是学校落实育人工作的重要载体，只有在过程中层层捆绑、分解落实，才能显现出高校为社会服务的成效。

招生、培养和就业三大板块构成了高校人才培养全过程，三大板块以互联互通的方式，形成了高校人才培养的复杂系统，其中每个板块都是一个子系统。AAIS 研究生培养模式即以社会服务为导向的"选—育—送"一体化人才培养模式。招生"入口"：从源头入手，基于国家和社会需求优化生源结构；建立专业动态调整机制。聚焦"卡脖子"问题，建立进出有弹性、容量可调控的专业调整机制，"入口"决定"出口"。培养"过程"：实施服务国家战略的人才培养计划、海内外社会实践及志愿服务计划，全链条跟进重点领域和行业人才培养，促进社会需求与人才培养过程的良性互动，以"过程"支撑"出口"导向。就业"出口"：汇聚"出口"导向的招生和人才培养力量，力保"出口"，开展就业思政教育，打造有学科特色、专业特色的就业思政"金课"。做到

社会服务导向的"选—育—送"一体化育人模式

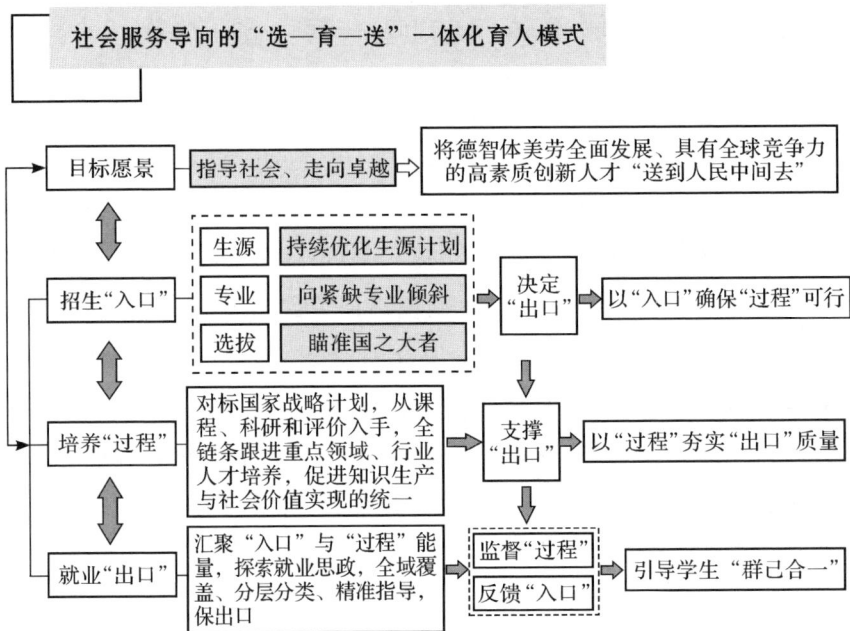

图 4.1　社会服务导向的"选—育—送"一体化育人模式——以 AAIS 为例

资料来源:根据北京大学资料整理绘制。

全域覆盖、精准指导、分层分类实施就业服务。"出口"反馈和调节"入口"与"过程"。

基于以上认识,研究者以"生物医学跨学科研究生培养计划"为例,分析北京大学以社会服务为导向的"选—育—送"一体化育人模式。

在招生"入口"方面,该中心实行招生计划单列并建立"选—育—送"新机制,所招收的学生主要是表现相对卓越的理工科本科生,不断优化招生结构,迭代升级生源计划,在招生中鼓励有志于从事跨学科、高挑战且在生物、物理、数学等方面有较高水平的学生参与,动态调整专业设置,尽量向紧缺专业、基础学科倾斜,指导教师来自北大的理学部、信息与工程学部、医学部和多家临床医院。

在学生培养载体方面,除了 AAIS 为学生拟定的必修课和选修课,学生在导师团队的带领下,以临床及基础医学问题为驱动,以跨学科研究为特点,在国家重点基础研究发展计划("973 计划")、国家基金委重大重点项目等的支持下,取得了令人鼓舞的系列科研成果。不同学科的研究人员共同合作,利用各自的学科优势取长补短,将先进的科学技术与前沿的临床医学需求相结合,在生物医学材料及组织工程、心血管医学及微纳技术应用、等离子体医学、医学成像及医疗大数据分析、康复医学工程等研究领域取得了具有国际先进水平的研究成果,积极推动了前沿科学技术在临床医学的应用。例如,在生物医学材料与组织工程研究领域,干细胞与再生医学方面的研究构建了成分明确的人多能干细胞培养体系,首次获得既能支持体细胞重编程,又能支持人多能干细胞干性维持和定向分化的新型培养体系;在等离子体医学研究领域,创新设计的空心电极介质阻挡结构的等离子体发生器成功地应用于口腔医疗、生物灭菌和疫苗制备等方面。同时,在培养过程中,学校积极组织学生参与和培养计划紧密相关的跨学科实践、社会服务活动,尝试在社会中运用扎实的学科知识和科研成果。历经十余年,中心培养了一批具有学科交叉特色的优秀研究生。学生不断经历着临床医学问题驱动下的跨学科学习挑战,培养了良好的学科交叉研究合作精神,取得了优秀的研究成果。

在就业"出口"方面,AAIS 一直在为国家培养跨学科人才而努力耕耘,希望即将走向工作岗位的学生,树立正确就业观,提前做好职业规划,敢于到基层岗位上努力拼搏,真正把自己锻炼成国家和社会的栋梁之材。毕业生主要服务于高等学校、研究机构和相关企业,体现出他们在生物医学相关的领域开展学科交叉研究和教学的能力,以及在相关的产业实现技术创新的发展潜力。同时,北京大学生物医学跨学科研究中心在把毕业生推向社会的过程中,鼓励青年学生要有所作为,积极践行投身人民的伟大奋斗的价值观。北京大学生物医学跨学科研究中心的成立本身就是为了解决国家重大难题,为了让学生到祖国和人民最需要的地方去。因此,北京大学生物医学跨学科研究中心主要是从育人的高度帮助学生树立"到哪里工作""找什么工作"等积极正面的就业价值观,鼓励学生主动选择到脱贫攻坚一线、基层、西部就业,引导大学生为国家和社会发展贡献智慧。在把优秀毕业生推向市场的过程中,北京大学生物医学跨学科研究中心积极组织毕业生和在校生双向交流活动,旨在让同学们熟悉选调政策,激励更多同学以"爱国、励志、求真、力行"为指引,知行合一、扎根基层,为培养"守正创新、引领未来"的跨学科复合型人才不懈努力。北京大学生物医学跨学科研究中心将社会服务理念贯穿在课程思政中,将社会服务教育与高校日常教育教学深度融合,使就业育人理念"进教材、进课堂、进头脑",培养主动承担起服务社会、服务国家的责任与担当,最终实现"小我"和"大我"的统一。北京大学生物医学跨学科研究中心积极组织在校生与在全国各地服务国家和社会的毕业生进行深度交流。选调生校友分享的成长故事和工作经历,让在场的学生深切感受到了他们身上坚定的理想信念、过硬的工作能力和饱满的精神状态。目前,北京大学生物医学跨学科研究中心已建立起一套跨学科研究生培养制度,历届博士、硕士毕业生得到了各地方科研院所、党政机关、外资企业等工作单位的广泛认可。北京大学生物医学跨学科研究中心瞄准青年精神需求,先后组织"北京大学前沿交叉学科讲师团"和"北京大学博士生服务团"开展暑期社会实践,引导学生对接基层、服务社会,积极打造学生工作与学生科研相融相促的有利平台。

(2)振兴产业和经济发展的多元实践

从北京大学直接社会服务的实践来看,主要包括四大方面:一是通过科学研究、知识创新和教育培训提供服务。二是通过开展教育扶贫帮助贫困地区发展。北京大学作为全国知名高校,注重开展大规模教育扶贫项目,专门设立项目秘书处,帮助教育落后地区的大中小学校进行师资培养和管理培训。三是为地方政府提供政策咨询,引导地方政府科学决策。北京大学认为,要充分了解大学提供社会服务的重要性,就要深入中国各地理解国家的发展过程。中国从计划经济转向市场经济,之所以转轨成功,就是因为在政策制定的过程中咨询了大量的专家意见并进行了民主、科学决策。北京大学的教授、学生直接参与了政策制定的过程,如国有企业的股份制改造、扩大对台投资、建设社会主义新农村的提议得到了党中央、国务院的重视和采纳。四是通过高科技创新和开展产学研相结合的模式为全国各地提供服务。[①]

以北京大学和全国各地所开展的丰富多彩的产学研合作实践为例，20 世纪 80 年代以来，北京大学将科技成果转化、科技创新当作重要的发展战略，在特色产学研合作模式发展过程中，逐步成为推动高校科研成果向社会生产力转化的重要窗口。历经 40 余年的探索，北京大学成果转化成效显著，打造了一支强悍的科技创新、技术转移和成果转化队伍。除了转化自身成果外，北京大学本着"授人以渔"的原则，帮助名优企业催生"造血"功能。大学与企业一道，本着"优势互补、强强联合、互惠互利、共同发展"的原则，联合建设实验室，实现人才培养与知识生产、技术开发、技术转化的完整链条，成为产学研合作的成熟典范。近年来，北京大学积极支持全国各省份发展，已经与云南、新疆、河南、山东等 10 多个省份建立了全面战略合作伙伴关系，使全国各地的区位、资源、市场优势与北京大学强大的人才和教育资源、扎实的科技创新优势互补、互惠、互利，在促进全国各地经济发展、壮大科技力量的同时，提升了大学人才培养质量。

4.2.3　院校两级联动的服务组织机构

在服务组织机构建设上，除了各院系、各科研单位组织学生根据培养计划进行社会服务活动的党团组织机构外，学校层面主要聚焦直接振兴产业和经济发展，成立相关的社会服务组织实体机构和非实体机构。下文以北京大学国内合作委员会办公室、科技开发部（产业技术研究院）为例，介绍北京大学社会服务组织机构。

北京大学成立了国内合作委员会办公室、医学部产业管理办公室、校办产业管理委员会办公室、扶贫工作办公室，统筹协调开展国内合作事务，承担对口支援西部地区高校工作和国家定点扶贫任务。国内合作委员会办公室下设对外合作办公室与对口支援办公室。其中，对外

---

① 　闵维方.知识经济时代大学的社会服务功能——以北京大学为例[J].国家教育行政学院学报,2006(9):17-19.

合作办公室负责制定全校国内合作发展战略和政策，指导、管理和监督全校国内合作工作的开展；为学校与中央和地方各级政府、军队、企事业单位开展高层互访、合作洽谈提供协调和保障；推动以学校名义签订校地战略合作协议或专项协议，并积极有效落实；承担学校领导安排部署的其他校地合作事务，助力国家经济社会发展和学校长远发展。对口支援办公室主要负责对口支援新疆石河子大学和西藏大学的具体工作，承担对口支援两所高校团队秘书处工作职责；定点帮扶云南省大理白族自治州弥渡县，助力贫困地区脱贫摘帽；承担上级单位安排部署的其他帮扶、支援工作，有效落实中央支持民族地区、贫困地区的政策。[①]

北京大学成立了科技开发部（产业技术研究院），负责主管学校横向科研和成果转化工作，这是北京大学专业负责直接振兴产业和经济发展的机构，主要开展校地合作、校企合作、国际交流与合作和成果转化等协同创新工作，机构下设知识产权办公室、技术转移中心、产学研办公室等，为加强北京大学与地方政府、企业的科技合作，搭建了产学研交流平台，近年来与多个地区共建了技术转移分中心、产学研合作办公室等机构。依托自身的人才和科学研究优势，北京大学成立了一大批校办企业，如方正集团、北大明德科技、未名集团等。重点围绕企业合作、项目对接、成果转化、政策咨询、智库服务等内容，推动北京大学优质科技资源向合作城市聚集，实现区域经济转型升级和创新发展，与河南、广东、四川、江苏、甘肃、河北等地合作成立技术转移或产学研办公室。2011年4月，北京大学成立了先进技术研究院，该院是北京大学进行国防科学和应用科学技术研究与管理的实体机构，机构职责包括国防科研项目管理、国防科研资质管理、国防科研基地管理和国防科研成果管理。

4.2.4　以 AAIS 为代表的资源整合体系

北京大学作为一所文理兼容、资源齐全的综合性研究型大学，在

---

① 北京大学. 国内合作委员会办公室［EB/OL］. (2021-01-01)［2022-02-25］. https://gnhz.pku.edu.cn.

高质量开展社会服务方面,具有无可比拟的条件和优势,本书以北京大学交叉学科研究平台、跨学科人才培养体系和现代农学院的建设为例,解析其强大的科研和人才资源如何服务国家和社会。

服务国家重大计划的前沿交叉学科平台建设。2006 年正式成立的 AAIS 在全国高等院校中率先开辟了跨学科研究的试验田,对学科建设、人才培养、科研力量壮大等方面来说,意义重大。AAIS 的创建旨在充分发挥北京大学理、工、医、人文社科等学科齐全的优势,建设一流交叉学科研究基地,促进前沿科学发展,培养跨学科人才。当代科学的发展和重大科学技术成就的取得,越来越依赖于不同学科间的交叉与融合。AAIS 是北京大学学术研究与人才培养的主阵地,以大学雄厚的基础学科和先进的技术学科为基础,通过探索科研与管理机制创新、推动基础条件建设。目前,AAIS 已建成具有良好学术交流环境、学科前沿性与学科交叉性相结合、实体与虚体相结合的交叉学科研究平台,立于中国乃至全世界交叉学科发展的潮头。AAIS 现有纳米科学与技术研究中心、生物医学跨学科研究中心、定量生物学中心、生命科学联合中心、大数据科学研究中心、环境与健康研究中心、磁共振成像研究中心、科学史与科学哲学研究中心、脑科学和类脑科学研究中心、睡眠医学研究中心等 10 多个研究机构,涵盖数学、物理学、化学、生物学、医学、工学等学科的众多交叉研究领域。AAIS 历届研究生在开展各项前沿问题研究与科学技术攻关方面取得一系列重大研究进展,先后承担了"863 计划""973 计划""国家自然科学基金""国家重大科技专项课题"等在内的数百项国家级、省部级科研项目,获得多项国家自然科学奖和国家技术发明奖,为国家重大战略实施提供强劲的科研和人才力量。AAIS 秉承国家"十三五"高等教育规划核心理念,进一步明确思路,攻坚克难,在增加硬件投入的同时注重软实力提升,为我国高等教育迈入世界一流行列提供强大的动力支持与效率保障。

以解决现代农业发展重大问题为导向建设农学院。为落实党的十八大提出的工业、信息、城镇、农业现代化发展的"四化同步"战略,提高农业综合生产能力，满足我国现代农业发展需求，北京大学将国家重大需求与自身学科优势相结合，开展国际一流的前沿农业研究和人才培养，并于 2017 年 12 月 13 日正式建立了现代农学院，下设四个学科——分子农学系、农业与发展经济系、智慧农业系、食物安全与健康系，重点发展农业交叉学科研究与人才培养，着力解决现代农业产业发展中面临的重大科学问题和瓶颈问题，建设集基础理论、产业应用、战略政策于一体的高端人才培养基地，为国家新农村发展提供基础理论、核心技术、骨干人才和政策咨询支撑。为充分发挥山东省发展现代农业优势以及北京大学的学科优势与国际影响力，北京大学与山东省政府共建现代农业研究院，该研究院结合山东省农业发展需求，依托现代农学院资源优势，汇聚顶尖科研力量，采取基础研究和应用研究并轨实施的方式，大力促进科研成果转化，现代农学院负责组建一流学科人才队伍，按照国家重点实验室的建设标准，建成不少于30 个世界前沿实验室、拥有由 300—500 名科研及管理人员组成的国际一流团队开展前沿农业技术研发，积极服务地方及国家新旧动能转换重大战略，解决山东省乃至全中国农业发展中的重大突出问题。

在人才培养及学科设置上，除了 AAIS 和现代农学院外，北京大学还成立了一批跨学科研究基地。例如，北京大学人工智能研究院于2019 年 4 月 27 日成立，作为学校直属的独立实体机构，是统筹全校相关资源、建设世界一流智能学科、服务国家人工智能重大战略、培养智能学科一流人才的主要支撑平台。此外，还有促进中外文明交流、加强国际理解教育的北京大学燕京学堂等交叉学科建设平台。

在智库建设方面，北京大学国家发展研究院秉承"小机构、大网络"的理念，聚合北京大学乃至全球的研究资源，在政府与市场的关系、新农村建设、土地改革、国企改革、电信改革、股市治理、人口政策以及经济结构调整等诸多重大问题上，产生了一批有影响力的政策建议，并被各级人民政府采纳实施。

4.2.5 健全完善的制度规范及保障

为加强和规范社会服务,提高社会服务水平,2018 年北京大学制定了《北京大学国内合作管理办法(试行)》(以下简称《办法》),从国内社会服务的准则、管理机制、审批程序、机构与人员、资产与财务、考核与监督机制等方面提出了北京大学与国家、地方合作开展社会服务的制度规范。例如,人文社科类实体合作共建机构的考核评估由社会科学部负责,医学类实体合作共建机构(含附属医院合作共建机构)的考核评估由医学部负责。此外,《办法》的附则部分有《北京大学国内合作可行性研究报告》《北京大学国内合作建议》等规范性文件供大学与合作方使用。2019 年,北京大学制定实施了《关于进一步加强北京大学定点扶贫工作的意见》,助力云南省弥渡县打赢脱贫攻坚战,在采取"1+8+N"帮扶机制的基础上,根据地方需要和学校实际,不断拓展"N"个帮扶主体和资源,力争做到帮扶内容和责任的全覆盖。建立扶贫大格局,形成师生、校友和社会力量广泛参与、相互支撑的良好局面,凝聚扶贫工作合力,动员社会力量参与,多方引源,继续推进社会捐赠、校友捐赠等计划项目。

在直接振兴产业和经济发展方面,北京大学科技开发部(产业技术研究院)根据《国家知识产权局办公室、教育部办公厅、科技部办公厅关于印发〈产学研合作协议知识产权相关条款制定指引(试行)〉的通知》《国务院关于印发〈"十四五"国家知识产权保护和运用规划〉的通知》《国家知识产权局、中国科学院、中国工程院、中国科学技术协会关于推动科研组织知识产权高质量发展的指导意见》等政策文件,制定了自身开展产学研合作、提升科技成果转化的校本化制度规范,进一步提升与国家、地方、企业合作的质量和规范。[①]

为引导科研创新团队聚焦科学前沿的重大科学问题和国家重大

---

① 北京大学.产学研合作国家政策法规[EB/OL].(2021-06-16)[2022-02-21]. http://kjkfb. pku. edu. cn/zcfg/gjzcfg. htm.

需求领域的关键科技问题,促进重大科技成果的产出,2019年,北京大学专门制定了《北京大学加强理工科专职研究人员队伍建设试点方案》,依托校本部理工科国家级、省部级科研创新基地和平台(简称"试点机构")进行试点。学校给予政策和资金倾斜,支持试点机构学术带头人聘用劳动合同制专职研究人员,组建科研创新团队,积极承担国家重大科研任务。

在面向北京市、省部级和国家的科技创新基地管理上,北京大学分别出台了相应级别的基地管理政策。例如,为保障依托北京大学的北京高精尖创新中心的建设和运行,参照《北京高等学校高精尖创新中心建设管理办法》,制定了《北京大学高精尖创新中心管理办法(试行)》①,中心的建设和运行纳入学校整体规划和管理框架,衔接北京大学相关政策办法,以更高质量、更高标准为北京市高精尖科技创新事务做好研发服务。

4.3 清华大学

清华大学秉持"一国之大学,当有其对于一国之任务;一代之大学,当有其处于一代之特点"的办学理念,以服务国家为最高目标,建设中国特色世界一流大学,初步探索形成具有实践育人特色的社会服务模式,为全国高校社会服务提供了具有成功实践经验的借鉴和参考。在全面建设社会主义现代化国家的新征程上,清华大学充分发挥人才和科研优势,面向世界学术前沿和国家重大战略需求,取得了一个又一个突破,成为科技创新和文化发展的重要阵地。

---

① 北京大学.北京大学高精尖创新中心管理办法(试行)[EB/OL].(2021-06-16)[2022-02-21].http://www.research.pku.edu.cn/kyjd/cyljj/bjdxkyjdzc/1344016.htm.

4.3.1 "实践育人、服务国家"的坚守

社会实践是面向在校本科生、研究生开展的有目的、有组织、有计划的社会服务活动,是帮助学生迁移运用所学知识、完善自身知识结构、培养创新能力、促进理论与实践结合的教育活动。[①] 社会服务的"实践育人"功能可以从非经济效益的角度促进学生个体的心理体验、社会适应、行为规范和人际交往能力,从高校层面来看,实践育人可以促进学校思政课程实施、渗透社会主义核心价值观,彰显大学对社会的责任,提升高校学术声誉,而从社会层面来看,社会服务有利于培养学生未来的"亲社会行为",使学生在走入社会后,有较强的公共参与意识和社会责任担当能力。1982 年起,国内各大高校就兴起了组织学生参加社会服务的热潮,清华大学便是领头高校之一。国家也多次发文强调学生参加社会服务的重要性。例如,2020 年,中共中央宣传部、教育部联合印发了《新时代学校思想政治理论课改革创新实施方案》,该文件提出,要规范实践教学,把思想政治教育有机融入社会实践、志愿服务、实习实训等活动中,切实提高实践教学实效。

20 世纪 80 年代至今,"实践育人"就是清华大学优良的办学传统和宝贵的精神财富。40 多年来,清华大学积极贯彻落实"教育为社会主义事业服务、教育与社会实践相结合"的理念,将社会服务融入人才培养全过程,如将社会服务与思政课程相结合、与专业学习相结合、与公益志愿活动相结合、与职业生涯规划相结合,逐步建立了系统完善、体制高效、特点鲜明的学生社会实践工作体系,使社会服务朝着"课程化""基地化"的可持续发展方向迈进。坚持"让优秀的学生领跑,让所有的学生优秀"的"领跑者"理念[②],围绕"五个走向"理念,推进研究生必修社会服务课程和基地建设,即走向海外、走向国家大工程、走向学

---

① 崔玉平,李智鑫.大学生社会实践非经济效益的测评与提升路径[J].教育学报,2022(2):134-147.

② 清华大学.陈旭:心怀"国之大者",追求一流永无止境[EB/OL].(2022-02-25)[2022-02-26].https://www.tsinghua.edu.cn/info/1182/91727.htm.

科交叉前沿和地方特色产业、走向基层、走向创新创业制高点，高质量
开展社会服务。近年来，清华大学服务经济发展及开展教育扶贫等措
施均与国家战略高度一致，体现了清华大学"服务国家发展、聚焦国家
急需"的主张。[①]

4.3.2　全域覆盖、梯度实施社会服务

（1）学生参与社会服务

全域覆盖，组织学生参与社会实践。自 1981 年常态化组织开展
社会实践以来，学校始终秉持"受教育、长才干、做贡献"的实践育人理
念，让学生发挥"主人翁"意识，紧跟国家社会发展步伐，组织开展社会
实践。2017 年以来，清华大学共有约 300 支队伍、3300 余人次学生参
与海内外社会实践，足迹覆盖 56 个国家和地区；平均每年有超过 1000
支队伍、10000 人次学生参与社会实践，超过 90％的学生在本科期间
至少参与 1 次社会实践，平均每名本科生参与 2 次社会实践，基本实
现了社会实践全覆盖。2020 年，有近 700 支队伍、近 6000 人次开展了
社会实践。2021 年寒假，学校通过一系列举措保障寒假学生社会实
践开展，鼓励学生开展"初心一百年"与"清华对话 100＋10"两大主题
实践，将"四史"教育融入社会实践全过程，将清华校史作为社会实践
的生动教材。

梯度实施，组织分层分类的社会服务活动。以"乡村振兴工作站"
创新社会服务形式，建设本科生社会实践基地和乡村振兴工作站。当
前，清华大学与 84 个实践基地签订了学生社会实践基地合作协议，这
些实践基地分布于全国各地的党政机关和企事业单位。此外，清华大
学在全国各地建立了 25 个乡村振兴工作站。2018 年至今，工作站组
织来自全国 60 余所大专院校的 1500 余名师生开展了站点服务工作，
辐射服务 10 万余名村民；完成调研报告并提交当地政府及相关部门

---

① 郑浩，刘兴国.我国研究型大学社会服务网络的现状及其特征分析——以清华大学为例
[J].重庆高教研究，2016(6)：43-52.

参考。例如,清华大学与安徽长丰县合作,建立"互联网＋教育扶贫"校地合作模式。"清华大学首创'乡村振兴工作站'模式 助力脱贫攻坚到乡村振兴的有效衔接"入选第五届教育部直属高校精准扶贫精准脱贫典型项目。

将社会实践基地纳入学生必修课。从 20 世纪 80 年代开始,清华大学就将社会实践作为必修课程纳入研究生的培养体系,学生社会实践"课程化""基地化"模式已逐步发展成熟,学生在上万个单位开展了多种形式的科技和文化服务工作,如红色教育基地走访、"1＋1"校地党支部共建等活动,实现了主题教育与社会服务的并轨而行。目前,清华大学已在近 30 个省(区、市)建立了上百个博士生必修实践基地,每年在基地体验社会服务的学生 1600 余人,学生在基地进行为期 6周的社会实践,深入参与大国工程,服务地方企业发展需求,学生逐步坚定了去往国家重点领域、重点行业、重点企业就业的决心。"启航计划"就业实践活动于 2003 年启动,引导同学们赴重点行业、重点地区和重点单位就业。2009 年启动"百千万工程",建设上百个实践基地、组织上千名学生参加就业实践,鼓励学生将个人的职业发展和国家战略紧密结合,在实践中感受当代青年的时代责任与历史使命。截至2020 年,各院系与 30 个省(区、市)的各个企业、党政机关、科研院所等共签订了 127 个就业实践基地。"启航计划"研究生就业实践以"立大志、入主流、上大舞台"的价值观为导向。2003—2020 年,清华大学共组织 2267 个支队进行就业实践,覆盖全国 34 个省(区、市)。

另外,清华大学初心服务团、红色研学实践基地、支教团等也为学生开展社会服务提供重要的载体支撑。初心服务团秉持"思想政治受洗礼、干事创业敢担当、为民服务解难题"的核心理念,动员来自不同专业的研究生发挥专业所长,服务基层、解决问题。独具特色的"实地调研、在校研究、成果落地"三步循环式实践体系,为学生接触基层、了解基层提供了良好平台。依托在地方建立的"初心服务站"实体办公空间,为福建泉州、安徽金寨、内蒙古乌海等地解决了臭氧污染特征与成因、红色雕塑设计、基层党建与基层治理等难题。为更好推动德才兼备高层次人才培养,党委研工部在江西井冈山、陕西延安、河北西柏坡等地建立了红色实践基地,红色实践基地成为研究生开展党史、新中国史、改革开放史、社会主义发展史"四史"学习教育的重要"课堂"。各院系也积极组建实践支队,如电机工程与应用电子技术系积极响应国家"光伏扶贫"政策,多年来为四川、新疆、广西三省份八地搭建了八套逾85千瓦光伏微电网系统。协和医学院于2014年发起"白衣乡路"公益实践项目,在九个省份开展医疗科普、基层医疗见习等实践活动,致力于改善基层医疗情况。

在就业教育环节,在清华大学国内合作处的统一领导下,各学院坚持从服务党和国家事业发展全局出发,开展就业引导,不断完善对毕业生的跟踪培养。近十年,清华大学毕业生到重点行业和重点领域就业的比例保持在八成以上。与31个省(区、市)开展定向选调合作,2009年以来累计培养输送2200余名选调生,其中一半以上在西部和东北地区工作;与中国航发、航天科技、哈电集团、华为公司等企业构建新型合作关系,聚焦解决"卡脖子"问题。

(2)振兴产业和促进经济发展

振兴产业和促进经济发展属于典型的大学直接为社会服务,可分为科技拓展类、公益志愿类、教育扶贫类和继续教育类,这四类在清华大学都有相对应的实践。

科技拓展类实践包括参与横向项目、成果转化、决策咨询服务、产学研合作等。清华大学横纵结合,合力落实技术转移。横向上,技术转移包括众多参与主体,如教师、学生、技术转移机构、科研财务资产人事以及中介服务机构、创业和经营人才、投资机构、实体企业等;纵向上,技术转移流程包括众多环节,如跟踪研发进展、组织知识产权保护、推动技术熟化、开展市场推广、组织商务谈判、拟订交易方案、履行审批程序、后续跟踪服务等。

以清华大学与淮安联合开展的产学研建设为例,产学研合作办公室在清华团队和淮安企业之间信息沟通的基础上,既有清华大学帮助淮安市和企业解决燃眉之急,如大学进企业调研需求、承接科技项目、现场诊断企业问题、提供相关咨询服务等,也有清华大学与淮安市政府和企业合作开展人才培养,包括设立研究生社会实践基地、青年教师挂职和人才进修培训等。人才方面的合作同时也会促进科技合作,双方相得益彰,避免"交付式"合作带来的人力、物力浪费。

在"服务"和"育人"的统一上,除了在教育教学过程中组织学生为社会提供直接服务活动外,清华大学还将直接社会服务与本科生拔尖创新人才培养相结合,即把人才培养纳入产学研协同体系。以清华大学钱学森力学班为例,钱学森力学班将拔尖创新人才培养纳入产学研协同体系,大幅度提升本科生的社会参与能力。产学研融合以问题为导向,注重理论与实践相结合,关注科技成果落地的数量和质量,有利于将学生带入真实的问题解决和社会服务情境中,沉浸式体验科研成果与企业需求对接的思维过程,激发学生的好奇心、成就感和服务意识;同时,这一过程也有利于鼓励教师树立转变科学研究范式的自知自觉,提升教师社会服务意识,积极带领学生攻关技术难题,鼓励学生大胆探索"科研无人区",将求是崇真的科学精神传递给学生,以产学研合作带动人才培养、社会服务成效和学术声誉的综合提升。为了彰显大学"为国育才、为党育人"的成效,清华大学突破校园围墙,面向社会推广钱学森力学班人才培养模式,引导社会各界树立"为国储才、为党育人"的意识,深圳零一学院传承清华大学钱学森力学班的实践精神,立足于解决跨领域大问题创新,培养学生具备"从 0 到 1"的科学思维。可以说,社会服务在研究型大学人才培养转向和科研范式转移中扮演了整合和嵌入的角色。①

在公益志愿类社会服务方面,清华大学博士生宣讲团利用 2022 年北京冬奥会的服务契机,精心挑选 20 名优秀讲师组成"冬奥志愿者宣讲队",以"小切口""小故事"讲述办奥历程与青年担当,围绕"冬奥与中国之制""冬奥与生态文明"等主题筹备了 10 万余字的宣讲备课

---

① 郑永和,王杨春晓,李星达,等.产学研融合培育拔尖创新人才的若干思考[J].科教发展研究,2022(1):94-108.

资料库,形成了 14 门冬奥主题精品课程。

教育扶贫类实践包括前文提到的参加支教团、下乡帮扶、学校对口帮扶、挂职锻炼等。从服务形式来看,校地合作是清华大学社会服务的主要方式,一是共建校地联合研究机构,与地方政府合作开办研究院,共促产业发展,聚焦先进制造领域,服务地方和学校学科发展,如清华大学与深圳市政府合作建立的深圳清华大学研究院,与北京市政府共同组建的北京清华工业开发研究院。二是以清华大学重点科研项目成果为龙头,带动产学研合作,如车辆学院的"智能车辆整车设计关键技术攻关与应用示范"、计算机系的"互联网体系结构研究"等项目分别在青岛、深圳落地开展,为区域经济的发展提供了科技支撑。

在继续教育类社会服务方面,清华大学面向国家战略、经济社会发展、国民素质提升的需求,提供灵活、多样、便捷的终身学习服务。学校紧密结合国家经济社会发展需求,依托校内外优秀的师资队伍、雄厚的科研实力和广泛的国际影响力,以服务国家战略、履行社会责任为宗旨,坚持以改革创新为驱动、以队伍建设为基础、以教育技术为支撑,盘活继续教育学院、经济管理学院、金融学院、公共管理学院、人文学院、社会科学学院等院系和科研单位的力量,开发了大量高层次、高质量的非学历、非学位继续教育培训项目,涉及经济管理、公共管理、社会文化、工程技术等多个领域,为全国各行业、各领域培训了大量急需紧缺的高素质人才。清华大学继续教育服务有如下特点:一是深化改革、使命驱动。停办学历继续教育,集中优势资源开展大学后非学历继续教育。二是改革创新、品牌建设。清华大学继续教育每年面向党政、企业和专业技术人员这三个群体定制高层次培训班,与政府、企业、事业单位及重点行业合作建立人才培养关系,打造特色精品项目。清华大学制定实施一系列举措,支持课程创新、品牌项目建设。近年来,清华大学又积极落实服务"一带一路"倡议、创新创业战略、区域协调发展战略,并促进非遗传承保护。三是全覆盖、全过程管理,实施"管办分开"的管理体制,建立健全各项管理规章制度,形成覆盖继续教育全过程的质量保证体系。依托信息化技术促进全覆盖、全过程管理,在全国高校中率先建立了非学历继续教育综合信息管理服务平台。

4.3.3　布局广泛的校地合作发展机构

与其他研究型大学一样,清华大学也系统组建了国内合作处,全面负责大学与社会的合作和联络,主要职能职责包括:制定与社会合作的发展规划、规章制度,拓展与社会合作的深度和广度。目前,该处业务包括全面合作、人才培养和交流、战略咨询与智库建设、对口支援与定点帮扶、科研合作、终身教育(面向社会的继续教育)、校地合作研究院的建立。其中,全面合作是指清华大学坚持服务国家,深度参与创新驱动发展战略实施,建设校地合作研究院,与中央部委、各级地方政府、企业、高校、事业单位等国内合作对象,在科学研究、人才培养、终身教育、战略咨询等方面开展全面合作。

一是组建技术转移研究院(Office of Technology Transfer, OTT)。清华大学是国内较早建成技术转移体系的高校,系统设立了知识产权管理领导小组、技术转移研究院、成果与知识产权管理办公室、校地合作办公室等一批专门促进科技成果转化的组织机构。OTT成立于2014年,负责学校科技成果转化及相应的专利权、著作权、商业秘密等知识产权管理工作,以"推动技术转移,服务国家战略,促进经济发展,增进社会福祉"为使命,以持续提升服务力、创新力、转化力和影响力为目标,持续优化技术转移服务体系,集聚技术转移创新资源,提升技术转移服务能力,为推动国家与社会经济发展做出新的贡献。

二是成立校地合作研究院,服务区域和地方高质量发展,精准布局推动科技成果落地。清华大学围绕国家战略和区域发展重大需求,结合学校世界一流大学建设目标,建立校地合作研究院。"地方研究院"是指由清华大学与全国各地政府合作建立的集科技创新、技术转移和服务于一体的独立法人事业单位,是清华大学以体制机制创新为核心,打造产学研合作深度融合的科技创新孵化体系,推动学校科技成果转化,促进地区经济社会发展的重要方式。双方共同开展科技开发、人才培养和共建高新技术产业基地。校地合作研究院深度参与创新驱动发展战略实施,推动区域创新体系建设,服务学校内涵式发展,努力建设成为具有先进水平的新型创新载体。清华大学围绕京津冀协同发展、粤港澳大湾区建设、长三角一体化发展、黄河流域生态保护和高质量发展、成渝地区双城经济圈建设等区域重大战略进行布局。目前,共设立 16 所校地合作研究院,如清华大学深圳研究院、浙江清华发展研究院、清华大学天津高端装备研究院、清华大学山西清洁能源研究院、清华大学珠三角研究院、上海清华国际创新中心等。此外,清华大学不断拓展社会服务的范围和深度,如成立全球创新学院、中意设计创新基地、拉美中心,创办苏世民书院,发起世界大学气候变化联盟,主动承担服务国家及国际社会的责任。

三是组建基层公共部门发展研究会。在帮助学生服务基层方面,清华大学学生会自发组建了基层公共部门发展研究会(简称"基层研究会")。基层研究会成立于 2012 年 10 月 11 日,成立的主要目标有三个:为有强烈意愿赴基层公共部门工作的广大在读学生服务,提供交流和学习的机会;开展有针对性的理论知识学习和实务技能培训等相关工作;长期关注学校已赴基层公共部门工作的毕业生校友,推动基层公共部门就业引导工作。

4.3.4　相得益彰的校地资源互动模式

在条件资源、平台建设、资金及政策供应方面,清华大学的社会服务着眼于三个方面,一是服务国家和区域重大需求;二是通过社会服务提升自身的学科发展,结合学科发挥优势,使服务社会与学科发展和人才培养相得益彰;三是与产业界深入合作,解决行业面临的难题。为了更好地服务国家区域经济发展,清华大学积极整合各方面资源,建立了"政府主导、企业受益"和"校地联合、校企受益"的科技转化合作基金,在设立基金的基础上,又逐步建立了一些研发和产业化基地,以"基金+基地"的创新模式,为校地合作的有效开展提供了重要保证。

设立产学研合作办公室,定向服务区域经济发展。与部分地区地方科技主管部门共同设立产学研合作办公室,针对合作城市的科技及产业相关需求,为合作城市提供专业化和个性化的科技服务,加强合作城市与清华大学的产学研合作,促进市校双方的可持续发展。企业在清华大学建立联合研发机构,由大学引领企业进行产品研发和技术创新。

从社会服务平台来看,清华大学探索形成了"四位一体"和"一体两翼"的"双创"模式,以双创领跑社会服务,"四位一体"即"人才培养""科学研究""社会服务""文化传承";"一体两翼"即"学生双创""教师双创"。通过建立国际化教育、科研成果转化机构、"双创"人才培养体系和高水平科研成果开放平台,为高校创新创业提供有力支撑。成立社会服务大平台,整合零散合作。针对企业委托教师一对一合作项目周期短、水平低、重复性强、不利于高质量科研成果产出等问题,清华大学通过两种方式整合服务工作:一是建立联合研发机构,增强合作的持续性和深入性;二是将教师与企业的零散合作整合为学校与企业的整体合作,职能部门对此进行对接、跟踪和落实。

将社会服务融入人才培养和学科发展。例如,2016 年联合共建科研机构共开展项目合作 112 项,培养本科生 12 名、硕士生 73 名和博士生 76 名,推动了学校相关学科的建设与发展,充分发挥了大学服务社会职能。通过产学研合作对标学科发展,在经济活跃和技术需求旺盛的地区,为应用型较强的院系设置"产业派出研究院",一方面开发并验证院系的原创技术,提升技术成熟度;另一方面直接转化为院系科研成果,并与当地企业密切合作。[①]

推进跨学科研究合作,共同解决复杂问题。为了解决中国社会和城市化发展过程中面临的交通、能源、老龄化等复杂问题,清华大学鼓励不同院系的教师合作开展跨学科研究;清华大学将分散在各院系的校地研发机构整合在大学职能部门进行统筹管理,以方便协调不同的

---

① 陈霞玲,张虎.产学研合作推动学术发展的实践研究——以清华大学为例[J].中国高校科技,2020(4):7-10.

学科进行研究。开展跨学科社会服务不但有利于解决复杂的社会现实问题,而且能够促进新知识的产生。以社会服务带动教师发展。为社会提供除了科技服务外的更多服务供给,清华大学带动了学校层面和产业界、政府在干部交流挂职、冠名讲习资助、青年教师培养、学术交流和企业培训方面的合作,为教师学术成长提供了机会。[①]

4.3.5 淡化"交付式"服务的制度设计

为从宏观上引导服务方向,提高社会服务的层次和水平,引导社会服务由"交付式"模式走上"持续化"发展轨道,清华大学对直接社会服务进行了规划和设计,使社会服务的方向始终有利于大学本身和产业界的发展,并将与产业界的合作规划为四类:一是解决企业具体问题的纯应用研究;二是解决企业、行业、地方产业转型升级中的关键技术研究;三是面向未来的探索性研究;四是成果转化研究。这样一来,既解决产业的直接现实问题,又放眼未来,做好长远打算。这与当下的新知识生产模式是高度吻合的,即在应用中产生新知识,基础研究和应用性研究是相互促进、相互补充的螺旋式互动关系,打破了基础研究和应用性研究之间的界限。

以服务国家为导向,做好人才培养顶层设计。2021年,学校正式发布了《清华大学2030高层次人才培养方案》(简称《方案》),这是清华大学在2020年全国研究生教育工作会议之后对高层次人才培养的"再布局、再设计、再出发"。《方案》重点从完善学科专业设置、研究生规模结构调整和招生选拔机制、完善科教融合和产教融合育人机制、健全研究生教育质量保障体系等进行重新布局,使清华大学人才培养更加贴近国家和社会的需要,从服务国家的角度对高层次人才的教学、科学研究进行系统设计。[②]

---

① 陈霞玲,张虎.产学研合作推动学术发展的实践研究——以清华大学为例[J].中国高校科技,2020(4):7-10.

② 清华大学.杨斌与研究生代表畅谈2030高层次人才培养方案举措[EB/OL].(2022-02-25)[2022-02-26].https://www.tsinghua.edu.cn/info/1176/91711.htm.

清华大学出台了《科技成果评估、处置和利益分配管理办法(试行)》[①],形成了知识产权股权投资、管理和退出的完整模式,为知识产权股权投资的全生命周期管理奠定了坚实的基础。技术转移研究院和成果与知识产权管理办公室等相关部门紧密配合,不断遴选具有产业化前景的优质科技成果开展转移转化工作。[②] 此外,清华大学还出台了《关于促进科技成果转化的若干意见》《知识产权管理规定》《专利管理实施细则》等配套政策,形成了一套完备的政策体系,引导大学淡化终端服务,向可持续方向迈进。

从服务层次来看,社会服务内容从最初的开展非学历教育、社会教育培训和科研成果运用、技术转移等方式,拓展到目前区域、国家与研究型大学一道,共同开展人才培养和科学研究,提升了社会服务的专业化水平。从"课程化""基地化""实践育人"等改革可以看出,清华大学的社会服务紧紧围绕国家战略,经历了一个从"外部刺激"到"自知自觉"的过程。在知识生产模式变革的影响下,研究型大学的社会服务出现了结构性变迁,在目标设置、实践载体、组织机构、制度规范等方面呈现不断加强的趋势。总体来看,清华大学社会服务网络分布的变化与国家战略需求高度相关,侧重点与各时期我国经济社会发展的宏观战略相吻合,同时具备"服务价值实现"和"育人初心使命"相结合的特点,但从实践呈现形式来看,"服务价值实现"要远高于"育人初心使命"。

4.4　浙江大学

党的二十大报告指出,必须坚持科技是第一生产力、人才是第一资源、创新是第一动力。浙江大学积极发扬"求是创新"的精神,把服务国

---

① 国家发展改革委.清华大学"联合共建类科研机构"发力推创新"校地合作办公室"聚能促转化[EB/OL].(2020-04-23)[2022-02-26].https://www.ndrc.gov.cn/xwdt/ztzl/scsfjdal/202004/t20200423_1226448.html? code=&state=123.

② 金勤献,万荣,刘嘉.创新合作模式　推进产学研合作——清华大学与地方共建产学研合作办公室的合作新模式探索[J].中国高校科技,2006(10):70-71.

家和社会作为重要理念,坚持"以服务为宗旨,在贡献中发展",立足学校的优势,全方位打造社会服务新体系。浙江大学以创新型国家建设为己任,坚持既要"顶天"也要"立地"的原则,坚持"四个面向",澎湃"第一动力",以服务国家为最高追求,扎根中国大地、面向全球凝练未来重点突破方向,持续深化有组织创新,不断服务高水平科技自立自强,加快形成走向前列的核心竞争力①,以此打造高质量社会服务运行体系。

4.4.1 "直面挑战、顶天立地"的目标

在服务理念上,浙江大学明确了社会服务教育是一个完整系统,是一个完整的育人过程,摒弃就"服务"论"服务"的终端思维。浙江大学将就业育人贯穿高校立德树人全过程,与其他育人环节主动融合,共同培养胸怀"国之大者",鼓励学生主动将个人发展与国家社会的需求结合起来,培养学生成为全面而卓越发展的人。浙江大学坚持"立足浙江、服务西部、面向全国、走向世界"的社会服务定位,坚持"顶天"与"立地"相结合和"高水平、强辐射"的理念,顶基础科学之天,立应用研究之地;顶国内外高水平之天,立浙江之地,贴近广大人民群众。②浙江大学直面人类社会面临的重大挑战,服务国家创新驱动发展战略,瞄准科技创新 2030 重点领域,聚焦未来会聚型学科方向布局,制定《面向 2030 的学科会聚研究计划》(简称"创新 2030 计划"),继双脑计划、育种计划、生态文明计划、量子计划后,浙江大学又提出智慧海洋计划、精准医学计划、超重力计划、天工计划,打造"人才、学科和科研"相融合的创新生态系统,与各界联动开展社会服务。③

浙江大学始终认为,研究型大学是以产出高水平的科研成果和培养高层次的精英人才为目标,在科教进步和文化繁荣中发挥着重要作

---

① 浙江大学. 坚持"四个面向"彭拜"第一动力"[EB/OL]. (2023-06-21). [2023-06-23]. https://baijiahao.baidu.com/s? id=1769324012293293068&wfr=spider&for=pc.

② 邹晓东,李铭霞,刘继荣. 顶天与立地结合,全方位打造服务社会新体系——浙江大学的综合案例[J]. 高等工程教育研究,2009(6):46-52.

③ 浙江大学.浙江大学"创新 2030 计划"启动四个新计划! 布局现在,引领未来[EB/OL]. (2020-04-08)[2022-02-21]. https://mp.weixin.qq.com/s/WehAXaAAND3J9M0md28IzQ.

用的核心力量。研究型大学要为国家、为社会培养高层次精英人才，这就要求在社会服务过程中贯彻落实"培养学生全面而卓越发展"的理念。浙江大学盘活高校人才培养各环节资源，高规格推进学生社会服务教育，层层把关，促进学生知识学习、知识运用和成果转化的技能全面提升，有效支撑德智体美劳卓越发展的时代新人培养目标的顺利实现，将社会服务的理念和实践贯穿在大学发展全过程。研究者根据所收集到的素材，绘制了浙江大学社会服务运行体系，分别介绍浙江大学社会服务导向的人才培养、科学研究、直接社会服务和就业育人各环节如何层层落实社会服务的理念（见图 4.2）。

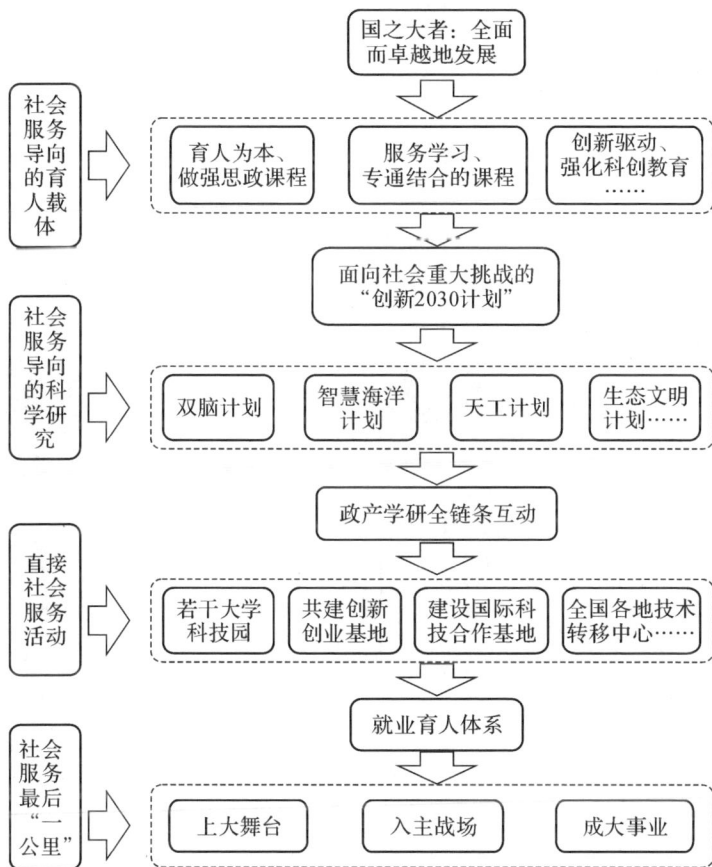

图 4.2　浙江大学社会服务运行体系

资料来源：根据浙江大学相关资料绘制。

4.4.2　基于"四结合"的社会服务载体

(1)学生参与社会服务

浙江大学认真学习贯彻习近平总书记关于教育的重要论述,深入落实中共中央、国务院关于进一步鼓励"双一流"建设服务国家、服务社会的重大战略部署,围绕全面提高人才培养能力核心点,将社会服务贯穿人才培养全过程,努力培养一批规模宏大、富有创新精神、勇于投身实践的创新创业人才队伍。在人才培养环节,浙江大学将社会服务理念与思政课程、教学科研体系、直接社会服务活动相结合,在社会服务中培养全面而卓越发展的人。浙江大学坚持"服务与创新相结合、课程与实践相融合、自育与他育相结合、校内培养与校外支撑相联动"原则,引导学生在学习、研究和实践中落实社会服务理念(见图4.3)。

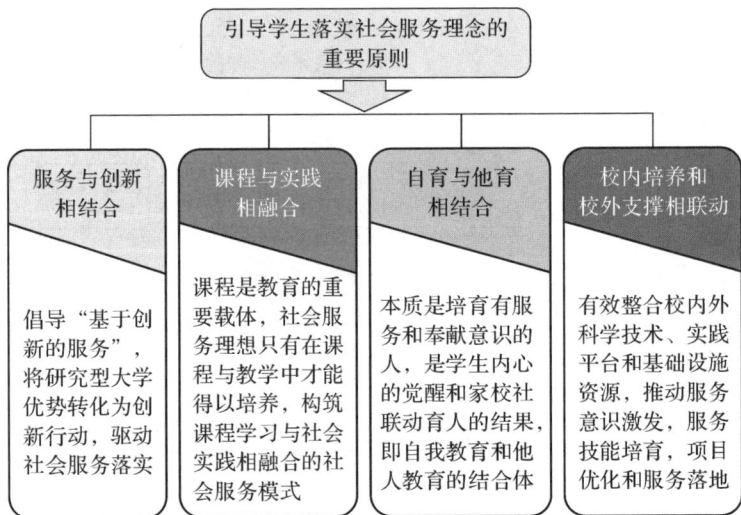

图4.3　浙江大学落实社会服务理念的工作原则

资料来源:根据浙江大学相关资料绘制。

服务与创新相结合。在社会服务相关的思政课程建设上,浙江大学发起成立了联合国教科文组织中国创业教育联盟、中国高校众创空间联盟等组织,建成"乡村振兴""大健康"等 9 个校级平台,建立求是强鹰俱乐部、创业联盟等创业类学生社团 30 余个,每年举办创新创业类活动 300 余场;实施"求是强鹰实践成长计划",邀请 150 余名企业负责人担任创业导师,共同指导和支持学生创新创业实践;开展"青年红色筑梦之旅"活动,引导广大学生赴西部、去基层、进社区,用创新创业成果推动社会经济发展,努力培养"敢闯会创"、有家国情怀的青年奋斗者。积极发挥红色基因铸魂育人作用,挖掘校史中的社会服务精神,建设"马兰工作室""彩虹人生"等 31 个教育基地和特色平台,激励广大学子勇担使命、敢为人先。

课程与实践相融合。坚持系统贯穿,强化专通融合。推进社会服务与专业教育相融合,构建多层次、分类别的社会服务课程与教学体系。为了提升学生社会服务的创新知识学习能力和社会适应能力,搭建教育网络平台,自主建设在线开放课程,编写相关教材,建立一批案例资源库。推进社会服务课程建设,重点打造一批专创融合特色示范课程,建设鼓励学生投身社会服务的课程群,并纳入学生培养方案。比如,浙江大学将社会实践纳入博士生必修环节,包括组织博士生到地方挂职锻炼、向社会提供支教、进行助老助残等志愿活动、围绕特定的社会现象和热点问题开展调查研究、其他校内外公益服务活动;学校打造了综合性实践基地、专业性实践基地,学生须完成 4—6 周的社会实践,由指导教师跟进指导,最终由学院进行考核。[①] 研究出台支持学生社会服务、创新创业的相关政策,激发学生创新创业热情和动力。此外,将社会服务理念贯穿课程思政全过程。在开展社会服务的过程中,着重考虑学生个性和差异的特点,通过就业政策和制度(如西部计划、大学生征兵等)的解读、职业生涯规划等,让学生主动积极响应,引导学生将个人职业发展与国家和社会的需求相结合,为高校思想政治教育的创新提供了鲜活内容,让思想政治教育变得更加具象化。将社

---

① 浙江大学.浙江大学博士生必修环节社会实践管理办法(试行)[EB/OL].(2020-06-01)[2022-03-02]. https://mse.zju.edu.cn/2020/0601/c51033a2137696/page.htm.

会服务理念与教学科研体系相融合,开展社会服务导向的科学研究,发挥学生社会服务情况对学科专业设置、人才培养的反馈作用,以出口为导向推动教学和科研改革,引导高校设置社会需求强、就业前景广、人才缺口大的学科专业,不断提高人才培养和国家战略的契合度。

自育与他育相结合。一是提升学生对自我和社会的认知力,帮助大学生在多元化、碎片化的信息冲击下,全面、客观、真实地了解自我,建立清晰的职业发展规划;二是打通校园与社会的"象牙塔"壁垒,将真实的社会需求信息传递给大学生,帮助其建立自我与社会需求关系的认知力和判断力;三是帮助大学生磨炼意志品质,帮助其塑造成熟人格。研究型大学的毕业生是名副其实的"天之骄子",引领广大学生牢固树立"国家所需即是我选"的就业价值观,是培育能担当民族复兴大任的时代新人的重要抓手。

校内培养和校外支撑相联动。浙江大学逐步提升社会服务人才队伍能力建设,适时选派教师、就业工作人员、学生赴重点战略合作伙伴单位人力资源部门挂职锻炼,同时,邀请卓越校友、毕业生家庭、用人单位定期进校园开展就业交流会,促进双向交流,与家庭、社会各界密切联动,在重大社会实践的基础性、方向性问题上做出制度设计,且通过划拨专项资金、设立专项项目,为社会服务提供强劲支持。

在打通社会服务"最后一公里"上,浙江大学打造了"我"与"我们"相结合的就业育人体系,生动活泼地讲好浙江大学社会服务的故事。在目标设计上,以服务国家为最高追求,以"上大舞台、入主战场、成大事业"为就业育人理念,着力打造服务导向的就业育人体系,为建设世界重要人才中心和创新高地提供智力和人才支持,形成了"生涯课程群—课程实施—课程评价"的闭环链条。首先,系统构建"服务性学习"特色课程体系,充分结合学校各校区、各专业的特色,形成了具有交叉学科特色的就业育人课程群,学生可以根据自身专业、学习需求、学习能力选好必修课与选修课。其次,在课程实施上,开发了集整合式、体验式、项目式学习于一体的课程实施模式,全过程落实社会服务理念,引导学生从追求自我发展、自我卓越的"小我"格局走向我们共同发展的"大我"格局。最后,以"内驱力、竞争力、胜任力"等素养维度为核心,科学评价学生在就业育人过程中是否形成了"国之大者"的品质。

(2)教师参与社会服务

近五年来,浙江大学各个院系、研究所及直属单位的教师、科研工作者围绕"卡脖子"领域取得关键技术突破,在硬岩盾构、量子芯片、设计育种等方面做出突出贡献;在环境污染治理、绿色农业和食品安全关键技术领域取得创新突破;在全国表彰大会上荣获 12 项个人和集体国家荣誉,助推云南景东县实现"脱贫摘帽",推进乡村振兴;等等。近年来,群峰竞秀的一流学科生态体系基本成型,学术成果产出、专利授权数、引用论文数、国际合作论文数等主要创新指标稳居全国高校前列。

在教师参与社会服务、自觉落实产学研合作理念方面,浙江大学有一批典型案例。以化学领域为例,30 多年来,浙江大学李浩然教授、陈志荣教授一直秉持着产学研用结合的理念,与浙江新和成股份有限公司(以下简称"新和成公司")共同完成了维生素 E、β-胡萝卜素、虾青素等系列香料以及甲氧基丙烯、聚苯硫醚等产品的绿色制备及产业化,产品市场份额居世界前列。科学家及其学生在解决科学问题的同时,也解决了制约企业中长期发展的难题。主要采取以下路径:一是科研好奇心与产业需求合二为一。在浙江大学的实验室,在新和成公司的车间,科研成果的有机结合使得"脂溶性维生素及类胡萝卜素的绿色合成新工艺及产业化"和"重要脂溶性营养素超微化关键技术创新及产业化"项目先后获得国家技术发明奖二等奖。这是学科与产业互动的 2.0 阶段,企业提出问题,高校揭榜挂帅,在解决实际困难中加强前沿技术研究。二是实验室与车间的无缝切换。将基础理论前沿与科技变革实践紧密结合,推动了学科发展,促进了企业成长。三是产教融合、人才培养的双向互动。教授与企业、学科与产业相互成就。如何让更多的科学问题直接在车间解决?浙江大学科学家认为,要为生产线培养一支人才队伍,并通过建设研发体系和标准流程,系统解决遇到的难题。这种产教紧密融合,使新和成公司的市场占有率稳居世界前列。

(3)振兴产业和经济发展

浙江大学坚持长远目标合作导向,提高合作层次。紧紧围绕国家和区域经济社会发展需要,全方位多层次参与社会服务,在"立足浙江、服务西部、面向全国、走向世界"的服务理念引领下,近年来浙江大学从不断适应国家需要和地方经济社会发展需要转变为主动对接国家和区域需求,积极整合资源优势,深化合作领域,拓宽服务的深度和广度。在服务模式上,浙江大学注重搭建大平台,从分散的小团队自主运作向培育大团队进行有组织、有目标的合作方式转变。积极争取国家重大攻关项目,从追求数量到数量与质量并重。加强区域创新体系建设,做好顶层设计,逐步从项目式的合作向可持续的长期合作转变。

浙江大学强化产创融合的培养理念,精准对接产业需求,开门办创新创业教育,优化学校原始创新、技术研发和成果产业化一体化政产学研服务体系。深入实施创业就业"校企行"专项行动,与企业合力建设"双创"示范基地,带动数千万元投资和意向投资。成立工程师学院,以产业发展前沿为导向,以企业研发项目为载体,在工程项目实践中培养学生应用创新和研发能力。建设校友企业总部经济园,进一步打通学校创新链和产业创新链,目前已引进科技型企业和平台超200家。完善成果转化机制,做好学生创新项目知识产权确权、保护等工作。大力推进紫金科创小镇建设,积极引领带动区域战略性新兴产业发展。在长三角、珠三角、京津冀等重点区域设立研究院10个,在全国设立技术转移分中心近百个,推动派出研究院与企业共建各类联合研发中心60个,进一步构建起广辐射、高能级的产创融合体系。

在振兴区域发展上,浙江大学积极盘活资源,坚持协同发展、校地合作的社会服务思路,积极借鉴世界研究型大学服务区域经济发展的先进经验和做法,汇聚科技创新资源,打造科创大走廊。从紫金港校区向西,绵延33公里,是浙江省重点建设的杭州城西科创大走廊。高水平建设的之江实验室、良渚实验室、超重力离心模拟与实验装置国家重大科技基础设施,犹如颗颗明珠绽放其间,这条走廊的龙头便是浙江大学,旨在构建"一带、三城、多镇"的空间结构,创新型大学与网络化创新集聚区共同体建设,与所在地区和全国各地合作振兴产业和经济发展。

4.4.3　内外协同的社会服务组织网络

与国家联合建设研发机构。在与国家、地方合作建设科研组织机构方面,据《浙江大学 2020 年基本数据》,国家重点实验室 10 个,国家(地方联合)工程研究中心(实验室)11 个,国家工程技术研究中心 4 个,国家临床医学研究中心 2 个,国家科技资源共享服务平台 1 个,国家高端智库建设试点单位 1 个。

与国内各省市联合建立服务机构。浙江大学率先成立了地方合作处,统筹大学与地方合作和社会服务,协调全校力量开展社会服务工作,增强地方服务的系统性和指导性,在组织合作、跟踪调研、评估考核方面发挥积极带动作用。在加强组织体系建设的同时,学校注重加强服务人才队伍建设,多次派遣教师和干部到国家部委、地方政府挂职锻炼。主动了解社会需求,建设现代化农业推广队伍,形成了学校统筹、院系支撑、教师参与的组织体系和运行机制。

与企业合作建设研发机构。加强产学研合作,推进区域创新体系建设。除了与杭州、台州、宁波等地共建大学科技园、高等技术研究院等合作平台,浙江大学还与龙头企业共建了多家研究中心,努力构建政府引导、产学研合作的创新体系,不断扩大技术转移和知识辐射范围。

此外,在社会服务育人组织机构上,浙江大学建立校院配合的育人协同治理机制。校级层面,党委组织部、人力资源处、学生工作部门等协同参与。将各院系党政班子作为促进毕业生高质量就业、自觉服务社会的重要责任主体,学校各部门工作人员、辅导员、教师等人员主动、深度参与,与各专业各学科积极联动,构建了完整的社会服务组织网络。

4.4.4 以科创为龙头盘活社会服务资源

为支撑高水平的社会服务,浙江大学以科创为龙头,盘活社会服务资源。浙江大学在前沿科技实验室建设能力方面,与浙江省各个地区密切合作,合力打造城西科创大走廊。抓住区域经济快速发展机遇,与杭州市共建浙江大学杭州国际科创中心。该中心肩负着国家重大需求、浙江省创新强省战略、杭州数字经济第一城建设的重任,旨在打通从基础研究到社会价值实现的产业化创新链条,在产学研合作创新链条中开展拔尖创新人才培养,开展"英才"与"服务"相统一的改革实验。面向国家重大战略需求和工程任务建设先进技术研究院,以"前沿创新、开放融合、交叉培养"为理念,在流体力学、工程力学、飞行器、空天信息技术等方面开展科学研究,支持国家重大工程实施。与浙江省各地区共建研究机构,如浙江大学国家大学科技园及宁波分园,与湖州市共建新农村建设省级实验示范区,与衢州、嘉兴和金华等地共建技术转移中心;同时,浙江大学不断加强与其他各省市的合作,如积极与贵州、江西、内蒙古等省份开展全面战略合作,主动服务国家西部大开发战略,成立浙江大学西部发展研究院,促进东西部合作,整合全校资源、人才支持,多次举办东西部发展合作论坛,积极开展科研攻关、科技推广和成果转化等活动。此外,浙江大学还积极响应国家支援西部建设计划,对口支援贵州大学、石河子大学等院校。近年来,浙江大学全方位对口支援云南省景东县建设。

在社会服务的国内外资源拓展上,浙江大学积极与国内外组织机构展开合作,振兴产业和经济发展。例如,近五年来,浙江大学与世界排名前列的大学建立了实质合作关系,形成了覆盖六大洲200余家高校、学术机构和国际组织的全球合作网络。建设国际联合学院,与世界一流商学院加快筹建国际联合商学院,国际联合学院成为中外合作办学典范,列入了国家长江三角洲区域一体化发展规划。开展"一带一路"教育合作,筹建浙江大学"一带一路"国际医学院、与"金砖"国家探索国际合作新模式,与联合国教科文组织、粮农组织、世界经济论坛

等国际组织密切合作……通过一系列顶层设计、战略谋划和扎实措施
开发社会服务资源。

4.4.5　面向重大挑战的创新驱动计划

浙江大学大力实施全球开放发展战略,不断构建全球学习新模
式,与全球合作伙伴构建创新联合体,与全球校友打造发展共同体,全
方位融入国际高等教育和创新体系,为构建人类命运共同体贡献浙大
力量。对标中共中央、国务院印发的《"健康中国 2030"规划纲要》《乡
村振兴战略规划(2018—2022 年)》《长江三角洲区域一体化发展规划
纲要》,国家发展改革委、自然资源部印发的《全国重要生态系统保护
和修复重大工程总体规划(2021—2035 年)》,教育部印发的《高等学
校人工智能创新行动计划》等政策文件中提出的国家及地区战略需
求,浙江大学结合自身发展实际,制定了《面向 2030 的学科会聚研究
计划》,打造交叉研究创新高地,促进学科会聚造峰。该计划紧紧围绕
服务国家战略目标、探索国际科学前沿、支撑区域重大需求,面向 2030
年构建未来创新蓝图,前瞻布局建设若干会聚型学科领域和交叉研究
方向,探索有效集聚多学科人才和激发人才创新活力的新模式,促进
重大原始创新、颠覆性技术突破和知识转移转化,努力实现学科创新
能力和国际竞争力大幅提升,为跻身世界一流大学前列奠定坚实基础。

"创新 2030 计划"整合学科、队伍、平台、项目等创新要素,加强跨
学科、跨部门的联动协同,通过体系化、有组织地规划实施,将计划任
务与国家战略目标、区域重大需求及学校"双一流"建设规划紧密结
合。学校为"创新 2030 计划"配备了专业的科研人才队伍,以"首席科
学家+学科人才队伍+科研平台+标志性成果"为发展路径,为每一
个计划配齐所需学科资源、指导专家,提供研究平台和资金支持。例
如,"生态文明计划"旨在为生态文明建设提供高新科技、创新制度、先
进文化理念的支撑。因此,该计划聚焦生态文明建设的理论、技术、制
度、教育、文化支撑体系,加快建设大环境、大生态高峰学科群,通过交
互探索和融合创新,力争在环境生态保护修复、清洁能源研发、生态文

明制度创新等若干前沿方向优先取得突破,助力高水平打好污染防治攻坚战,推动节能环保科技产业发展,促进生态文化理念国际传播。

在制度规范上,浙江大学总结凝练了《浙江大学就业工作中长期发展规划纲要(2020—2030 年)》《浙江大学毕业生高质量就业工作行动计划(2020—2021 年)》《关于进一步促进毕业生高质量就业的实施意见》等一系列文件,以贯彻认识促进毕业生高质量就业对培养时代新人的战略意义,明确高质量就业工作管理体制和职责任务,突出涵养家国情怀的就业思政引领功效,为建设完善高水平社会服务支持体系提供制度性保障。另外,《中共浙江大学委员会、浙江大学关于实施创新驱动促进成果转化的若干意见》也提出,优化政产学研合作新格局;完善科技队伍体系建设,提高科技成果转化率;培养学生创新创业能力;实现科技创新服务协调发展;加快科技成果转化进程。《浙江大学关于全面服务创新驱动发展战略的实施意见》提出,建设高水平技术转移队伍;完善岗位和职称评聘制度;加强知识产权管理和保护,如有限期免费实施科技成果自主创业,学生发明人"1 元受让"实施科技成果转让。出台《浙江大学促进科技成果转化实施办法》,充分调动教师和科研人员转化科研成果的积极性。

4.5　加州大学洛杉矶分校

加州大学洛杉矶分校(简称 UCLA),是美国著名的公立研究型大学。近年来,以"全域覆盖、服务全美、融入世界,解决全球重大挑战"著称的 UCLA 在校地融合方面取得了卓越成就,被授予"卡内基社区参与高校"荣誉称号。为了更好地服务社会,促进区域经济的繁荣发展,UCLA 在保持学术卓越的同时,不断拓宽社会服务渠道,与时俱进,充分回应社会需求。本书将从以下几个方面介绍 UCLA 的社会服务开展情况。

4.5.1 "服务全域、融入世界"的愿景

UCLA 在人才培养、科学研究和社会服务方面倡导"真正的棕熊价值观"(True Bruin Values)，即以崇高的道德规范要求自己、回馈社会，尊重别人的权利和尊严；用最好的道德行为来为自己和社区成员负责；做到诚信做人做事，服务造福全球民众；在学习中竭尽全力、追求卓越。从服务社会的理念来看，UCLA 认为，研究型大学的架构和特性决定了它应该成为科学研究的现代引擎，进行高效的技术转移，加强大学与产业的合作，并培育好创业文化氛围，大学将"实现社会公益的最大化"定为发展目标，尽最大的能力将知识创新的成果传递给社会，同时努力地回流因成果转化获得的收益，以更有力地支撑大学的学术和科研。作为高质量、普及的公共高等教育的倡导者，布洛克(Gene Block)自 2007 年以来一直担任加州大学洛杉矶分校校长，负责管理大学的教育、研究和服务三个部分。他主张大学发展的首要任务包括学术卓越、公民参与、多样性和财务安全。在布洛克校长的强大领导下，加州大学洛杉矶分校提出了社会服务的理念和目标(Chancellor's Civic Engagement Promise)：

公共参与是我们的使命，加州大学洛杉矶分校必须改变洛杉矶市民生活，并惠及全美及世界各地的人。

通过学生和教职员的努力，支持社区研究、应用和转化成果，提高社区居民生活质量。

通过课堂教学、服务学习和专业培训提供广泛的公民教育项目。

国际参与至关重要。地处环太平洋地区，这为加州大学洛杉矶分校提供了与亚洲、太平洋和拉丁美洲的同行机构寻求有意义的合作伙伴关系的机会，增强教师和学生解决全球关键问题的能力。

布洛克校长制定了《全球及全美公共参与战略规划框架》。从框

架中描述的"围绕为全美及全球开展社会服务,是 UCLA 下一个 100 年的重要使命,打造公共参与品牌,讲好 UCLA 融入全球经济发展的故事"的社会服务愿景可以看出,在广度上,UCLA 不断拓展着自身的社会服务范围,从洛杉矶地区到整个美国,再到全球社区,都有 UCLA 的公共参与的足迹;从深度来看,UCLA 不断深化其社会服务导向的育人和科学研究步伐,将社会服务的理念和实践贯穿在公民培养、教师学术科研评价改革、服务经济社会发展全过程(见图 4.4),将自身当作一个"全球社区服务站"(Campus as a Global Community)。

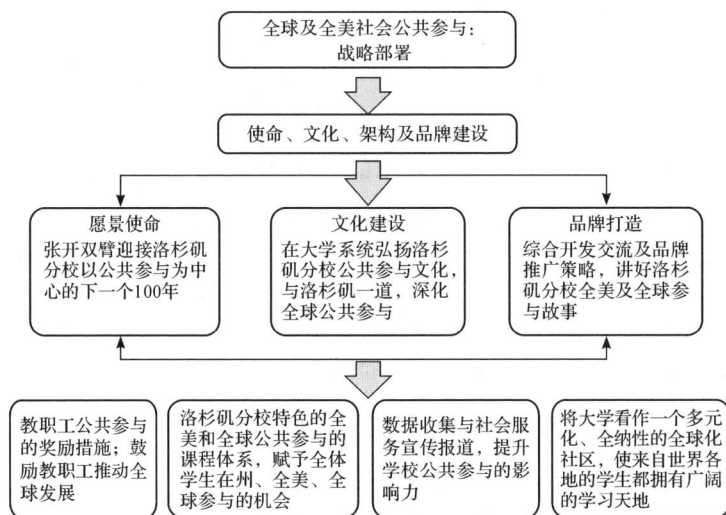

图 4.4 UCLA 全球及全美公共参与战略计划框架

资料来源:UCLA Center for Community Engagement. Local-Global-Engagement-revised. pdf.

4.5.2 公共参与课程学习"路线图"

(1)学生参与社会服务

UCLA 十分重视学生参与社会服务,将社会服务类课程看作人才培养的核心载体。社会服务类课程与全校的通识教育类课程处于平等的地位。在全校的课程资源库中,专门为社会服务类课程制定了特殊的后缀"XP"。从育人的角度讲,尽管社区参与课程不是 UCLA 通识教育毕业要求的必修课,但这些课程可以为大学服务公共利益的使命做出重大贡献。此外,这些课程有助于学校培养学生的公民性格、服务社会的知识和为公共利益服务的行动,这就是大学通过开发新的课程后缀、呼吁人们关注社区参与课程的主要原因。UCLA 十分重视社会服务类课程在高校通识教育类课程中的"身份"和"能见度"。因此,大学方面专门制定课程代码"XP",用以指代社会服务类课程。社区服务课程的代码"XP",正是取自"experiential"中的两个字母,强调学生在学习中获取社会经验的重要性。在提升课程地位的同时,课程代码使学生更容易在课程目录和课程表中找到社区参与课程。将课程后缀用于社区参与课程,有助于确保 UCLA 能够认识并支持许多教授此类课程的教师。事实上,社区参与中心下一步会推出一个新的网站,该网站将介绍教师、学生与社区伙伴合作,其"搜索功能"更为便捷,可以找到开课学院、教师、课程名称、社区合作伙伴、具体合作事宜、合作活动及拟产出成果、受益人群及项目实施地点。

　　UCLA 社区服务中心倡导"让社区参与回归课堂"。学生参与社会服务的形式和渠道丰富多彩,主要包括辅修社区参与和社会变革相关课程、选修实习课程、参与社会服务学术研究计划,亲身体验成为一名社区变革者、参与起航项目的经历。自入校开始,学校就为本科生提供了贯穿整个大学学习期间的公共参与路线图,为学生规划了四年内要学习的社会服务类课程,需要参与的社会服务类课题、活动、奖学金项目,为学生参与社会服务提供坚实的保障,也为大学培养一名合格的美国公民提供强有力的载体。以下,研究者收集整理了学生参与社会服务的课程、科研和奖学金项目。

　　社区参与和社会变革辅修课程(The Community Engagement and Social Change minor)属于跨学科的项目(见表 4.3)。该类课程为学生创造了独特的社区参与机会,使学生在洛杉矶及任何地方都能通过持续参与社会服务来审视社会变革,该课程可以与任何专业结合开设。

表 4.3　社区参与和社会变革辅修课程举例

辅修要求	课程介绍
核心课程 （大一、大二可选）	社区参与和社会变革研究课程
社区参与课程 （大一、大二可选）	含实验学习、服务学习、社区研究及 195 社会参与实习课程
社会变革战略课程 （大一、大二可选）	含社区组织、政策发展、提案、社会创业、行动主义学、翻译研究课程内容
高年级选修课	进一步深化学生的学习兴趣,为大四学生的毕业设计做准备
社会服务毕业设计课程	社区参与和社会变革(冬学期)(春学期)

资料来源:UCLA Center for Community Engagement. Community Engagement and Social Change Minor.

"启航"项目(Jumpstart)是服务美国幼教的志愿项目。UCLA 本科各专业学生均可以报名参加,可在威斯敏斯特早教中心、约翰·亚当斯儿童发展中心、玛丽娜早教中心等幼教机构开展社会服务,这类课程主要由美国国家和社区服务局资助(Ameri Corps),如果学生表现卓越,可以申请国家和社区服务局的"西格尔教育奖"(Segal Education Award)。

195 社会参与实习课程(195CE Internship Course,195CE 实习课程)。大学社区参与中心与全校各个院系合作,学生通过注册各个院系提供的 195CE 实习课程,可以获得社区实习机会和课程学分。这样的课程类似我国高校中的助教,各门课程教师发布课程名称、开课学期、上课要求、助教招募要求,由符合条件的学生自行选择报名,这种为在校师生服务的经历也可以赋予学生相应的学分[①],下表展示了部分教授发布的课程实习生招募要求(见表 4.4)。195CE 实习课程要求:学会定义和应用公民参与、社会责任和经验学习等概念;运用学

---

① UCLA Center for Community Engagement. Community-Engaged Courses[EB/OL]. (2021-08-24) [2022-02-18]. https://communityengagement. ucla. edu/programs/internship-courses/#course-offerings.

术知识和批判性思维应对 21 世纪工作环境中出现的情况和挑战;学会开发并执行一项研究,将经验学习与学科知识相结合;学会探索校外工作经验如何助力学生智力、个人和职业发展;每两周参加一次与本系研究生导师的会议;完成每周的阅读和/或写作任务;完成期末论文或专题;在实习网站记录至少 80 小时的工作时间。

表 4.4　195CE 实习课程学生招募计划(举例)

课程	评分方式	工作时间	指导教师	课程备注
人类学	等级制评分	周二:3pm—5pm 周三:9am—3pm 周四:8am—12pm	比格汉姆 (Abigail Bigham)	仅在冬学期和春学期开课
社区参与和社会变革课程	等级制评分	周一:8am—12pm 周二:3pm—5pm 周三:11am—1pm 周四、周五:9am—11am,3pm—5pm	贝雷拉 (Douglas Barrera)	有政府机构、非营利性机构实习经历的学生报名参加。春学期、夏学期、秋学期、冬学期各开设 10 周

资料来源:根据社区参与中心课程选修计划绘制。

"社会变革者"项目(Changemaker Scholar)旨在指导青年大学生成为引领社会变革的重要力量,报名参与该项目并入选"社会变革者"奖学金的学生,将获得 2000 美元,并参加有挑战的课程单元学习,由项目方组织为期 25 周的课程,让年轻人在追求社会变革的过程中改造社区,实现让社会更加公正的愿景,帮助青年积极推进社会公平正义。

阿斯丁(Astin)社会服务学术研究计划以 UCLA 著名的高等教育学家海伦·阿斯汀(Helen Astin)和亚历山大·阿斯汀(Alexander Astin)命名,以纪念他们在公民参与领域所做出的贡献。阿斯汀社区参与学术项目择优遴选本科生社会服务科研项目,学校为学生配备至少一位社区合作伙伴,学生花一年的时间学习研究并实施社会服务项目,如有学生与社区伙伴方合作开展了"政治赋权慈善:对非营利组织结构的再思考"研究项目,还有学生与社区伙伴方家族精神关怀坊合作研究"'关怀坊'社区建设——以高中为例"等。

（2）教师参与社会服务

教师要对"社区参与课程"有十分清晰的认知。UCLA 的社区参与教学方法很大程度上借鉴了卡内基教学促进基金会对高校"社区参与"的定义,即让教师、学生和社区在互利互惠和相互尊重的合作中进行教学、学习和学术活动。他们的互动解决了社区发展需求,深化了学生对公民参与和学术研究的理解,增强了社区福祉,并丰富了学校的学术研究内涵。2020 年 4 月,美国学术参议院本科生委员会批准了一项新的、更为灵活的社区参与课程框架,取代了 2008 年狭义定义的"服务学习课程"框架。新的教学大纲列出了四项原则,指导 UCLA 的社区参与课程设计和教学发展。社区参与为作为学习者的学生和社区伙伴创造了互惠价值;社区参与在整个学年需持续开展;社区参与要系统贯穿到大学的课程设计中,纳入学生学习评价;学生进行批判性反思,将社区经验与学术学习互联互通。在以上原则的指导下,教师在社区参与课程的教学中可以采取多种不同的形式,具体采取哪种形式取决于特定课程的学习目标、学科特点和与社区合作的目标。目前,UCLA 教师在教学中采用了以下教学策略(见表 4.5)。

表 4.5　社会服务类课程的教学策略

序号	教学策略	策略描述
1	基于社区参与的项目研究	学生运用他们的学术性知识与一个或多个社区伙伴合作进行研究
2	合作共学	学生和社区成员在 UCLA 学习课程,或在洛杉矶的社区一起学习,或开展旅行研学
3	服务交付	学生支持由社区组织向选民提供的项目或服务,将这些经验带回课堂,为课程材料提供信息
4	客户咨询	学生应用本学科的知识和技能来解决社区利益相关者的需求或挑战
5	合作创新	学生和社区成员在 UCLA 或社区共同从事创造性或艺术工作
6	组织机构能力建设	学生通过课程开发、翻译服务、网站设计和数据分析等活动来帮助社区机构完成任务
7	K-12 教育及社区教育服务	学生为在校学生做课后服务,或为社区服务项目开发和实施 K-12教育课程

资料来源:根据 UCLA 社区参与中心课程选修计划绘制。

4.5.3　基于重大挑战计划汇聚服务资源

首先,汇聚资源解决人类共同面临的重大挑战。UCLA 强大的人才和科研资源对区域及全美经济发展的直接贡献是巨大的,每年创造约 127 亿美元的经济价值,创造 4.2 万个工作岗位;州政府每投入 1 美元,大学就可以带来 34 美元的经济活动。UCLA 每年培育的技术类初创企业位列加州大学系统第一,为 15—25 家/年。在直接服务区域发展方面,最典型的是大学实施了重大挑战计划(Grand Challenge Project,GCP),即应对能源、水资源、可持续发展和气候变化等重大问题而实施的科研计划。大学集人才、教学、科研、公共参与服务于一体,多管齐下,形成合力。比如,重大挑战项目之一的"洛杉矶可持续发展计划"于 2013 年启动,到 2050 年,在不损害生物多样性发展的前提下,使洛杉矶在能源、水资源等方面实现可持续发展,打造"可持续发展的全球模范区"。[①] 大学枳极参与应对能源短缺、水资源、气候变化等难题,实施相应的教学、科研和社会服务系统活动。为了解决这些重大议题,大学与学界、企业界、政府、社会公益组织等各利益相关方开展协同创新合作,从学术大家到普通学生,都积极参与进来。来自各个学科的教师、学生共同攻关科学、工程和技术方面的问题。学校建立了强大的专家团队提供决策咨询,跨学科委员会负责组织实施,还配套项目运营管理团队以及学生培养计划、基础设施投资保障计划等。从人才培养、科学研究上下功夫,集中力量解决大问题,拓展了教学和学术研究的空间,对于提升人才培养水平和社会服务质量都有重要的意义。

其次,UCLA 盘活资源成立跨学科社会服务平台。UCLA 注重问题导向的跨学科研究,成立了跨学科和跨校区事务办公室,负责整合分布在大学各个校区、院系的研究所、研究中心,与社会发展的需求对

① 吴伟,翁默斯,范惠明.洛杉矶加州大学创业转型之路探析[J].比较教育研究,2016(5):20-25,89.

接,形成强强联合的跨学科研究平台,在国际化问题的解决中扮演着关键的角色,研究领域包括环境与可持续发展、能源、信息技术等。此外,与平台相配套的是科研基金的投入,如跨学科种子拨款计划。UCLA 的跨学科平台及其资金支持吸引了全美多所一流大学参与,形成外部高水平合作联盟,共同应对地区、国家和世界面临的复杂问题。正如校长布洛克所说的,在联邦政府、州政府对大学财政资金日益缩减的情况下,大学必须采取高效的现代经营管理模式,在运营经费上努力实现自给自足,与区域加强产学研合作,不断提高科研成果转化率、产权回报率,促进学术产品商业化。因此,在给予教职员资金支持方面,UCLA 有相应的政策支持,制定相应择优资助标准,用以确定社区参与研究的资金和种子拨款。

此外,UCLA 出台系列公共参与激励政策鼓励教师参与社会服务。UCLA 校长办公室设立了"社区参与学者校长奖"。社区参与中心的教师咨询委员负责颁发一年一度的校长社区参与学者奖,面向所有 UCLA 的教师,每年评选 5 位获奖者,每位获奖者可以获得 1 万美元的奖金,旨在促使教师通过教授本科生社区参与研究课程,倒逼学术研究与社区参与相结合。在这种背景下,正如学术参与理论所提倡的,教师社区参与相关研究的范围越来越广阔,包括所有领域的研究和创造性工作,解决社会问题的同时与社区伙伴相互合作、互惠互利、创造价值。而且,社区参与的研究在本领域内既可以获得高水平的学术认可,又可以为社会平等贡献力量。除了为优秀教师颁发奖励之外,为了提升教师社区参与课程的教学水平和学术研究水平,探索社区参与教学的新维度,探索如何将教师的课程教学与社区需求联系起来,以提高学生的学习,UCLA 每年都举办"社区参与工作坊"。

4.5.4　与院系平行设置的参与中心

志愿者中心。UCLA 志愿者中心隶属学生事务及住宿管理部,负责协调 UCLA 和整个洛杉矶地区的社会服务活动,以激励 UCLA 大家庭的成员们为社区服务奉献自己的青春和才华。在 UCLA,回馈社区的方式有很多。志愿者中心将学生、教师、员工、校友和社区成员联系在一起,指导大家共同开展社会服务项目。志愿者中心还维护着校园服务团体在线资源库以及参与社区服务的志愿者数据库。这一中心起源于 2009 年 9 月 22 日的加州大学洛杉矶分校志愿者日,这是全美最大的大学生服务项目。一开始有 4000 名参与者和 8 个社区服务项目,现在已经发展成惠及 8000 多名加州大学洛杉矶分校社区居民的志愿组织机构,遍布城市的每个主要社区。志愿者中心也是大型社区项目规划、设计、实施和管理的典范,其经验已经被其他大学、公司和组织推广复制。该中心常年有 200 多名学生定期开展社区项目,与整个 UCLA 社会服务中心、社区项目办公室、社区服务委员会密切合作,展示了 UCLA"真正的棕熊价值观"。

社区参与中心。UCLA 的社区参与中心与各院系是平行存在的组织机构,是促进和支持社区参与的研究、教学和学习,并与整个洛杉矶地区、全美乃至全球的社区及组织建立了扎实的合作关系的有力机构。该中心整合了大学师生与公众持续、互惠地参与工作,不断促进学生和教师开展社会服务工作,助力 UCLA 完成社会服务使命,与社会共同创造、共同传播、共同保存和共同应用知识,构建良好的社会。可以说,在大学社区参与中心,基于社区参与的教学、科学研究和学习,是本科生教育的基石,将 UCLA 的本科生与洛杉矶多样化的社区建设联系起来。支持教师个人和各院系、各部门发展创新课程,将社区参与的经验和研究与课程相结合。与社区组织建立强有力的关系,互惠互利,促进价值实现。助力社区合作伙伴实现校长提出的公民参与这一优先目标,为学生提供学习经验和研究机会。

设立技术转移办公室,助力"全链条科技成果转化"。为了更好地实现大学科研成果的转化,UCLA 积极建立与知识型企业的联系,开展全纳式成果转化服务,成立技术转移办公室,2013 年成立了知识产权及产业合作办公室,负责管理产学研合作,从企业获得赞助并支持教职工开展医学、工程、物理和生命科学等领域的研究。为了确保科技成果能够顺利投入商业应用端,弥合从实验室到企业研发中心及市场之间的巨大鸿沟，加强成果转化的全过程监控，把握"关键过渡区"，从计划提出到走向市场，大学对科研人员进行扶持，促进科技成果顺利走向产品市场。

设立专门负责外部服务拓展的副校长办公室。UCLA 积极发扬赠地学院拓展与参与社会服务的传统，结合经济社会发展的需要不断地拓展与参与外围社会服务，使大学所有的人才培养和创新活动，都基于本地经济社会发展的需要。设立专门负责外部服务拓展的副校长办公室，旨在与外界建立持久且强大的联系，宣传提升 UCLA 的外部形象，获得外部资源支持。比如每年 UCLA 都会组织向公众、议员介绍本校所承担的使命和行动，尤其是大学对于国家、地区和社区所做出的贡献，以获得外部的支持。

4.5.5　基于规范的社会服务保障体系

UCLA 在探索社会服务课程化改革的过程中，逐步出台了系列社会服务制度规范，这些制度规范有利于助推大学发展转型、促进教师科研评价改革以及提升学生社会服务成效。《支持加州大学洛杉矶分校教师考核及晋升的社会服务政策》等文件参照卡内基教学促进基金会对高校"社区参与分类"的界定，对教师科研评价进行改革，将社会服务纳入教师年度考核和职级晋升体系；在教师学术中，将社区参与的奖学金和教学成绩作为重要判断标准。此外，《加州大学洛杉矶分校本科生社会服务课程与教学设计规范》《社区参与视角下的学术考核评价政策》，对公共参与课程体系界定、课程门类介绍及教师职责简介、学术参与制度规范进行解读。

在服务理念上，UCLA 社会服务运行体系呈现出人才培养使命的"自为"与社会服务形象"外塑"的高度统一，成为美国公立研究型大学社会服务的典范；在参与形式上，UCLA 充分体现了高校主导与社会参与的多元统一；而在服务范围上，UCLA 鲜明地呈现了大学面向全球共同利益与服务本土社会相统一的特点。在一系列制度规范的保障支撑下，UCLA 的社区参与奖学金已获得全美及国际社会的认可。

比如,2020 年,社区参与教师胡德(Million Dollar Hood)就被评为"模范工作者",该奖项由"公共和赠地大学协会颁发";2021 年,UCLA 刚果盆地研究所获得"凯洛格基金会社区参与奖",该奖项由"公共参与奖学金协会"颁发。UCLA 获得了"卡内基社区参与高校"称号,这是由卡内基教学促进基金会授予的,表明学校对社区参与的承诺兑现并得到认可,成为公立研究型大学社会服务的典范。

4.6　威斯康星大学麦迪逊分校

威斯康星大学麦迪逊分校(简称 UW-Madison)创建于 1848 年,是世界著名的公立研究型大学。UW-Madison 作为"威斯康星理念"的发源地,在高等教育史上具有划时代的意义,对美国和世界的教育、科技、经济及社会的发展做出了杰出贡献,并通过其卓著的学校声誉、浓厚的学术氛围、一流的科研实力、强大的校友网络、多元的文化生活服务威斯康星州及全美人民的公共福祉。进入 21 世纪,"威斯康星理念"有了更丰富的内涵和外延。

4.6.1　"传承使命、造福社会"的使命

UW-Madison 的社会服务历史悠久。UW-Madison 秉持"超越教室内外,提升人们的生命质量"的社会服务理念,即大学教育对人的生命成长会产生重要而深远的影响,且这样的影响是超越教室边界的。打开 UW-Madison 的官方网站,首先映入眼帘的便是其标志性理念:在"威斯康星理念"的引领下,UW-Madison 将竭尽全力,造福威斯康星州、全美及整个世界的公民。1905 年,"威斯康星理念"由范海斯提出,他说:"倘若大学能够影响并惠及威斯康星州的每一个家庭,我就心满意足了。"这一点突出表现在 UW-Madison 的学生、行政人员、教师队伍和校友都大踏步迈出校园,为威斯康星州、美国乃至整个世界做出开拓性的贡献,但这些做法一直到 1912 年才被麦卡锡正式命名

为"威斯康星理念",这种理念带领 UW-Madison 走向更为广阔的社会服务天地,响彻美国乃至世界的各个角落。

需要注意的是,长久以来,学界对"威斯康星理念"存在一定的误读,将"威斯康星理念"当作"社会服务"的代名词或 UW-Madison 的化身。但事实上,从 UW-Madison 所开展的社会服务实践来看,这一理念的目的不在于要把社区服务玩出"花头",而是使学生和教职员工与社会发生联系,让大学成为开启大众心智、提升社会精神的源泉,培养学生与社区互动的能力和主动投身社区服务的精神。"威斯康星理念"强调大学教育对人的生命成长会产生重要而深远的影响,将大学的人才培养放在广阔的时空中来进行;UW-Madison 承诺将利用自身的人才和资源,竭尽全力造福威斯康星州、全美及整个世界的公民,强调大学和社区是一个由内而外、内外结合、共同发力,以推动学生全面发展和社区繁荣发展为目标的机构。

4.6.2　系统完备的公共参与课程体系

(1)全域覆盖:学生参与社会服务

广泛实施的獾志愿者课程。为了使学生在整个在校学习期间保持和社区合作伙伴之间持续且有意义的联系,学校开设了"獾志愿者课程"(Badger Volunteers Courses),学习时长为一学期,课程负责人将学生分配在社区各个机构中,学生每周要到社区机构做1—4小时的志愿者工作。课程组织机构为在社区服务的学生提供后勤保障、学习培训及教育研讨等支持。课程主要聚焦三个领域:教育、可持续发展及公共卫生医疗服务。獾志愿者课程面向包括研究生和国际学生在内的所有学生开设,无论来自哪个专业、有何种兴趣爱好,都有机会参与这门课程,而且不需要任何工作经验、特殊技能就可以自由加入。学生一般在每学期第3周开始注册,从第4周开始前往所联系的社区机构进行服务。该课程为研究生、本科生提供学习和实践的平台,使学生有机会将所学知识应用于可持续性发展、公共卫生、教育等领域。[①]

服务性学习课程。除了獾志愿者课程，UW-Madison 培养学生开展社区服务的渠道还有"服务性学习课程"（Service Learning）。校内有近 90 个教学部门为学生开设了 110 多种服务性学习课程。选修服务性学习课程的学生不仅要获得学分，还必须将课程知识应用于社区实践。因此，服务性学习课程有严格的学习及实践要求：一是严格的前期调研工作，即学生在选修课程之前，必须查阅课程的历史背景和社区需求，为开展社会服务做好前期调研准备。二是严格的学习时间，学生每学期至少要规划 25 小时（最低标准）用于服务性学习课程，并将所学知识运用于社区服务，通过实践学习提升经验和技能，体现人生价值。

基于社区的学习课程（Community-based Learning）。进入 21 世纪，UW-Madison 的服务性学习课程与之前的相比，更加系统和专业，强调交叉学科、多教育主体参与，注重平衡社区发展、学生成长与学校进步之间的关系，服务性学习也升级为"基于社区的学习"或"社会服务课程学习"，将服务性学习的范围由大学所在社区拓展到威斯康星州，再到国家层面和国际层面，学生参与群体更为广泛和多元，在社会服务深度上，也有了质的飞跃。在教师队伍建设上，学校不但有专业的服务性学习教师团队，学生及社区人员也被吸纳到教学队伍中，他们合作提出选题并研究社区问题，实施原则如下（见表 4.6）。

表 4.6　社会服务课程原则

实施原则	课程设计原则描述
课程内容	课程应包含指导性教学活动、学习反思活动，如写作任务、讨论、讲座、日志等。在每学期开始前，学校将课程大纲给到社区合作机构，并邀请社区相关工作人员到学校开展社区服务讲座
课程形式	采用服务性学习方式，学生秉持为社区服务的原则，在社区服务中创造应有的价值，课程内容本身包含与社区合作机构的对接和交流

[①]　Targeted News Service. Registration for Badger Volunteers Begins Jan. 18. Targeted News Service Washington D. C. 2011.

续表

实施原则	课程设计原则描述
学习周期	服务内容应与课程内容紧密联系，按规定每人每学期参与服务社区课程实践不得少于 25 小时
学习效果	学校将服务性学习成果纳入学生学业成就评价体系，对学习效果及评估方式有清晰描述，即对课程理论学习和社区参与实践分别界定
师生交流	在教学上，以体验式、项目式教学为主，教师和学生要多次交流、核实所要学习的课程内容，在课程实施过程中，双方都要采取便于交流的方式，以确保不会对学生造成伤害；尊重社区文化，避免对社区成员造成无意识伤害

资料来源：Morgridge Center for Public Service. Morgridge Center for Public Service 2010—2011 Annual Report［EB/OL］.（2016-09-09）［2022-02-05］. http://morgridge. wisc. edu/documents/MorgridgeAnRprt _ 2010-11 _ hi-res _ FOR _ WEB _ WITH _ LINKS. pdf.

基于国际社区的学习项目。世界各国在政治、经济、文化领域相互渗透，从物质资源到人才资源，从实体经济到虚拟经济，都呈现出高度融合的态势。为适应国际国内环境的新变化，大学开设的课程在服务范围、服务内容和实施方式上具有全球化、多元化特点。因此，自2010 年起，UW-Madison 又衍生出了服务性学习新形式——基于国际社会的服务性学习项目，与全球健康组织、国际学习联盟、国际学习项目、国际实习项目、世界大学互联网等组织建立伙伴关系，开始实施"无国界的威斯康星"项目。UW-Madison 率先在肯尼亚、厄瓜多尔、德国和中国等国为师生开设国际社区服务项目，鼓励师生进行跨学科学习，跨国界学习，通过学科交叉活动、国际互动交流，培养师生成长为有责任、有担当的全球公民和卓越的全球领导者。除了在威斯康星州、美国开展服务性学习外，UW-Madison 还衍生出许多"国际社区服务"，比如学生帮助经济欠发达地区和国家提高经济发展水平，践行无国界的社会服务理念。以"厄瓜多尔服务性学习项目"为例，学生通过学习相关社区服务知识，帮助当地妇女用热带棕榈树叶子制作首饰从而赚取能够支付医疗和受教育的费用；再如在"为荒漠地区研发新能源""为经济发展缓慢国家研发水质净化技术""为东亚国家提供法律咨询服务"等项目中,学生也能够将课堂所学知识应用于实践。

(2)学术导向:教师参与社会服务

UW-Madison 教师在参与社会服务过程中,积极践行"学术参与"理论。在博耶的推动下,UW-Madison 一直以来都以"学术参与理论"为行动指南,不断将教师的教学、科学研究、社会实践、学术交流等活动与社区服务相结合,以教师是否在教学、科研中自觉践行社会服务理念、自觉让学生树立为公共利益服务的意识,是否为他人及社会带来影响为依据,对教师进行学术综合评价。2000 年前后,UW-Madison 就出台了专门针对教师在社会服务中是否彰显其学术研究价值的评价指标体系,强调教师要拓宽学术研究的内涵和外延,将学术研究与社会服务相结合,在服务过程中让学术价值最大化,这一体系不断迭代升级,形成了包含四个维度及若干评价问题的评估框架,在使用范围上,从一开始用于长聘教职,拓展到长聘教授评选,全校教职员工考核、职级晋升、头衔变更等场合(见表 4.7)。注重科研成果的"出口导向",不断敦促教职员工以身作则,自觉践行社会服务的意识和奉献精神。时至今日,包括 UW-Madison 在内的一系列世界著名研究型大学教师的"拓展与参与"活动,成为横跨教学、科研和服务界限的学术类型,涉及大学知识生产、应用和保存的完整链条;以发表和出版为核心的学术评价标准已经发生了质的变化,注重考察教师社会服务研究设计的科学性、操作性、实施效果和影响力等维度,强调教师的价值和社会贡献度。这样的知识生产既可以与学术圈同行、社区民众进行交流,也可以接受同行的评议。这样的界定在于点出大学社会服务的完整内涵——将社会服务当作学术本身看待,将社会服务与学术放在同等重要的位置,改变社会服务原本支离破碎、被边缘化的地位,同时,也将社会服务纳入大学教师学术生涯,提升教师参与社会服务的积极性。

表 4.7 威斯康星大学教师"学术参与"评价指标

序号	评价维度	评价问题描述(节选)
1	创造性智力工作	这项研究是如何建立在本领域已有的知识、研究及实践基础上取得的
2	同行认可度	这项研究是如何得到认可的？是通过发表论文、学术交流、创造性展示还是……同行如何评价其价值
3	学术交流及增进知识情况	这项研究是否增进了本领域的知识？如何获取这项成果
4	潜在社会价值	这项研究对个人、家庭、社区的知识学习产生何种影响？这项研究成果是否被采纳？对社区公众有何意义

资料来源：Wise G, Retzleff D, Reilly K. Adapting Scholarship Reconsidered and Scholarship Assessed to Evaluate University of Wisconsin-Extension Outreach Faculty for Tenure and Promotion[J]. Journal of Higher Education Outreach & Engagement，2002(3):13.

教师群体除了自觉落实好基于社会价值实现的科学研究职责外，还要承担起带领学生开展社区学习的重任。在大学组织的公共参与课程和相关社会实践活动中,也少不了教师的身影。莫格里奇公共参与中心为学生参与獾志愿者课程、基于社区的服务学习课程配备了完善的师资队伍。例如,负责基于社区的服务学习课程的教师要履行好以下课程实施职责:制定课程学习目标;找好并现场确认好学生可以开展社会服务的场所;在教学设计中要清晰描述基于社区的学习活动及这些活动何以支持学习目标达成;为学生开展社会服务准备的一系列促进互动;组织学生开展课堂反思活动,培育学生的课堂反思能力;批阅学生的课堂反思日志和期末试卷;评价学生的学习并赋予学分。

教师参照《基于社区的学习课程设计标准》来开发社区学习课程,以确保课程是"基于社区"的,这些课程丰富多彩,基本都是以社区需求为导向,结合大学各校区、各专业、各学科相关知识设计的,如"卫生服务战略规划""重新审视城市贫困问题""城市事务中的多元文化融合问题研究""生命周期营养学""妇女健康教育""学校教育中的'教学改革运动'"等。以 UW-Madison 2022 年春学期选课指南为例,该指南显示了教师结合各校区、各专业及学科特点设计的服务性学习课程

（见表 4.8），这些课程与大学正常的教学和科研齐步走，赋予学生丰富的选择权，使社区服务与大学发展相伴相生。

表 4.8　基于各学科专业特点设计的 CBL 课程

课程代码	课程名称	课程内容简介	学分	备注
Art 338	艺术服务学习课程	与社区艺术相关机构学习研讨社区艺术	2	
Agroecology 702	多功能农艺学研究课程	以参与式学习为主，评估多利益相关方视角下的农艺学功能	3	
Civil & Environmental Engineering 578	高年级毕业设计课程（顶点设计）	在真实的环境中运用所学的土木环境工程知识做高级工程设计	3	
Civil Society and Community Studies 501/734	非营利性机构领导力课程 2	理解并学习非营利性机构的日常运转模式	3	交叉学科：人力资源管理
Counseling Psychology 525	心理健康咨询服务课程	学习拉丁语文化、语言、历史要素，关注这个群体的心理健康和福利	3	交叉学科：拉丁语
Curriculum and Instruction 506	全纳教育战略研究课程	特殊教育的历史与当下研究；全纳教育的发展变迁；如何在普通教育体系下做好特殊人群的教育	3	交叉学科：康复心理学与特殊教育
Environmental Studies 317	社会环境研究项目课程	带领学生与社区环境机构或可持续发展相关机构联系，强调技术过硬的独立学习和高效率的合作学习	1	
Design Studies 341	变革设计思维研究课程	学习创新性分析及复杂问题解决的设计思维。发明、建模，并测试新设计的模型的问题解决效果		
Integrated Science 240	青少年科技创新教育服务课程（STEM）	指导学生开展课后科学研究	2	

资料来源：根据 UW-Madison 2022 年春学期 CBL 课程清单整理。

（3）与社会建立公共关系

随着美国经济社会的发展,大学与外界的互动不再是提供服务、开展"交付式"合作这样的单向输出关系,而是与社区建立双向合作关系。UW-Madison 积极构建新型"大学—社区"伙伴关系,积极构建持续性、创新性的合作伙伴关系,并"以服务社会为名",与社会各界一道,共同培育"能学习、善交往、会表达、广视野、有担当"的学生。

一是通过设立各种各样的奖学金,如"杰出公民参与奖""杰出社区合作者奖"等,激发学生、社区居民发挥社区服务的积极性和主动性。比如,"威斯康星理念本科生奖学金"主要用于奖励优秀的、由本科生发起的社区服务项目,那些学生的社区参与度越高、越能满足社区需求的项目,获得这类奖学金的概率越大。二是与外界建立社区合作伙伴关系。UW-Madison 先后建立了三个面向社会的科技研发机构,即下文提到的威斯康星校友研究基金会、大学科技园和大学产业联合会,三个机构在全州、全美乃至世界的技术转移链条中都扮演着关键角色。校友研究基金会主要通过许可专利实现技术转让;大学科技园则汇聚了一大批软件、通信、生物科技、制药等前沿科技公司,为社会提供了成千上万个就业岗位;大学产业联合会则帮助专利持有者创办公司,帮助创业者寻找合作伙伴。大学还设立了全球学习中心（GSC）、国际联盟（IA）等,这些机构在全美乃至全球的经济发展中都发挥着重要作用。

（4）向社会开放设施

以向社会开放图书资源为例。UW-Madison 作为顶尖研究型大学,拥有丰富的图书馆资源。UW-Madison 一共建设了 40 多个专业图书馆,拥有 700 万册图书、5 万多份期刊、600 多万份微缩胶片的馆藏。例如,健康科学图书馆有以下几类服务对象:第一类是整个大学各院系的学生和教职员工;第二类是医学院、公共卫生学院、护理学院和药学院这四所医学相关学院的学生和教职员工;第三类是威斯康星大学系统所有教职员工,整个大学系统遍布全州的 13 所大学、14 所大专和 1 个大学社区拓展和参与机构（Extension）;第四类是威斯康星全州居民,这样的做法是在建校初期就约定俗成的,学校的边界就是威斯康星州的边界,因此,校图书馆服务全州有需求的人们;第五类是全美医学图书馆联合会成员。①

(5)向社会提供知识

在向社会提供知识这样的直接社会服务方面,UW-Madison 一直以来都走在前列,如在"威斯康星理念"盛行的 20 世纪初期和中期,该校率先面向社会需求设立"推广教育部",包括直接为社会提供服务的四个系,分别是:函授教育系,以终身学习为理念,提供基础教育、预科教育、职业教育及特殊教育课程。公共教育与讨论系,教师前往各个地区帮助组织辩论俱乐部,挑选社会热点话题,使整个州的居民自觉关注社会问题及与自身利益相关的议题,并在与思想和灵魂的碰撞中获得知识、受到教育。综合信息与福利系,这是一个类似智库的机构,分析问题并从技术层面提出问题的解决办法。讲座教学系,基于各类社会问题,开设具有学术推广意义、公共价值的讲座、学术会议或工作坊,向公众传播知识,吸引校外人员、公众参与其中,以开放式教育的形式使公众接触到大学的学术。

进入 21 世纪,以上院系的职能职责并未发生实质变化,但却有了更加丰富的服务内涵和形式,线上线下相结合向公众普及知识的做法也日趋流行。以向社会开放大型在线课程、促进知识交流与应用为例。2015 年,UW-Madison 推出了六种大型在线课程,全部面向社会开放,为社区学习者提供学习机会,"五大湖地区的应对气候变化实践"便是大型开放课程之一。② 这样的开放课程将大学与社区融为一体,拉近学生与社区群众的距离,强化终身学习的理念,即使学习者不能参加 UW-Madison 图书馆的线下讨论,也会和其余距离大学较远的

---

① 吴波. 美国研究型大学图书馆的职能与管理——访威斯康星大学麦迪逊分校健康科学图书馆馆长朱丽·施奈德[J]. 世界教育信息,2017(22):50-51,59.

② Ackerman S,Mooney M,Morrill S,et al. Libraries,Massive Open Online Courses and the Importance of Place[J]. New Library World,2016(117):688.

人合作组成讨论小组进行线下讨论。[①] 借助新信息技术和开放式在线课程,图书馆资源不再受时间和空间的限制,越来越多的人有机会接受高等教育,毕业生也享有终身学习的机会。[②]

(6)振兴产业和经济发展

以威斯康星大学科技园(University Research Park,URP)为例,这是世界知名的大学产业园区,成立于 1984 年,至今一直在高速运转。URP 组织各院系师生为中小企业、创业公司等提供服务,这些公司主要涉及工程技术、计算机技术和生命科学领域。URP 在成立之初就是为了培育高新技术企业,以鼓励师生开展社会问题导向的研究,提升大学师生的科研成果转化率,使学术研究走向商品化。URP 设有专门用于支撑中小企业发展的种子孵化器中心,也有商业银行、风险投资企业、新企业指导机构等各种服务中心。URP 为全州甚至全美聚集在这个区域的中小企业提供了丰富而扎实的科研服务,仅在生物技术研究领域就汇集了 16 个院系、几百名专家和千余名研究生。大学方面提供的研究队伍对推动师生参与社会服务、培育行业企业发展起到非常关键的作用。除了鼓励大学教师的创新活动外,URP 也会为师生的创业创新类活动提供一定的支持,为那些有较大市场推广潜力的学生项目提供免费场地,为学生开设创业课程,邀请导师指导学生开展创业。2018 年,URP 区域内的企业创造了 20 多亿美元的社会价值,为社会提供了约 2 万个就业岗位。[③]

4.6.3　基于校友基金会的公共参与机构

大学在服务社会方面,既有实体组织机构,也有非实体组织机构

---

① 周群英,向巧利.21 世纪威斯康星教学服务理念新拓展——以威斯康星大学麦迪逊分校为例[J].现代教育科学,2018(11):165-169.

② 沃德.令人骄傲的传统与充满挑战的未来:威斯康星大学 150 年[M].李曼丽,李越,译.北京:清华大学出版社,2007.

③ Winters D K. The Economic Contribution of University Research Parks[EB/OL].(2010-03-15)[2022-02-16]. http://universityresearchpark. org/uploads/Documents/URP _ Economic _ Contribution_Report_2010. pdf.

和第三方组织机构,这些机构合力推动大学和社区的合作,共同培育有社会责任心的人。同其他研究型大学一样,UW-Madison 除了有自己的社会服务组织机构外,还有丰富多元的第三方机构,它们在与大学建立密切合作关系的同时,又独立于大学而存在,以灵活开放的形式组织大学师生服务社会。以下,研究者以两个具有代表性的机构为例进行叙述。

基于校友基金会设立,独立于大学的技术转移机构。为促进大学科研成果向市场顺利转移,UW-Madison 将技术转移机构作为独立法人单位,而不是嵌入大学行政组织中的下属机构,不易受到大学行政力量的影响,在大学和服务社会之间形成一座桥梁。威斯康星校友研究基金会(Wisconsin Alumni Research Foundation,WARF)是美国大学中最早进行大学专利申请、开展技术转移和知识产权服务的实体组织机构,是一个专门处理大学与社会知识传递、技术转移的非营利性机构,已成为推动大学发明创新市场化、将师生科研成果推向市场、提升大学创新力的重要机构。这一机构在技术转移方面的资金收入成为 UW-Madison 仅次于联邦的第二大经济来源。[①]

UW-Madison 将师生的科研成果授予技术转移机构,并由其进行知识产权管理,推动大学生产的知识迅速流向社会服务的终端,促进价值实现。同时,技术转移机构为大学的学术科研活动提供大量资金支持,使教学和科研立于不败之地。重视服务社会的过程管理。近年来,技术转移机构不仅仅发挥中介的作用,还直接介入技术转移的后续过程中,利用 UW-Madison 的人才和科研优势,持续开展与产业的合作,为师生的每一个创意、每一个专利和发明提供了走出去的平台,强调师生自主创业,将大学所生产的知识转化为价值,并为师生提供多元化的指导和支持。制定 UW-Madison 年度发展规划,将为威斯康星州服务列为重要事项,在未来为威斯康星州的企业创造各种机遇。

---

① Establishing a Mission[EB/OL].(2019-10-18)[2022-02-09]. http://www. warf. org / about-us/history /history of warf. cms.

WARF 与其他高校合作，通过搭建与各大学技术转移部门之间的网络合作平台，与多个大学协同开展技术发明、转化活动。2018 年，WARF 促成了威斯康星州 100 多家高技术企业的成立，为全社会提供了数百个新产品和若干就业岗位。①

校友捐资设立的大学公共参与中心。威斯康星大学设立的莫格里奇公共参与中心（The Morgridge Center for Public Service）是全球规模最大、系统最为完善的高校社会服务机构，由校友、思科公司名誉主席莫格里奇夫妇（Tashia and John Morgridge）于 1996 年出资设立。莫格里奇公共参与中心是链接威斯康星大学学生、教职员工和当地社区、全球社区的桥梁，大学通过该中心与外界建立合作关系，通过开展社会服务、为社会提供知识来解决社会面临的棘手问题。该中心以"威斯康星理念"为指引，建立了完备的公共服务运行体系。20 世纪60 年代，威斯康星大学将学生志愿服务活动纳入计划，1972 年，志愿服务办公室（Volunteer Services Office，VSO）正式成立。1994 年，大学方面正式决议：扩大原志愿服务办公室服务愿景，将 VSO 扩展为大学社会服务中心。这一决议得到了 UW-Madison 校友莫格里奇夫妇的支持，他们慷慨捐资，支持大学成立社区服务中心。因此，在 1996年，这一中心正式更名为"莫格里奇公共参与中心"。到 2007 年，该中心已经成为能够为每一个五年战略规划期配备 100 万美元的正式机构。这笔经费主要用于大学的社会服务课程建设，涵盖学术性社会服务学习课程、基于社区的学习研究项目，以及社区参与奖学金的发放。②

每五年，该中心与大学各个校区及其社区合作伙伴一道，合作编制大学社会服务的战略计划（五年期），以更系统、更科学的姿态做好社会服务工作，如《公共服务中心战略计划（2011—2016）》《公共服务中心战略计划（2016—2020）》。该中心设有专门的咨询委员会，其成

---

① AUTM. 2018 Licensing Activity Survey［EB/OL］.（2019-10-18）［2022-02-09］. https://autm. net/survey and tools/surveys/licensing-survey/2018-licensing-activity-survey.

② Morgridge Center for Public Service. Our History［EB/OL］.（2021-01-05）［2022-02-05］. https://morgridge. wisc. edu/about/history/.

员主要由大学的硕士生,博士生,大学教授,各院系院长、副院长、系主任,项目负责人,学生会主席,大学外联部主任,威斯康星州副州长,社区伙伴关系协调员等人员构成,咨询委员会每年召开三次委员会议[①],这样一支由多教育主体、多利益相关方构成的管理委员会,逐步形成了稳定持续的"大学—社区"合作伙伴关系。

4.6.4　以 CHI 计划为代表的资源汇聚

在资源汇聚上,UW-Madison 通过负责公共服务的组织机构和专业人才队伍,汇聚并盘活大学内外、线上线下、行业企业等多种资源。下文研究者将以 UW-Madison 基于跨学科研究平台实施的"群英荟萃计划"(Cluster Hiring Initiative,CHI)为例,叙述其是如何在社会服务中盘活资源的。

创建跨学科的科学研究平台。为了支撑"群英荟萃计划",大学组织各校区各专业的专家学者、教师打破学科边界,超越时空,构建大学与州、社区、产业之间的集群关系,以支撑多个新兴领域的研究。在该计划中,大学负责就某一研究领域组织、会聚不同学科的教师召开研讨会,推动教师进行跨学科研究,并为参与跨学科研究的教师提供各种支持,参与该计划的教师被称为"群英"。大学设立管理"群英荟萃计划"的机构,由教务长办公室负责管理,整体部署规划"群英荟萃计划"并对其进行监督和考核,为跨学科研究提供决策咨询。为了推动跨学科研究,共同解决社会问题,并在社会服务中做好人才培养和科学研究工作,"群英荟萃计划"设定了以下具体合作目标:

> 组织实力雄厚的学院聚焦某项研究;
> 为群英教师提供研究机会和参与渠道;
> 鼓励群英教师合作解决复杂问题;
> 通过跨学科研究、教学和服务,发展壮大"威斯康星理念";

---

① Morgridge Center for Public Service. Strategic Plan[EB/OL]. (2021-01-05)[2022-02-21]. https://morgridge. wisc. edu/about/strategic-plan/.

　　鼓励和促进实力较强的院系、教师进行合作;

　　为本科生和研究生开设与时俱进的课程;

　　协助大学履行其他使命,丰富校园文化。

　　"群英荟萃计划"的资金主要来源于州政府、大学研究基金会、民间组织机构等每年聘用"群英"支付的报酬。同时,作为大学第二大经济支撑来源的 WARF,也为"群英荟萃计划"拨付相应比例的资金,支持该计划为威斯康星州的居民、行业企业及联邦政府提供最好的服务和产品。

　　在平台建设上,跨学科研究平台使大学里的每一个学术组织都能及时地发挥光和热,为教师和学生提供实践新观念、新思路的场所,当然,这个过程充满了艰辛和挫折。为了给师生的创造活动提供"缓冲区",大学设立了创业孵化器,以推动师生更好更快地服务社会。大学研究区为威斯康星州带来了极大的经济贡献,研究区内的企业支付了巨额税收,还提供了大量的就业机会。大学构建了科学、技术、产业等多个领域和组织的区域创新系统,共同服务于州的发展。

　　设立"威斯康星理念"奖学金。为了激励学生高质量学习基于社区的课程知识,主动服务好社区,莫格里奇公共参与中心为本科生设立了"威斯康星理念"奖学金,鼓励学生积极参与、设计基于社区的学习项目,帮助学生理解社会服务是穿越校园围墙、无国界限制的活动,促进学生与社区合作伙伴、国际合作伙伴共同解决社会挑战性问题。学生或学生团队如果获得这个奖学金,可以得到近 7000 美元的资金支持,还有 3 个课程学分,同时学校也会邀请获奖学生在春学期的"威斯康星本科生论坛"上分享他们的成功经验。[①]

　　为教师开展服务学习教学提供全方位指导。为了使教师设计的课程符合学生学习规律,莫格里奇公共参与中心会为教师提供一系列

---

① Morgridge Center for Public Service. Wisconsin Idea Fellowship[EB/OL].(2021-01-05)[2022-02-01]. https://morgridge. wisc. edu/students-get-connected/wisconsin-undergraduate-idea-fellowships/.

帮助,如提供课程经费、交通经费,以及搭配合适的课程助教。比如,在课程设计时,可以一对一咨询该中心社区参与学习部的负责人梅登(Haley Madden),梅登会指导教师做好课程设计、课程实施相关工作。此外,中心还为教师提供了社区学习课程设计指南、参考模板、大学—社区合作伙伴配对、社区成员单位所需解决的问题资源库、社区组织合作需求分析等针对性指导。相关数据库主要有基于社区的学习课程设计范例档案资源库、可提供社区服务机会的非营利性组织数据库、威斯康星社区服务分享数据库、威斯康星思想交流站、莫格里奇中心指导服务站等。[①]

4.6.5　制度化和规范化的政策支持

为确保学生高质量开展社会服务,UW-Madison 不断提升管理水平,将社会服务以制度化、规范化、标准化的形式固定下来,成为师生共同遵守的行动准则,这些制度规范不断提升着大学社会服务方面的先导性、纲领性和战略性。

在社区服务课程与教学方面,UW-Madison 出台了《威斯康星大学麦迪逊分校基于社区的学习课程设计标准及实施指南》《威斯康星大学麦迪逊分校服务性学习课程助教工作标准》等系列规范性文件。

在机构制度建设方面,2017 年,为了进一步将社区服务制度化和规范化,UW-Madison 校长办公室将莫格里奇公共服务中心的五年战略发展规划与大学方面审议通过的《公民行动计划》(*Civic Action Plan*)并轨实施。为进一步开展高质量的社区服务,从整个大学系统方面落实社会服务行动,UW-Madison 提议制定综合性战略规划,为师生扫清社会服务障碍,创新社会服务的行动路径,采取更加具有吸引力的制度来实施公民行动计划和社区参与。《公民行动计划》是整

---

① Morgridge Center for Public Service. Community-Based Learning[EB/OL]. (2021-01-05) [2022-02-05]. https://morgridge. wisc. edu/faculty-and-staff-get-connected/community-based-learning/.

个威斯康星大学系统社会服务的最高战略计划,2017 年 5 月由莫格里奇社区公共服务中心牵头起草,组织 16 个院校和众多社区人员用 6 个月的时间编制完成了计划初稿,先后采访了 90 多位校内外利益相关方,对大学和社区人员、教职员工、学生、教师进行了问卷调查后最终成文。该计划从九大方面列出了大学开展社会服务的"行动倡议"(Recommendation 1—9),如第 1 条就阐明了大学高质量开展社会服务的标准:高质量是指可持续发展,有高度的文化敏感度和自觉性,与大学社区伙伴合作共赢、互惠互利。[①]

2018—2019 学年,UW-Madison 率先设立了辅修社区参与学术研究的硕士和博士学位点,第一批招收的学生于 2019 年夏季开启了课程学习之旅。同时,该中心也开启了另一个试点项目,即在全校范围内遴选招募"莫格里奇研究员",建设一支专业教师队伍,以指导学生参与社区服务课程学习,再一次提升社区参与的制度化水平。此外,作为《公民行动计划》的任务目标之一,校长办公室批准了一项为期三年的资金支持计划,用于支撑莫格里奇社区参与中心专家岗位聘任。中心不断融入大学发展的血脉,支持高质量社区参与教师晋升终身教职。[②]

4.7 案例研究结果与讨论

4.7.1 内容分析的信效度

内容分析中的信度(reliability)是指不同编码员对内容归类的一致性,是编码质量的重要体现。在本书中,编码由研究者(编码员 1)与

---

① University of Wisconsin-Madison Civic Action Plan[EB/OL]. (2021-01-05)[2022-02-05]. https://morgridge. wisc. edu/wp-content/uploads/sites/4/2018/02/UW-Madison-Civic-Action-Plan. pdf.

② Morgridge Center for Public Service. Our History[EB/OL]. (2021-01-05)[2022-02-05]. https://morgridge. wisc. edu/about/history/.

浙江大学教育学院的博士研究生(编码员 2)共同组成编码小组,在编码前进行培训,进一步提高编码准确度;在编码一致性上,研究者运用霍尔斯蒂(Holsti)信度公式 $R=2M/(N_1+N_2)$ 对部分编码内容进行信度抽查,内容分析信度在 0.7 以上表示可以接受,在 0.8 以上表示信度良好,在 0.9 以上表示信度非常好,对于大部分研究来说,内容信度在 0.8 以上为可以接受,但对于探索性案例研究来说,内容信度在 0.7 以上是可接受的。[①]

在这个公式中,字母 M 表示编码员间一致同意的编码数,$N1$ 为第一位编码员得出的编码条目数,$N2$ 为第二位编码员得出的编码条目数。对部分编码结果的抽查显示(见表 4.9),除个别要素的编码在 0.8 左右外,其余要素编码信度均在 0.85 以上,其中,服务性学习课程体系、向社会提供知识和开放设施、振兴产业和促进经济发展要素的编码信度在 0.9 以上,编码员间的信度系数 R 达到 88.5%,编码信度可靠。

表 4.9　内容分析信度检测结果

序号	构成要素的典型类目	一致性系数(R)
1	社会服务目标	0.86
2	服务性学习课程体系	0.90
3	综合性和实践性教学方法	0.85
4	教师成果转化	0.81
5	振兴产业和促进经济发展	0.92
6	建立持续长久的公共关系	0.88
7	向社会提供知识和开放设施	0.93
8	组织机构	0.85
9	条件资源	0.89
10	制度规范	0.80

资料来源:根据霍尔斯蒂信度公式计算得出。

---

① 李本乾.描述传播内容特征　检验传播研究假设——内容分析法简介(上)[J].当代传播,1999(6):39-41.

内容效度是指测量内容的适当性和相符性。成就测验和熟练测验特别注重这种效度。由于这种衡量效度的方法必须针对研究的目标和具体内容,以系统的逻辑方法详细分析题目的性能,故又称逻辑效度。在文本研究的逻辑效度上,研究者在编码前参考大量的文献资料,请教了精通内容分析法的专家,在专家的指导下设计了内容分析编码表,这一编码表建立在文献调研、现场调研的基础上,具有较好的理论和实践基础。在编码后,抽取部分编码样本,邀请高等教育学专业的专家和学者进行审阅,审阅结果基本一致,均认为本书的编码符合科学、准确、详细的编码原则,文本编码逻辑合理、情理贯通、符合事实,具有较好的内容效度。

4.7.2 初始构成要素识别

经过严格的信度和效度检测,编码小组在文本资料分析中共提取了 381 个条目,为了精确提炼出与研究问题直接相关的条目,再次对 381 条描述性代码进行筛选,合并同类项后将剩下的 301 个描述性代码逐一进行归类,分别归到社会服务目标、向社会开放设施、服务性学习课程体系、教师参与社会服务等 10 余个关键类目下,表 4.10 呈现了编码过程部分描述性代码的典型条目信息来源和对应的文本信息。

表 4.10　部分描述性代码及其来源、对应文本信息举例[①]

来源	原始信息	描述性代码举例
EB02	……uwmeb12 在大学之外设有一个公共参与中心,是为公众利益服务的机构,这个机构的运营费用是由社会相关机构和大学校友捐赠的	C197 第三方社会公共参与机构的引入可以灵活促进教师和学生参与社会服务
WJ19	……zjuwj08 直面世界性难题,出台重磅计划,目前启动三个专项计划,分别是"量子计划""生态文明计划"等	C126 基于现实需求,大学发布三大重磅计划,直面全球重大挑战

[①] 在编码过程中,将网络公告、大学官方文件、新闻报道和政府文件分别缩写为 EB、WJ、XW、ZF。

来源	原始信息	描述性代码举例
WJ10	……uwmwj16 社会服务咨询委员会由硕士生,博士生,大学教授,各院系院长、系主任,学生会主席,大学外联部主任,威斯康星州副州长,社区伙伴关系协调员等人员构成	C21 成立大学公共参与专家智库,负责相关虚拟社会服务机构的运转
ZF08	……zgzf02《科技部关于科研机构和大学向社会开放开展科普活动的若干意见》指出,科研机构和大学向社会开放要坚持公益性原则,不以营利为目的,突出社会效益	C299 坚持公益性原则,向社会开放校园;C4 利用丰富的设施如图书馆、体育馆等向社会提供服务
XW36	……zjuxw99 本次战略合作签约,双方将面向国际核工业发展科技前沿和产业趋势,围绕创新平台共建、科技创新合作、人才培养交流、战略和政策研究等方面进行深化合作	C145 与重点行业企业共建研究平台;C178 打造政产学研互动平台

初始编码实现了对大量文本资料的初步梳理和提炼,但这个过程还无法完全建立起与所要解决的核心问题之间的关联,研究者进一步对这些描述性代码做筛选和归类,并厘清代码之间的关系。根据这些关键要素呈现出来的共同主题进一步整合条目数,最终将 301 条代码整合为 272 条,这些代码实现了对案例资料的进一步聚拢,代码之间的关系已经不像之前那样模糊。此时,关键要素已初步呈现出研究型大学社会服务构成要素的类目框架,并逐渐向所要解决的研究问题靠拢。基于教育生态系统理论,从要素中凝练出目标体系、课程设置、实践路径、组织机构、条件资源、制度规范 6 个关键维度及 20 个构成要素(见表 4.11)。其中,目标体系 78 个条目,课程设置 55 个条目,实践路径 46 个条目,组织机构 34 个条目,条件资源 29 个条目,制度规范 30 个条目。

表 4.11　类目表的构建

关键维度	构成要素	描述性代码
A1 目标体系	B1 服务导向的人才培养及科研目标	C1 具有高度社会责任感和改革创新能力的人;C24 以公共利益为重,学会解决全球面临的复杂问题的人;C12 敏于社区需求,完善知识生产到价值增值的链条,以服务性学术理念转变科研范式
	B2 直接服务社会目标	C78 加强与政府、产业界及各利益相关方的双向互动,提高成果转化率;C99 实现学术与社会的链接
A2 课程设置	B3 服务性学习课程	C95 服务性学习课程体系对促进学生学习的理论与实践结合较为重要,可以明显提升学生知识迁移运用的水平
	B4 体验式教学	C81 体验式教学可将学生代入"真实问题情境",使学生在社会各行各业的体验中提升社会实践能力和社会服务意识
	B5 社会实践	C79 整合大学各个部门的社会实践活动和国际组织实习活动,使这些活动指向公益性和服务性
A3 实践路径	B6 向社会开放设施	C3 坚持公益性原则,向社会开放校园;C4 利用丰富的设施如图书馆、体育馆等向社会提供服务
	B7 向社会提供知识	C20 面向公众开放大型线上/线下课程,举办学术报告,传播知识;C21 提供继续教育培训;C15 构建学习型社会
	B8 学生参与社会服务	C89 开设服务学习课程,实施覆盖全体学生的社会实践,服务社区教育、医疗、农业发展;C93 将全球参与纳入学生评价量规
	B9 教师参与社会服务	C75 强化公共参与,社会服务融入教师发展全过程;C88 强化服务意识,在科研评价中考察教师的社会贡献率
	B10 振兴经济和产业发展	C201 以重点项目成果为抓手,为区域经济发展提供支撑;C212 设立校地科技合作的"基金+基地"创新模式
	B11 建立公共关系	C19 从项目式合作转向可持续的长期合作;C45 与各利益相关方建立持久联系
A4 组织机构	B12 实体机构	C34 国内合作办公室;C56 成果与知识产权管理办公室、技术转移研究院,与地方共建科创中心,培养社会稀缺人才
	B13 非实体机构	C198 大学研究区俱乐部;C199 国家大学科技园区联盟;C21 校地合作委员会,大学公共参与专家智库

关键维度	构成要素	描述性代码
A4 组织机构	B14 社会参与	C197 第三方机构的参与至关重要,大学治理体系过于庞大,而第三方社会公共参与机构的引入可以灵活促进教师和学生参与社会服务,将科研成果与社会需求进行对接
A5 条件资源	B15 办学水平	C16 具备对接社会经济发展的学术能力;C79 具备强大的科学研究基础和专家团队
	B16 平台建设	C145 与龙头企业共建研究平台;C178 政产学研互动平台;C109 跨学科项目服务平台
	B17 资金支持	C86 学校为社会服务活动提供资金支持;C109 政府拨款;C165 校友基金会支持;C175 企业资金和社会捐赠
	B18 政策支持	C6 教师参与社会服务的激励政策、"2+2"学生社会服务政策;C60 发布大学生公益创业支持政策
A6 制度规范	B19 服务规划	C45 做好顶层设计,引导服务方向;C49 制定发展战略,把为社区服务列为重要事项;C126 制定"全球重大挑战计划"
	B20 服务规范	C8 规范管理,制定《大学公共参与管理办法》

理论饱和度检验。编码小组对五个案例素材进行理论饱和度检验,检验结果表明,文本资料中没有再出现新的描述性代码或范畴,说明类目表理论饱和度可行,且效度良好。另外,研究者运用三角验证法再次进行饱和度核验,邀请高等教育管理研究领域的两位教授对类目表饱和度进行检查,专家认为初始编码环节、描述性代码归并同类项环节和类目表构建环节符合实际,与所要解决的核心问题一致。

通过对国内外大学社会服务相关文本资料的分析,我们对研究型大学社会服务运行模式的基本构成维度和构成要素有了更深的了解,进一步深化和拓展了文献资料研究的内涵和外延。通过多案例呈现,本书从实践的角度解释了研究型大学高质量服务社会的原因和过程,构成要素不是遗世独立的存在,都是在相互作用、统筹协调中发生作用,以共同推动研究型大学的社会服务朝着有序运行的方向前进。依据理论分析框架,本书识别了研究型大学高质量服务社会的关键要素，包括社会服务目标、课程设置、实践路径、组织机构、条件资源和制度规范 6 个维度 20 个构成要素，以下结合案例对关键要素进行阐述。

（1）社会服务的目标体系

研究型大学开展社会服务首先要有明确的目标作为指导。德国哲学家施莱尔马赫曾从教学和科学研究相统一的角度来阐释大学要为国家社会服务，大学与国家的关系是间接的，大学对国家的益处不在于直接的实用性，大学的服务是一个过程而非一个产品。[①] 因此，针对"研究型大学社会服务的目标是什么"这一问题，本书识别了以社会服务为导向的人才培养和科学研究及目标。可见，研究型大学要培养的是具有高度社会责任感和改革创新能力、以公共利益为重、学会解决全球面临的复杂问题的人（UWM-sstx4、UCLA-sstx5）；在服务导向的科学研究目标上，研究型大学要敏于社区需求，完善从知识生产到价值增值的链条，以博耶的服务性学术理念转变科研范式。从编码的结果来看，案例高校对社会服务的人才培养和科学研究都提出了清晰可执行的目标，没有出现明显的"教学漂移"和"科研漂移"现象[②]，希望培养出具备社会责任感和创新精神的高层次人才，注重将自身的人才培养目标与社会发展需求相衔接。在科学研究上，研究型大学已经出现了明显的科研范式转向，多以"重大问题解决"为导向（ZJU-sstx3），在解决制约经济社会发展问题的同时，又能逐渐缩小基础学科和应用性学科之间的鸿沟，使"求真"与"致用"相互通约（THU-sstx2）。当然，在终端服务输出上，在国家和社会经济腾飞的今天，案例高校均加强与政府、产业界及各利益相关方的协同合作，产出高质量、创新性研究成果（PKU-sstx1）。

（2）社会服务的课程设置

课程是学校落实育人工作的核心载体，要将社会服务的理念贯穿大学发展的始终，在课程设置上要有明显体现，针对"研究型大学社会

---

① 雷丁斯.废墟中的大学[M].郭军,陈毅平,等译.北京:北京大学出版社,2008.
② 克拉克.探究的场所——现代大学的科研和研究生教育[M].王承绪,译.杭州:浙江教育出版社,2001.

服务应具备什么样的课程体系"这一问题,研究者对案例高校开设的社会服务类课程进行了梳理,国际上一般称为"服务性学习课程"。从国际上几所知名大学对"服务性学习课程"的界定可以归纳出大学通过开设"服务性学习课程"和鼓励教师采用"体验式教学"来促进学生参与社会服务。服务性学习可以被界定为一种体验式教育模式,在这种模式下,学生要通过对社区所做的一系列行动和反思来实现真正的学习[①],除了案例高校威斯康星大学麦迪逊分校和加州大学洛杉矶分校为学生开设了服务性学习课程,美国各大研究型大学普遍开设类似的课程来帮助学生理性认识自己、认识社会,厘清自己与社会的关系。例如,卡内基梅隆大学对学生的服务性学习十分重视。卡内基梅隆大学希望学生在校期间经历真实而有趣的问题解决过程,经历这一过程的目的是让学生在各种新的情境中运用所学知识帮助他人解决困难。那么,如何实现这一目的呢? 服务性学习给出了最好的答案,它是将传统的教育与学生在社区"服务"的机会融为一体的一种学习理念与实践,也被称作"基于社区的学习",顾名思义,其是将学生服务经验的积累和学习成果平等对待的。作为一门蕴含丰富教育意义的课程,服务性学习需要设定严密的课程计划,否则,学生在这门课中所学到的东西会少于预期,或者他们压根没有学习到我们期待中的那些"反面教材"。服务性学习课程如果没有得到认真规划,学生或许就抱着无所事事的心态在社区做一些无关紧要的琐事,必然也无法达到课程学习目的,学生可能还会习得一些不良的社会风气。因此,服务性学习课程强调提前规划好有意义的课程计划,要将一系列可能发生的特殊情况考虑在内。如果学校做好了周全的计划和扎实的课程执行计划,服务性学习可以助推大学和社区之间的良好关系,同时也赋予学生意义非凡的教育经历。[②]

---

① 　Heather Wolpert-Gawron. What is Service Learning[EB/OL]. (2016-11-07)[2022-02-05]. https://www.edutopia.org/blog/what-heck-service-learning-heather-wolpert-gawron.

② 　Carnegie Mellon University, Eberly Center Teaching Excellence & Educational Innovation. What is Service Learning? [EB/OL]. (2021-01-10)[2022-02-05]. https://www.cmu.edu/teaching/designteach/teach/instructionalstrategies/servicelearning/index.html.

案例高校十分重视培养师生参与社会服务的意识,威斯康星大学麦迪逊分校带领学生参加实践导向的服务性学习活动,在全校 90 多个部门开设 110 多门服务学习课程、社区志愿者课程,形成集理论学习、科学研究和社会实践于一体的社会服务模式;鼓励教师开展基于问题解决和基于社区的研究,参与政策制定过程,促进教学与科研的统一(UWM-sstx4)。这样的课程性质决定了课程教学不可能是传授式的。在威斯康星大学麦迪逊分校,学生一旦选择服务性学习课程,就意味着在课程周期内要花至少四周的时间来学习和自我建构社区相关知识和技能,四周后教师带领学生一起,到社区这个大课堂中去参与、去实践、去锻炼,以"解决问题为导向"来组织学习实践活动,根据不同的专业,调研某一特定的社区所需解决的项目,带领学生进行体验式学习,师生与社区是沉浸式体验(UWM-sstx4、UCLA-sstx5),全身心开展社会服务,把原先的"小班小课堂"拓展为"社会大课堂"。

(3)社会服务的实践路径

案例高校的社会服务已从传统的单纯服务供给过渡到学术的全过程参与。其一,向社会开放图书馆、体育馆等设施,向社会提供知识已经成为较为普遍的服务模式(PKU-sstx1、THU-sstx2、ZJU-sstx3、UWM-sstx4、UCLA-sstx5)。其二,高校开展社会服务的实质是人与人之间的合作,提供服务的主体是数量庞大的学生、教师。其三,研究型大学自觉融入经济建设的浪潮中,秉持将大学"送到人民中间去"的理念,与政府、产业界共建大学研究区、孵化器、产学研合作平台,与地方共建研究机构,不断拓展大学参与公共事务的边界(ZJU-sstx3、UWM-sstx4)。其四,案例高校普遍重视建立正式和非正式的公共关系(PKU-sstx1、ZJU-sstx3),设立专门的服务机构,加强服务人才队伍建设,在大学官网开设"国内合作""社会服务"等专栏,实现可持续的合作,避免"交付式"合作带来的资源浪费(THU-sstx2)。

(4)社会服务的组织机构

案例高校社会服务的开展呈现出有组织、有计划的趋势。国内外研究型大学社会服务一般都有正式的实体组织机构和相应的人才队伍,如国内合作办公室、地方合作处、产学研办公室、技术转移等部门及对口支援等定向服务部门(PKU-sstx1、THU-sstx2、ZJU-sstx3),国外高校设立的组织机构如拓展与服务副校长办公室(UWM-sstx4)、社区服务中心(UCLA-sstx5)、大学公共参与事务部(UWM-sstx4)等。研究型大学将社会服务活动融入人才培养和科学研究等各个方面,并充分考虑与之相关的机构建设、经费预算及运行组织等事务。通过成立管理组织机构,社会服务逐渐制度化,实现服务的规范化和长效化。同时,随着信息技术的飞速发展和交流的便利,也诞生了一批非实体组织,如大学研究区俱乐部、国家大学科技园区联盟、大学社会参与专家智库等。正式机构与非正式机构的互相联合,使研究型大学得以大范围进行知识传播和学术交流,与社会各界的合作呈现"上下能衔接、左右互沟通"的有序局面。

(5)社会服务的资源条件

研究型大学办学水平、学术声誉、社会参与平台建设、资金和政策支持等是开展社会服务的支撑保障,直接关系到社会服务质量。案例高校的学术水平、办学软硬件是开展社会服务的基本条件,如大学须具备对接社会经济发展的学术能力,具备强大的科学、工程研究基础,一流的专家团队开展决策咨询。要开展可持续、系统性、高水平的社会服务,研究型大学要搭建多元化的服务平台,整合零散式、单一式服务,与外界建立实质性、互动性合作关系(THU-sstx2)。案例高校的平台建设包括学生社会实践平台、协同创新平台、资源共享平台、校地合作平台、跨学科人才培养平台、跨界合作平台等。随着近年来国家创新创业政策的支持和鼓励,案例高校的创新创业教育为师生的每一个创意、每一个专利和发明提供了走出去的平台。从资金支持来看,各案例高校都有不同形式的校级、省市级和国家级资金支持,有力地保障了研究型大学社会服务的开展。此外,国家和地方对研究型大学社会服务的政策支持也十分重要,如国家大力推动科技创新、产教融合、高质量发展等相关政策(PKU-sstx1、THU-sstx2、ZJU-sstx3),如2006年,国家颁布《关于科研机构和大学向社会开放开展科普活动的若干意见》,促使大学对公众开放,并大力传播知识;2010 年,《国家中长期教育改革和发展规划纲要(2010—2020 年)》明确提出大学要向社会开放、全方位开展社会服务。众多研究型大学纷纷制订了为社会服务的实施方案。2016 年,国务院印发的《"十三五"国家科技创新规划》提出了"高等学校创新能力提升计划",大学要面向国家重大需求,加强协同创新中心建设顶层设计,推动学校、科研机构和企业开展协同创新,以产教融合、科教协同为原则推进人才培养改革。2017 年,《国务院办公厅关于深化产教融合的若干意见》提出促进高等教育融入国家创新体系和新型城镇化建设;加强学科、人才、科研与产业互动,推进合作育人、协同创新和成果转化。2016 年,中共中央、国务院印发的《国家创新驱动发展战略纲要》进一步提出,高等院校要系统提升人才培养、学科建设、科技研发三位一体的创新水平,以上支持性文件,为研究型大学开展社会服务、对接国家和社会需求指明了方向。同时,基于国家政策,大学本身也出台了一系列鼓励教师参与公共事务、学生走向社会的政策文件(UWM-sstx4)。

(6)社会服务的制度规范

制度规范是保证大学高质量开展社会服务的重要前提,案例高校基本都出台了相应的制度规范,如在校级层面制定社会服务管理办法、大学师生参与公共事务的操作指南、教学设计标准、课程实施流程、公民培养计划(UWM-sstx4、UCLA-sstx5);或社会服务的阶段性规划、专项计划,提高服务的先导性和目的性,引导服务和合作的方向,提高服务的层次和水平,避免在服务过程中开展"快餐式""功利性"服务。此外,制定社会服务规划既有利于精准对接国家和区域发展的重大战略需求,也有利于大学将成熟的科研成果分批次、分阶段进行转化,而帮助社会解决问题又能够反哺大学的教学和科研,缩小基础研究和应用研究之间的鸿沟(THU-sstx2),由纯粹应用类服务向前瞻性研究深入,不断促进新知识生产。

4.7.3　国内外差异性要素

综合国内外探索性案例分析、已有的文献资料、国内外政策文件中有关研究型大学社会服务的构成要素,这些不同渠道的资料共享诸多共同的构成要素,但也存在一些差异性要素,现将这些差异性要素描述如下。

第一,照顾种族权益和受教育权多样化(diversity)。在威斯康星大学麦迪逊分校、加州大学洛杉矶分校的案例资料中,"照顾少数族裔权益""保障高等教育大众化、平民化,照顾黑人享受高等教育的权利"等要素属于学校服务社会的重要范畴,突出受教育权的多元化,是美国民主发展过程中独有的要素。我国各级各类学校都正常招收 56 个民族的学生,不涉及对少数民族"区别对待"。因此,在社会服务的内涵和外延上,一般不将高等教育大众化、平民化、解决种族矛盾作为社会服务的内容之一。研究型大学专门设立了"少数民族骨干计划""支援西部计划""定向招收西部地区考生计划"等倾斜照顾计划,是我国高等教育发展进程和社会进步的标志。因此,本书未将"照顾少数族裔权益"纳入构成要素框架中。

第二,独立于大学行政的公共参与机构。威斯康星大学麦迪逊分校的社会服务引进了中介机构威斯康星校友研究基金会、莫格里奇公共参与中心,这样的中心和大学有着密切的联系,对整个大学的公共参与或社会服务进行全方位管理,但在行政上是独立于大学的,类似我国的"政府购买第三方服务",但在我国研究型大学的案例资料中,暂时没有出现诸如这类的第三方管理机构,研究型大学一般都是自行成立组织结构或与校外相关机构合作开展社会服务。从我国研究型大学的实际来看,目前仍旧缺乏和社会服务相适应的组织架构,大部分高校还是依托传统单一的行政组织机构来开展社会服务,较少通过新设立组织机构和虚拟组织机构来发挥社会服务功能。随着科技发展的日新月异,改造传统的社会服务组织机构,设立满足大学社会服务导向的人才培养和科学研究组织,制定科学规范的社会服务流程和管理制度是提升研究型大学社会服务能力的应有之义。威斯康星大学麦迪逊分校成规模，组织性强，能够动员教师、学生广泛参与的莫格里奇公共参与中心，利用教师的科研成果、学生所学知识回应社区发展需求的经验值得学习借鉴。因此，本书将这一要素纳入构成要素框架中的"组织机构"维度。

第三，公共参与评估考核。在社会服务的考核评估方面，美国研究型大学有健全的考核评价端，美国将这样的考核称作"项目考核"，为保证联邦政府、州或社会捐赠的资金能够对人民、社会切实发挥作用，美国研究型大学有专门的社会服务评估制度，如卡内基教学促进基金会出台的高校社区参与分类评估指标，对高校教师和学生参与社会服务的情况都有约束性考核指标；再如，2019年《华盛顿月刊》发布了美国大学社会服务排名前十的榜单，该排行榜采用与其他大学排行榜不同的评价指标，聚焦考察"大学到底为国家做出了什么贡献"这一核心问题。在我国，文献中对于大学社会服务能力、社会服务绩效的评价比比皆是，主要注重大学"直接振兴经济和产业发展"这一维度，对于高校在育人过程中如何渗透社会服务思想、如何从育人角度实施社会服务计划的评价考核研究较少，尤其是研究型大学社会服务的考核端研究属于起步阶段，但这样的约束性评估考核机制是促进研究型大学转型发展的重要驱动力，是绕不开的话题。虽然大学对于国家、社会的贡献大多属于一种感性层面的责任和担当，或学校与社会之间非正式的松散型联系，但完善健全的考核机制可以倒逼大学自觉提升社会服务的意识。因此，本书已将这一要素纳入构成要素框架的"制度规范"维度。

第四，在"建立公共参与关系"这一要素上，国内外案例之间也存在差异。美国研究型大学与社区构建的"公共参与关系"是指大学在广度上进一步拓宽社会服务范围，即前文在理论建构章节提到的"拓展与参与"，这里的社区（community），是一个宏大概念，它的范围可以是企事业单位、大学所在地、全国、全球；在深度上，是指大学从课程及教学上与社区深度互动，将人才培养与社会服务融为一体。由此，研究型大学不再是单向社会服务、终端服务的提供者,大学与社区呈现"双向互动"。研究型大学推行服务性学习计划,将整个大学的人才培养与社区需求紧密结合,整合原先那些零散式、与社会需求不匹配、随意性较大、服务效果不显著的社会实践活动,将这些活动结合社区发展需要,构建为一种系统的服务性学习计划,结合理论学习和实践体验,与社区进行深入互动,真正把大学和大学生"送到人民中间去",把人才培养与社会服务融为一体。在科学研究上,支持师生开展基于社区需求的研究,以学术全过程参与的姿态为社区提供服务,提供"诊断式"咨询,在与社区构建起新型合作伙伴关系的同时,进一步发展壮大研究型大学的学术声誉。在广度上,国内高校与国外高校并无太大区别,在"人类命运共同体"的引领下,社会服务的范围正在拓展,研究型大学与所在地、各个省(区、市)、国家和国际社会的关系正逐渐密切。然而,在深度上,国内高校远没有将课程与教学这一育人的核心载体与社会服务发生直接关联,"社会实践""社会服务"还停留在终端操作层面,与社会联动育人的效应不明显,人才培养及科学研究与社会需求之间还存在鸿沟,大学的"输出式""直接性"社会服务占比较大,还有较大的改进空间。因此,本书已将这一构成要素纳入构成要素框架中的"实践载体"维度。

本章小结

本章对清华大学、北京大学、浙江大学、威斯康星大学麦迪逊分校和加州大学洛杉矶分校的社会服务开展探索性案例研究。首先,阐述了案例选取依据、资料收集和数据分析方法;在案例研究的主体部分,根据所构建的理论分析框架,分别对案例高校的社会服务进行了全面翔实的介绍。其次,运用内容分析法,对案例文本资料进行科学编码和逐级分析,总结凝练了研究型大学社会服务运行模式的构成要素,包括目标体系、课程设置、实践路径、组织机构、条件资源、制度规范 6

个维度 20 个构成要素，并通过对比分析，总结出国内外研究型大学社会服务的差异性要素。下一章将采取访谈和同行研讨方式，对这一要素框架进行调整和完善，并提出相应的研究假设，为后续开展问卷调研、验证研究假设及构建研究型大学社会服务运行模式奠定坚实的基础。

第5章 研究型大学社会服务构成要素的实证研究

本章在国内外探索性案例研究的基础上,采用专家访谈、同行研讨等方式对构成要素框架进行修正,初步建构研究型大学社会服务的概念模型,并提出研究假设。借鉴相关理论和国际通用的高校公共参与框架,基于构成要素框架编制调查问卷,在国内研究型大学中开展大规模调研,主要完成以下研究:一是对问卷数据和样本高校社会服务情况进行描述性统计,对构成要素的重要性进行分组和排序,为后续构建运行模式提供依据;二是进行探索性因子分析,从要素中提炼公因子并赋予它们新的含义;三是根据分析结果开展多元回归分析,厘清构成要素与社会服务成效之间的关系,从而验证研究假设。

5.1 构成要素框架

5.1.1 要素框架的修正

国内外探索性案例分析已初步得出研究型大学社会服务的构成要素,包含目标体系、课程体系、实践路径、组织机构、条件资源和制度规范 6 个维度 20 个要素。为提高构成要素分析的科学性及数据资料来源的全面性与可靠性,采取半结构化访谈和专家咨询方式,进一步修正从文献和案例研究中得出的构成要素,总结归纳出研究型大学社会服务的关键要素,为下一步进行实证研究提供坚实的数据支撑。

研究型大学如何高质量服务社会更多的是实践层面的问题,要考察上述从文献、案例及政策文本中提取并修正的构成要素是否符合实际,还需进一步回归实践,回应构成要素"社会服务运行实践中是否如此"的问题。由于各研究型大学所在国别、经济、社会和文化方面存在差异,加之大学本身的体制机制也不尽相同,在开展社会服务过程中,不同研究型大学社会服务的动因、具体运行模式及支撑保障也存在差异。因此,深入了解各利益相关方对研究型大学社会服务的看法显得十分重要。在参考相关文献的基础上,本书针对研究型大学的专家、教师和学生编制采访提纲,并进行深入访谈。

在访谈对象的选取上,研究者主要兼顾便利性和目的性,以华东、华北、西南等地研究型大学的师生为主,全面了解各个地区研究型大学社会服务的主要环节。专家主要选取高等教育管理、教育经济与管理、社会学等专业的教授和研究员。教师主要选取熟悉社会服务工作,且长期指导学生参与社会实践、挂职锻炼、志愿服务、生涯规划的教师和辅导员。学生主要选取热心社会公益,且参与社会实践、社会服务工作频率较高的学生干部。为进一步提高构成要素的适切性,使构成要素进一步"在地化",更适合中国情境下的研究型大学,研究者主要邀请北京大学、清华大学、浙江大学、上海交通大学、复旦大学等研究型大学的专家、教师和学生进行在线访谈和咨询①,征求他们对构成要素框架的意见和改进建议,讨论构成要素的准确性、完整性和科学性,最终形成相对合理的要素框架,一共邀请了10位访谈对象(见表5.1)。在访谈方式上,主要以电话和邮件等方式咨询专家学者、教师和学生,邀请对方对某一方案发表看法。在这种方法下,专家学者、教师和学生不用见面,只是通过电话和函件交流,以消除权威的影响。

---

① 访谈样本以 C9 高校联盟的师生为主,此类高校可以代表我国研究型大学的最高水平,在我国的人才培养中起到示范与引领作用,国际声誉日益增强。

反馈性即该方法需要经过 3—4 轮信息反馈,使最终结果客观可信。最后兼顾各种不同意见和看法,研究者在反复斟酌后做出选择。访谈目的为"修正完善基于文献和案例提取的构成要素"。

表 5.1　访谈人员基本情况

编码	所在大学	职务职称	性别	专业	研究(指导、参与)社会服务年限/年
E1	Q 大学	教授	男	高等教育学	15
E2	Z 大学	教授	男	教育经济与管理	20
E3	Z 大学	副教授	男	教育经济与管理	8
E4	F 大学	副教授	女	高等教育学	10
T1	S 大学	讲师	女	教育学原理	6
T2	P 大学	讲师	女	教育经济与管理	5
T3	Y 大学	讲师	女	高等教育学	3
T4	D 大学	副教授	男	教育学原理	9
S1	Z 大学	学生干部	女	课程与教学论	8
S2	Z 大学	学生干部	男	高等教育学	4

资料来源:根据访谈情况绘制,E、T、S 编码分别代表专家、教师、学生。

在访谈提纲的设计上,研究者参照已有研究、相关理论和构成要素框架,针对专家、教师和学生三类主体分别编制了访谈提纲,于 2022 年 1 月开展访谈,并对浙江大学各校区所开展的社会服务情况进行实地考察。经转录整理,剔除与访谈内容完全无关的内容及不相关的语气词等,形成相对翔实的访谈文本 2 万余字,逐一修正构成要素框架,补充完善了原来缺失的要素,删除了一些与研究问题联系不够紧密的要素。同时,本节为后续运行模式建构和对策建议积累丰富的素材。

(1)目标体系

针对目标体系,研究者从文献和国内外案例研究中提取了两个要素:服务导向的人才培养及科研目标,直接社会服务目标。经过深入分析访谈资料,修正了一个要素,将其调整为三个要素,修正结果见表 5.2。

表 5.2 "目标体系"构成要素修正

关键维度	修正结果及理由	构成要素代码	修正结果及理由
A1 目标体系	"目标体系"这一维度的指代过于宽泛,建议调整为"社会服务目标"	B1 服务导向的人才培养及科研研究目标	社会服务作为贯穿大学发展的一个子系统,若要在人才培养和科学研究中有所体现,建议分为"服务导向的人才培养"和"服务导向的科学研究"两个要素
		B2 直接社会服务目标	无变化

(2)课程体系

针对社会服务课程设置,在研读文献和国内外案例研究的基础上,研究者初步识别了服务性学习课程、体验式教学和社会实践三个要素,将要素维度归纳为"课程设置",将该维度要素与其他维度和要素进行整合,该维度及其要素修正情况见表 5.3。

表 5.3 "课程体系"构成要素修正

关键维度	修正结果及理由	构成要素代码	修正结果及理由
A2 课程设置	此处建议取消课程设置这一维度,并与实践路径部分合并同类项,同属于社会服务的运行过程要素	B3 服务性学习课程	鉴于这一组要素维度已并入"实践路径"部分,建议将这三个要素也并入"实践路径"中,并以"学生参与社会服务"来涵盖这三个要素,以避免要素含义重复交叉
		B4 体验式教学	
		B5 社会实践	

(3)实践路径

针对社会服务的实践路径,在前期文献研读和国内外案例研究的基础上,研究者初步识别了六个构成要素,并以"实践路径"总称,在修正"课程体系"维度及其要素的基础上,对"实践路径"维度及其要素的修正情况见表 5.4。

表 5.4　"实践路径"构成要素修正

关键维度	修正结果及理由	构成要素代码	修正结果及理由
A3 实践路径	已将"课程体系"维度纳入这一维度,将"课程与教学"作为实践路径中的关键一环,即学生参与社会服务的媒介和载体 另,此处不仅是路径,也涵盖了过程和方法,以"实践载体"命名该维度	B6 向社会开放设施 B7 向社会提供知识 B8 学生参与社会服务 B9 教师参与社会服务 B10 振兴经济和产业发展 B11 建立公共关系	"学生参与社会服务"这一要素即包含了学生参与"服务性学习课程、体验式学习和参加社会实践"等含义

（4）组织机构

针对社会服务的组织机构,在前期文献研读和国内外案例研究的基础上,研究者初步识别了三个构成要素,分别是:实体机构、非实体机构和社会参与。在专家咨询的基础上,对这一维度及其要素进行修正,具体见表 5.5。

表 5.5　"组织机构"构成要素修正

关键维度	修正结果及理由	构成要素代码	修正结果及理由
A4 组织机构	无变化	B12 实体机构	无变化
		B13 非实体机构	无变化
		B14 社会参与	"社会参与"与前两个组织机构不在同一层次上,从国内外案例研究结果来看,应该修改为"第三方机构",在大学和社会之间充当社会服务的媒介

（5）条件资源

针对社会服务的条件资源,在前期文献研读和国内外案例研究的基础上,研究者初步识别了四个构成要素,经与专家、教师和学生研讨,该维度及其要素基本可行,建议保留原来的条目。其中,在行文中，"办学水平"要素建议包含"学术声誉""办学资源"含义，在要素表中无须单独列出（见表 5.6）。

表 5.6 "条件资源"构成要素修正

关键维度	修正结果及理由	构成要素代码	修正结果及理由
A5 条件资源	无变化	B15 办学水平	在叙述中，"办学水平"要素建议包含"学术声誉"和"办学资源"含义
		B16 平台建设	无变化
		B17 资金支持	无变化
		B18 政策支持	无变化

（6）制度规范

针对社会服务的制度规范，在前期文献研读和国内外案例研究的基础上，研究者初步识别了两个构成要素，经与专家、教师和学生研讨，该部分基本可行，建议保留原来的条目。有专家提出"服务规划"在国外一般指大学战略规划，在国内一般指大学发展规划或年度计划中所包含的"社会服务"板块（见表 5.7）。

表 5.7 "制度规范"构成要素修正

关键维度	修正结果及理由	构成要素代码	修正结果及理由
A6 制度规范	无变化	B19 服务规划	无变化，但"服务规划"一般是指大学的战略规划或五年发展规划中所包含的"社会服务相关板块"
		B20 服务规范	

为保证社会服务构成要素分析的科学性，以及数据资料来源的全面性与可靠性，前文分别收集了国内外大学社会服务案例及其相关的文献资料、政策文件、访谈文本，并进行了社会服务的构成要素识别，不断修正要素框架，最后总结归纳出研究型大学社会服务的构成要素。经过访谈资料的分析，对原构成要素框架中的部分要素进行了修正，如增加了"第三方机构""战略规划""服务规范"等要素，并调整了

相关要素的名称,整合为一个包含 5 个维度 18 个构成要素的框架(见表 5.8)。

表 5.8　研究型大学社会服务的构成要素框架

关键维度	关键要素	要素描述
1.社会服务目标	1.服务导向的人才培养目标	以国家和社会需求为导向,培养具有高度社会责任感和改革创新能力的人;培养以公共利益为重,能够运用跨学科知识和能力,解决复杂问题的拔尖创新型人才
	2.服务导向的科学研究目标	敏于社会需求,完善从知识生产到价值增值的链条,以"参与性学术"理念转变科研范式,打通"探究性学术、教学性学术、综合性学术到运用性学术"的科学研究链条;扎根中国大地做研究;用科研解决人类面临的重大挑战
	3.直接社会服务目标	制定好继续教育、科技拓展、公益志愿和教育扶贫类社会服务目标;加强与社会各利益相关方的双向互动
2.实践载体	4.向社会开放设施	坚持公益性原则,向社会开放校园;利用丰富的设施如图书馆等资源向社会提供服务
	5.向社会提供知识	面向公众开放大型线上/线下课程,举办学术报告,传播知识;提供继续教育培训;致力于构建学习型社会
	6.学生参与社会服务	为学生开设集"学习—研究—实践"于一体的服务学习课程;实施覆盖全体学生的社会实践,将社会服务纳入评价体系和培养计划
	7.教师参与社会服务	强化教师的公共参与意识,将社会服务融入教师发展全过程;强化教师的社会服务意识,在科研评价中考察教师的社会贡献率
	8.振兴经济和产业发展	以重点项目成果为抓手,为区域经济发展提供重要支撑,如积极开展产学研合作、建立大学科技园区等
	9.建立公共关系	从项目式、零散式合作转向可持续、长期性合作,建立持久合作关系

续表

关键维度	关键要素	要素描述
3.组织机构	10.实体机构	如大学自身设立的国内合作委员会办公室、成果与知识产权管理办公室、技术转移研究院、技术推广办公室、与地方共建的科创基地等
	11.非实体机构	如大学研究区俱乐部、国家大学科技园区联盟、大学开展社会服务的专家智库资源
	12.第三方机构	在大学和社会之间发挥独立的中介功能,对接双方需求的重要组织机构,如校地合作机构、成果孵化平台等专业性组织
4.条件资源	13.办学水平	有对接社会经济发展、解决社会重大问题的办学水平和能力,具备强大的科学研究基础和专家团队,有较好的学术声誉
	14.平台建设	与龙头企业共建研究平台、政产学研互动平台、跨学科项目服务平台、师生社会服务的平台和窗口
	15.资金支持	学校为社会服务活动提供资金支持,各级政府拨款,校友基金会支持,企业和社会捐赠
	16.政策支持	制定学生和教师参与社会服务的激励政策,如学生"志愿服务西部+升学"的"2+2"政策,发布大学生公益创业支持政策,鼓励教师开展面向社区的科研支持计划,基于社会服务的职称倾斜支持计划等
5.制度规范	17.战略规划	做好顶层设计,引导社会服务方向;制定发展战略,把为社会服务列为大学重要事项,规划服务目标,在教学和科研上向社会服务倾斜
	18.服务规范	制定社会服务的管理规范和师生操作指南,保障社会服务的质量,如制定《大学社会服务的管理办法》《师生参与社会服务的评价考核方案》等

资料来源:根据访谈修正结果绘制。

根据以上要素框架,尝试构建出研究型大学社会服务运行模式的初始概念模型(见图 5.1)。

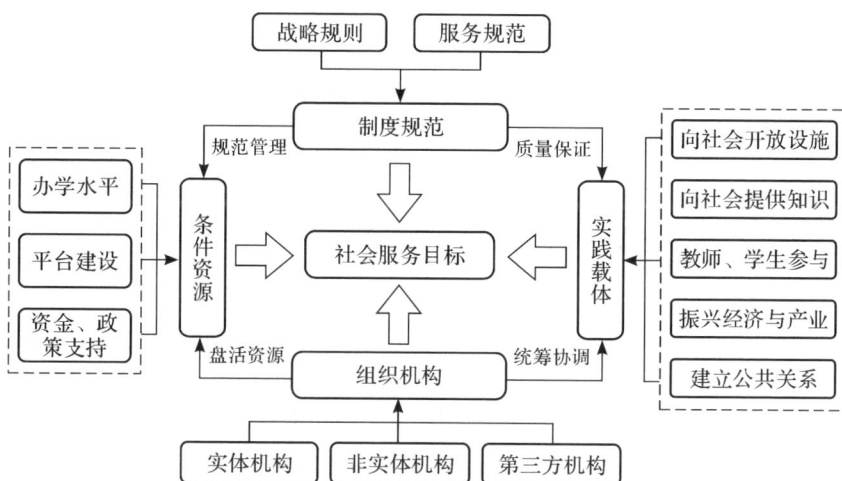

图 5.1　研究型大学社会服务运行模式的初始概念模型
资料来源:根据构成要素框架及访谈结果绘制。

5.1.2　研究假设的提出

经过访谈修正构成要素框架,初步建构了由 5 个维度 18 个要素构成的研究型大学社会服务运行模式的初始模型。在下一步的实证分析中,这些要素均纳入自变量范畴,社会服务成效则作为因变量,提出如下研究假设。

H1:研究型大学社会服务的目标体系对服务成效具有正向影响。

H2:研究型大学社会服务的实践载体对服务成效具有正向影响。

H3:研究型大学社会服务的组织机构对服务成效具有正向影响。

H4:研究型大学社会服务的条件资源对服务成效具有正向影响。

H5:研究型大学社会服务的制度规范对服务成效具有正向影响。

下面,研究者将根据大规模问卷调研的结果,分析自变量是否对因变量有正向影响,以进一步修正研究型大学社会服务的构成要素及其初始概念模型。

5.2　构成要素的实证研究

5.2.1　问卷设计与变量测量

（1）问卷设计过程

借鉴参与性学术理论、哈特等学者提出的《高校公共参与框架》[①]《卡内基高校社区参与分类评估指南》[②]等国际通用的高校社会服务框架及测量指标,基于上文通过文献和案例识别的研究型大学社会服务构成要素框架,编制调查问卷。问卷由以下部分构成:一是调查背景及调查目的说明;二是研究型大学社会服务的现状调研,包含调查对象的基本信息、参与社会服务情况、对社会服务的态度和看法等;三是调查问卷的主体部分,即研究型大学社会服务运行模式的构成要素及服务成效相关指标判断。问卷设计过程如下。

首先,结合本书所要解决的关键问题,研究者在国内外文献综述、国内外探索性案例研究的基础上,仔细研读和筛选以高校社会服务为主题的专著、文献及案例文本资料,梳理归纳研究型大学社会服务的理论框架、关键要素及存在问题,逐步形成调查问卷初步框架。

其次,对国内研究型大学进行实地调研,重点选取北京大学、清华大学、浙江大学、复旦大学、上海交通大学等学校开展深度田野调查,对这几所大学社会服务管理部门的相关管理人员,高等教育管理领域的教授,负责学生始业教育、社会实践、就业指导的教师,部分博士生、硕士生和本科生进行访谈,一是了解研究型大学开展社会服务的基本

---

① Hart A, Northmore S, Gerhardt C. Briefing Paper: Auditing, Benchmarking and Evaluating Public Engagement[J]. National Co-ordinating Centre for Public Engagement, 2009(1): 5,14-15.

② Carnegie Elective Classification. The 2024 Elective Classification for Community Engagement[EB/OL]. (2021-03-08)[2022-02-24]. https://carnegieelectiveclassifications.org/wp-content/uploads/2022/01/2024-Carnegie-Community-Engagement-First-Time-Framework.pdf.

情况、存在的主要问题;二是不断调试和修正问卷维度和指标,提升调查问卷设计的合理性,咨询以上高校的专家学者问卷的有效性和科学性,对照专家学者提出的意见修改调查问卷,对所需测量的变量进行斟酌,形成调查问卷,修正基本维度和构成要素。

再次,通过投稿相关调研研究类文章,参加国内和国际高等教育研讨会,与高等教育管理研究领域的专家学者进行交流,不断提高调查问卷的测量精准度,并就调查问卷存在的问题与浙江大学教育学院、管理学院、中国科教战略研究院的教授、研究员进行商讨,完善调查问卷的测度指标。

最后,进行调查问卷试测。在浙江大学各个校区发放问卷,进行小规模试测,并根据回收的问卷进行信度和效度检验,剔除部分题项,调整部分题项的具体表述,进一步修正成为最终问卷。

(2)问卷测度指标描述

自变量测度指标。问卷测量的变量指标一方面来源于国内外文献识别的要素框架、国内外探索性案例中提取的关键要素;另一方面来源于本书第 2 章构建的理论分析框架、本章构建的研究型大学社会服务运行模式的初始概念模型,进一步细化成为调查问卷的构成维度和构成要素的测量指标。在实地调研和访谈的基础上,根据调研结果和专家学者、教师和学生的建议不断修正问卷维度和构成要素的测量指标,在进行小规模测量后,根据反馈的问题调整问卷指标,最终形成本书的调查问卷测度指标(见表5.9)。研究型大学社会服务运行模式的调查问卷由 5 个维度 18 个变量指标构成,问卷采用李克特量表(Likert scale)对变量进行赋分,从 1—5 分不同的档次进行计分,分别表示不重视到重视、不同意到同意。李克特量表是量表中较为常用的一种,由美国社会心理学家李克特于 1932 年在原有的总加量表基础上修改而来。该量表由一组从强到弱的陈述句式组成,有"非常同意""同意""不一定""不同意""非常不同意"五种回答,被调查者的态度总分就是他对各道题回答所得的分数汇总。

表 5.9　自变量测度指标

测度变量	编码	测度指标
1.社会服务目标	A1	服务导向的人才培养目标
	A2	服务导向的科学研究目标
	A3	直接社会服务目标
2.实践载体	B1	向社会开放设施
	B2	向社会提供知识
	B3	学生参与社会服务
	B4	教师参与社会服务
	B5	振兴经济和产业发展
	B6	建立公共关系
3.组织机构	C1	实体机构
	C2	非实体机构
	C3	第三方机构
4.条件资源	D1	办学水平
	D2	平台建设
	D3	资金支持
	D4	政策支持
5.制度规范	E5	战略规划
	E6	服务规范

资料来源:根据专家学者、教师和学生的意见绘制。

因变量的测度指标。文献梳理和案例研究总结得到研究型大学社会服务成效由两个板块构成:一是测量研究型大学培养的人是否具有社会服务的意识和能力,即学生参与社会服务后的知识掌握情况、知识迁移运用和技能培养情况、科学研究的能力、解决复杂问题的能力是否有所提升;二是测量学生参与社会服务的结果、科研成果转化的意识以及对国家和社会的责任与担当是否有所改变,主要是考察在社会服务中,是否进一步激发社会服务主体的成果转化意识,使其自觉将科研成果与社会需求对接,寻找科研成果转化实施的渠道,且通过学习与社会服务有关的课程、参与基于社会需求的科学研究,在实践中不断检验所学,逐步提升公民责任感和服务人民、服务国家的使命感。这两个方面包含五个测度指标,分别是迁移运用知识的能力全面提升、解决社会复杂问题的能力明显提升、科学研究的能力明显提升、成果转化意识显著提高、社会责任感和使命感明显增强(见表5.10)。

表 5.10　因变量测度指标

因变量	测度指标	编码	成效指标描述
社会服务成效	1.迁移运用知识的能力全面提升	F1	在学习中逐步淡化"为了读书而读书"的思想,深入理解知识和掌握在社会实践中运用知识的技能,强调"学会"而不是"学到"
	2.解决社会复杂问题的能力明显提升	F2	在服务学习中分析复杂问题,动手解决复杂问题、创新能力、就业能力、合作能力、社交能力等得到明显锻炼和提升
	3.科学研究的能力明显提升	F3	在以社会需求为导向的科研中,不断增强研究能力,对研究问题的理解和领悟能力增强,注重科研成果的数量和质量
	4.成果转化意识显著提高	F4	在社会服务中,进一步激发成果转化意识,自觉将科研成果与社会需求对接,寻找科研成果转化实施的渠道
	5.社会责任感和使命感明显增强	F5	通过学习与社会服务有关的课程、参与基于社会需求的科学研究,在实践中不断检验所学,逐步树立"国之大者"的理想,增强公民责任感和服务人民、服务国家的使命感

资料来源:根据专家学者、教师和学生意见绘制。

5.2.2　问卷数据收集与统计

(1)研究样本的选择

考虑到大学社会服务的主体包含教师、研究生和本科生,社会服务工作涉及教师自身科研成果转化、教师对学生的引导、学校课程与教学设置、科学研究重点等方面,研究型大学对于本科生和研究生的培养方案有着较为清晰的设计和解释,本书主要面向清华大学、北京大学、浙江大学、复旦大学、上海交通大学、武汉大学等相关研究型大学的社会服务相关的管理人员、科研人员、教师、学生发放问卷,在地理范围上尽可能广泛覆盖,在研究者方便调研和收集数据的范围内,选取我国各个地区的研究型大学进行问卷发放,但从问卷调研、实地调研和方便采访的角度来考量,问卷发放范围主要以华北和华东地区为主,在调研对象上,研究生和本科生占比较大。

(2)样本数据的回收

确定样本后,研究者主要依托浙江大学研究生院、本科生院、教育学院等单位通过调研函件、邮件与所要调研的单位取得联系,说明调研背景、调研目的和所需帮助,并通过多种渠道发放问卷;同时,邀请研究者的本科、硕士和博士研究生阶段的同学和老师帮助发放问卷。调查问卷主要采取纸质问卷和网络问卷相结合的方式发放。其中,网络问卷通过"问卷星"平台设计、调试、试测和发放,调查对象匿名填写,辅以邮件发放、微信转发、实地发放等手段,综合保证问卷填写的质量和效率。问卷调研时间自 2021 年 12 月 1 日开始,至 2022 年 1 月 31 日结束,共发放问卷 1000 份,回收 920 份,问卷回收率 92%。剔除填写不合格的问卷,包括但不限于填写时间过短(本问卷填写时间为 5—8 分钟,填写时间少于 3 分钟的问卷属于无效问卷)、回答题项不完整、选择答案明显与要求不符的无效问卷共 167 份(去除"职业学院""职业技术学院"和"非研究型大学"的问卷),共得到有效问卷 753 份。

(3)统计方法

采用 SPSS 22.0 软件对问卷数据进行统计分析。第一,进行描述性统计分析,即分析调查对象的基本信息,包括就读或任职的学校、专业、年龄、参与社会服务的现状和存在问题等。第二,对研究型大学社会服务运行模式的构成要素进行数据分析。第三,随机抽取部分问卷(占有效问卷总数 30%)进行信度和效度检测。第四,在信效度检验的基础上进行因子分析,验证模型的关键构成要素并对其结构进行修正。第五,对数据进行多元回归分析,以检验研究型大学社会服务运行模式构成维度和构成要素的有效性和合理性。

5.3　描述性统计

本节对调查问卷回收的数据进行描述性统计,包括对调查对象的性别、年龄、职务职称、所在学校、学科门类、学术背景、参与社会服务的情况、存在问题以及社会服务运行模式构成要素的得分情况等。

5.3.1　样本基本信息

(1)调查样本分布情况

在所接受调查的 753 人中,男性有 352 人,占比 46.75%;女性有 401 人,占比 53.25%。在所回收的问卷中,接受调查的人员年龄在 19—20 岁的有 245 人,占比 32.54%;年龄在 21—29 岁的有 372 人,占比 49.4%;年龄在 30—39 岁的有 25 人,占比 3.32%;年龄在 40—49 岁的有 70 人,占比 9.3%,年龄在 50—59 岁的有 41 人,占比 5.4%。在设计调查样本专业门类分布时,主要依据教育部审批通过的《普通高等学校本科专业目录(2021 年)》,以体现调研样本专业分布的均衡性和全面性,该目录包括 12 个学科门类,92 个专业类,共计 740 个本科专业。[①] 调查结果显示,调查对象的学科门类主要是哲学(15.54%)、经济学(15.01%)、工学(14.74%)、教育学(14.08%)、文学(6.64%)、管理学(10.89)等,样本所在专业广泛分布在各学科门类中。

(2)调查样本的身份构成

在 753 份调查样本中,本科生占比较大,有 504 人,占比 66.93%;

---

① 中华人民共和国教育部.教育部关于公布 2020 年度普通高等学校本科专业备案和审批结果的通知[EB/OL].(2021-02-20)[2022-01-31]. http://www.moe.gov.cn/srcsite/A08/moe_1034/s4930/202103/t20210301_516076.html.

其次是研究生,有 126 人,占比 16.73%;大学教师和管理人员有 123 人,占比 16.34%。在调查样本身份构成上,本次调查侧重了解研究型大学如何与社会互动,在其课程、教学、科研和直接社会服务活动中培育具有社会服务理念和奉献意识的人,突出社会服务的育人功能,因现有研究对于大学直接社会服务的形式和内容已开展了大量研究,成果丰硕,本次调查对直接社会服务仅做了解。在社会服务的育人功能发挥上,受众者为广大学生群体,教师作为育人的主体,行政管理人员作为育人的支撑力量,占相应的调查样本比例,但不是主要调查对象。因研究型大学的社会服务,涉及调查样本的国家情怀、对国家和社会所持的服务意识和奉献精神,问卷在设计上兼顾了调查对象的政治身份和政治立场。从调查样本的政治身份来看,中国共产党党员有 167 人,占比 22.18%;预备党员有 62 人,占比 8.23%;入党积极分子有 143 人,占比 18.99%,群众 379 人,占比 50.33%,一半调查对象是无党派人士。

(3)样本对研究型大学社会服务的了解情况

师生对研究型大学社会服务的了解水平一般。调查问卷的目的之一就是了解调查对象对研究型大学社会服务、自身参与社会服务的现状和存在问题。调查结果显示,调查对象对研究型大学社会服务的了解情况参差不齐,对社会服务一般了解的人约占 34.26%;对社会服务比较了解和非常了解的人分别占 25.76% 和 22.79%,剩下的样本为比较不了解和非常不了解大学社会服务的情况,共占比 17.19%。可以判断,大多数学生、教师和管理人员对社会服务的了解程度处于中等水平。众所周知,认识是行动的先导,只有全面客观的认识,才有行动的高度自觉,从师生对研究型大学社会服务较为浅显的了解水平可以瞥见其社会服务的行动。

(4)样本对研究型大学社会服务课程的了解情况分布

社会服务或社会实践类课程开设情况不容乐观。调查结果显示,调查对象对"你所在的大学是否开设了社会服务相关课程? 如服务性学习课程或社会服务相关活动"的了解情况较为一般,开设社会服务相关课程的高校只占 46.22％,还未过半;认为学校未开设社会服务相关课程或对社会服务相关课程开设情况不了解的人所占比例高达53.78％。这也说明,研究型大学社会服务相关课程的开设还未形成规模,学生对于这样的课程记忆并不深刻,但随着近年来我国推进"双一流"高校建设,相关政策文件一直强调高等教育在国家经济社会建设中要发挥重要作用,有 13 份调查样本补充了一部分社会服务的课程,如"研究生社会实践""社会机构见习""教育实践""礼乐传习""认知与实践:乡村振兴"等课程;有样本补充,社会实践类课程培养目标不明确、课程开设的时间和空间难以保障、课程内容设置不合理、课程组织形式不科学等情况普遍存在,学生对于这类课程的记忆较为模糊。

(5)样本参与社会服务的类型、频次、意愿、价值实现的分布情况

师生参与的社会服务活动较为丰富,以公益志愿类为主。除了对社会服务类课程开设情况的调查,研究者还调查了调查样本参与社会服务的具体类型、参与频次、社会服务的级别和样本的参与意愿。在学者麦均洪、赵庆年[①]对大学直接社会服务划分的基础上,本书结合研究型大学社会服务的实际活动,将直接社会服务分为继续教育类、科技拓展类、公益志愿类和教育扶贫类四种。调查结果显示,师生参与较多的社会服务种类是公益志愿类,如社区宣讲团、校内外公益类活动志愿服务等,有 437 人参与,占比 58.03％;其次是继续教育类,包括在继续教育学院为社会人员授课,开设讲座和其他相关的社会实践活动,这类活动以高校教师为主,有 390 人参与,占比 51.79％;再次是教育扶贫类,如参与支教团、下乡帮扶、学校对口帮扶某一地区、某一高校、挂职锻炼等,有 341 人参与,占比 45.29％;最后是科技拓展类,如参与横向课题、科技成果转化、政府决策咨询、产学研合作等活动,有310 人参与,占比 41.17％。此外,调查样本还补充了其他种类的社会服务活动,如科研实践类、课外辅导类、家庭教育类、医疗健康类社会

---

① 麦均洪,赵庆,等.高校社会服务能力评价研究[M].北京:中国社会科学出版社,2021.

服务活动,有 89 人参与,占比 11.82%。

师生参与社会服务的频次相对较低。调查结果显示,在所调研的 753 人中,只有 187 人社会服务的频次在 7—10 次/年,占比 24.83%;150 人参与社会服务的频次为 4—6 次/年,占比 19.92%;151 人参与社会服务的频次为 1—3 次/年,占比 20.05%;剩下的 265 人全年没有参与任何的社会服务类活动。尽管国家一再强调"双一流"大学要以一流的人才、成果和文化服务国家创新体系建设,为我国实现世界科技强国和创新型国家建设目标贡献重要力量,各高校也积极组织、动员学生参与各级各类社会服务,但从现实来看,结果不容乐观,研究型大学师生的社会服务频次仍然不高,有近三分之一的人对此"岿然不动"。

师生参与社会服务的意愿和行动有待进一步提升。为了摸清样本"是否有参与社会服务的意愿",研究者对师生参与社会服务的意愿进行了大致摸排。调查结果显示,有 215 人不愿意参与社会服务工作,因为在社会服务活动中没有获得感和满足感,占比 28.55%;有 200 人不愿意参与社会服务工作,因为参与社会服务会影响学习或工作,占比 26.56%;有 197 人表示愿意参与社会服务,但没有参与社会服务的机会和渠道,占比 26.16%;有 115 人表示愿意参与社会服务,但学习和工作紧张,没有时间参与,占比 15.27%。此外,还有 3.45% 的调查样本补充愿意参与社会服务的理由是"参与多学科、多行业、多领域融合的社会服务工作是一件幸运的事情";有的调查样本补充不愿意参与社会服务的理由为"这些活动很多没有意义或者多是形式主义,没有真正的获得感"。由此可以看出,师生愿意参与社会服务的比例低于不愿意参与社会服务的比例;师生愿意参与社会服务的前提是"有选择性的""有条件的",比如社会服务工作需要投入时间和精力认真地组织;从结果上来看,师生愿意参与的社会服务是"有所求的",均期待社会服务能够带来一定的价值。但调查同时也反映出样本参与社会服务的机会不多,渠道不畅通。

社会服务促进了师生价值的多维度实现。本问卷同时也从知识学习、知识运用、科研能力、成果转化、问题解决、人际交往、统筹协调、责任意识等方面综合考察调查样本在社会服务中的价值实现情况。调查结果显示,有 435 人认为参与社会服务让自身的思想更为成熟,提升了社会责任感和服务人民的意识,占比 57.77%;有 371 人认为在社会服务过程中提高了自身的人际交往和沟通协调的能力,占比 49.27%;有 339 人认为参与社会服务为自己的科研提供了便利,方便开展调研和进行成果转化,占比 45.02%;有 319 人认为在社会服务中学到了新知识,可以化所学为所用,增加了自己的人生阅历,占比 42.36%;有 283 人认为在社会服务中提高了科学研究和统筹协调的能力,占比 37.58%。

(6)样本对研究型大学所应承担的社会服务的观点分布情况

师生对于研究型大学应该承担何种社会服务的认知较为模糊。除了了解样本自身开展的社会服务情况,研究者还进一步调研了样本对于研究型大学"应该承担何种社会服务"的观点,按照大学承担的人才培养、科学研究和直接社会服务职能,本问卷分别设计了四个选项。有 381 人认为研究型大学应该承担培养拔尖创新人才,为国家和社会输送高质量人才,占比 50.6%;有 344 人认为研究型大学应该承担重大科研攻关项目,服务国家重大战略和区域经济发展,占比 45.68%;有 327 人认为研究型大学应该开展继续教育培训、产学研合作、科技成果转化服务等直接社会服务活动,占比 43.43%;有 276 人认为研究型大学应该承担和其他大学一样的社会服务活动,占比 36.65%;还有 163 人对于研究型大学所要承担的社会服务完全不清楚、不了解,占比 21.65%。

(7)样本对研究型大学社会服务存在问题的观点分布情况

强大的人才和科研力量并未充分转化为社会服务的巨大能量。为了了解研究型大学的教师和学生在参与各级各类社会服务时存在的问题,研究者专门调查了社会服务本身存在的问题。调查结果显示,有 453 人认为在社会服务中,知识学习与成果转化不平衡,如论文发表数量、科研成果产出数量不断增加,但实际转化运用较少,或几乎没有转化,占比高达 60.16%;有 408 人认为研究型大学知识学习与人才培养脱节,社会服务的层次与研究型大学师生的水平不符,占比高达 54.18%;有 376 人认为在社会服务中,终端性、商业性、零散性社会服务活动较多,研究型大学的社会服务缺乏系统性和持续性的组织与规划,占比 49.93%;有 327 人认为学校或院系提供的社会服务支撑保障、平台建设不足,社会服务活动的开展捉襟见肘,占比 43.43%。此外,还有调查样本补充认为"学科行业分块机制限制了研究型大学的社会服务效果"。

调查结果所反映的现实问题与本书第 1 章分析的"现实中存在的关键问题"基本一致,再次验证了研究型大学社会服务存在的三大问题,即知识生产与人才培养脱节、知识生产与价值实现不符、知识生产与原始创新割裂。

5.3.2　构成要素的描述性统计

(1)构成要素实际受重视程度

根据问卷第二和第三部分的调查结果,研究者对构成要素进行重要性划分,根据得分将构成要素分为最重要组(4 分及以上)、次重要组(3.71 分及以上)和一般重要组(3.7 分及以下)三种类型。最重要组为服务导向的人才培养目标、战略规划、平台建设、学生参与社会服务等 7 个,占比 38.90%;次重要组为办学水平、建立公共关系、向社会提供知识等 7 个,占比 38.90%;剩下的为一般重要组,包括非实体机构、教师参与社会服务、资金支持、直接社会服务目标 4 个,占比 22.22%(见表 5.11)。

从实际受重视程度的情况来看,调查样本比较关心的是研究型大学在社会服务过程中是否有社会服务导向的人才培养目标、是否制定了战略规划这样的顶层设计、是否将学生参与社会服务纳入大学发展的始终、是否有良好的平台建设、是否向社会敞开校门办学,以及是否有服务社会的实体机构和专业人才队伍;相比之下,对于研究型大学向社会提供知识、振兴产业和经济发展、政策支持等关注度次之;对于直接社会服务目标、非实体机构、教师参与社会服务、资金支持等要素的关注度一般。这样的认知情况，说明社会服务导向的人才培养和顶层设计、学生参与社会服务是大众十分期待的，而对于资金保障、政策支持、教师参与社会服务这样的外围保障关注度有所下降，且一部分构成要素的标准差在 1 以上，说明调查样本对于要素实际受重视程度存在分歧。因此，从调查结果可以初步判断，公众对研究型大学社会服务的认知出现了转机，十分关注"研究型大学如何培养人、为谁培养人、怎么培养人"这一核心问题，注重大学社会服务过程和结果的统一，且由原来期待大学为社会提供各种各样的终端服务向关注大学到底如何培养一流的人才来高质量服务社会转变。

表 5.11　研究型大学社会服务构成要素的重要性衡量

重要性	排序	题项	平均值	标准差
最重要组	1	服务导向的人才培养目标	4.25	0.944
	2	战略规划	4.24	0.972
	3	平台建设	4.20	0.907
	4	向社会开放设施	4.18	1.017
	5	实体机构	4.18	0.958
	6	学生参与社会服务	4.13	0.897
	7	第三方机构	4.09	0.983
次重要组	8	办学水平	3.97	1.114
	9	建立公共关系	3.88	1.109
	10	向社会提供知识	3.78	1.037
	11	政策支持	3.78	1.053
	12	振兴经济和产业发展	3.76	1.076
	13	服务导向的科学研究目标	3.71	1.070
	14	服务规范	3.71	1.068
一般重要组	15	非实体机构	3.7	1.000
	16	教师参与社会服务	3.69	1.053
	17	资金支持	3.67	1.052
	18	直接社会服务目标	3.57	1.020

资料来源：根据 SPSS 统计数据绘制。

(2)社会服务成效指标的实际受重视程度统计

从表 5.12 的统计结果来看,各要素的实际得分均在 3.5 分以上,处于 3—4 分的水平,即从一般符合到符合之间,说明当前公众对于研究型大学社会服务的成效关注度处于一般水平,研究型大学在提升社会服务成效方面还存在较大的空间。从各要素的标准差得分可以看出,有 3 项在 1 以下,说明调查样本对于这 3 个要素的受重视程度看法较为一致;有 2 项在 1 以上,说明调查样本对这 2 个要素的实际受重视程度存在较多不一致的看法,也从一定程度上反映出不同学校、不同学科开展的社会服务情况差异较大。

表 5.12 研究型大学社会服务的成效指标重要性衡量

排序	题项	平均值	标准差
1	社会责任感和使命感明显增强	4.24	0.950
2	成果转化意识显著提高	4.12	0.990
3	迁移运用知识的能力全面提升	4.07	0.893
4	解决社会复杂问题的能力明显提升	3.73	1.016
5	科学研究的能力明显提升	3.51	1.007

资料来源:根据 SPSS 统计数据绘制。

5.4 信度和效度分析

5.4.1 信度分析

信度是指测量工具或量表所测得结果的稳定性及一致性,量表的信度愈大,说明其测量的标准误差愈小,即采取同样的方法对同一对象进行反复测量时,所得结果相一致的程度。换句话说,信度有以下几个特征[①]:一是检测结果的一致性和稳定性并非量表本身,而是针对检测结果而言;二是信度是在某一特定条件下的一致性,而非泛指的一致性;三是信度是效度的必要条件,而非充分条件,信度低效度一定是低的,但反之并不成立;四是信度检测完全依靠统计方法,不管是采用"信度系数"还是采用"测量标准误",都是检测信度的指标。在态度量表中,信度越高即表示问卷的测验结果越一致、越稳定、越可靠,常用的检测信度的方法是克隆巴赫系数(Cronbach's α)。Cronbach's α 介于 0 和 1 之间,出现 0 和 1 两个值的概率较低。一般来说,Cronbach's α 在 0.6—0.65 被认为不可行;Cronbach's α 等于 0.7 是一个可以接受的量表信度边界值,Cronbach's α 在 0.7—0.8 被认为相当好,Cronbach's α 在 0.8—0.9 被认为非常好。[②] 信度又分为内在信度(internal reliability)和外在信度(external reliability)两大类。内在信度十分重要,是指每一个量表是否测量单一概念(idea),组成量表的题项内在一致性达到何种程度。外在信度是指在不同时间进行测量时量表的一致性程度。[③]

在大规模发放问卷前,研究者抽取小规模调查样本对调查问卷进行反复测试,无论何时何地,小规模调查样本对量表的回答几乎都是一致的,说明问卷具有较好的外在效度。本书主要检测量表的内在信度系数,计算每个变量"修正后的项与总计相关性"(corrected item-total correlation,CITC 值)和 Cronbach's α 值。一般来说,CITC 值应大于 0.35,Cronbach's α 值应大于经验阈值 0.70,最好在 0.80 以上。

(1)研究型大学社会服务运行模式的构成要素信度分析

如表 5.13 所示,"社会服务目标"所有测试题项的 Cronbach's α 值均为 0.766,大于经验阈值 0.70,所有测试题项的 CITC 值均大于 0.35,删除各观测变量后的 Cronbach's α 值(0.655、0.680、0.724)均比原来量表的 Cronbach's α 值小,说明"社会服务目标"的信度较好。

---

① 吴明隆.问卷统计分析实务——SPSS 操作与应用[M].重庆:重庆大学出版社,2010.
② 吴明隆.问卷统计分析实务——SPSS 操作与应用[M].重庆:重庆大学出版社,2010.
③ 吴明隆.问卷统计分析实务——SPSS 操作与应用[M].重庆:重庆大学出版社,2010.

表 5.13 "社会服务目标"信度分析结果

题项标签	CITC 值	删除项后的 Cronbach's α	Cronbach's α
A1 服务导向的人才培养目标	0.631	0.655	
A2 服务导向的科学研究目标	0.606	0.680	0.766
A3 直接社会服务目标	0.565	0.724	

资料来源:根据 SPSS 统计数据绘制。

如表 5.14 所示,"实践载体"所有测试题项的 Cronbach's α 值均为 0.870,大于经验阈值 0.70,所有测试题项的 CITC 值均大于 0.35,删除各观测变量后的 Cronbach's α 值(0.838、0.855、0.838、0.855、0.856、0.845)均比原来量表的 Cronbach's α 值小,说明"实践载体"的信度较好。

表 5.14 "实践载体"信度分析结果

题项标签	CITC 值	删除项后的 Cronbach's α	Cronbach's α
B1 向社会开放设施	0.728	0.838	
B2 向社会提供知识	0.627	0.855	
B3 学生参与社会服务	0.740	0.838	
B4 教师参与社会服务	0.627	0.855	0.870
B5 振兴经济和产业发展	0.624	0.856	
B6 建立公共关系	0.688	0.845	

资料来源:根据 SPSS 统计数据绘制。

如表 5.15 所示,"组织机构"所有测试题项的 Cronbach's α 值均为 0.845,大于经验阈值 0.70,所有测试题项的 CITC 值均大于 0.35,删除各观测变量后的 Cronbach's α 值(0.772、0.821、0.759)均比原来量表的 Cronbach's α 值小,说明"组织机构"的信度较好。

表 5.15　"组织机构"信度分析结果

题项标签	CITC 值	删除项后的 Cronbach's α	Cronbach's α
C1 实体机构	0.725	0.772	
C2 非实体机构	0.673	0.821	0.845
C3 第三方机构	0.737	0.759	

资料来源:根据 SPSS 统计数据绘制。

如表 5.16 所示,"条件资源"测试题项的 Cronbach's α 值均为 0.823,大于经验阈值 0.70,测试题项 CITC 值均大于 0.35,删除各观测变量后的 Cronbach's α 值(0.775、0.765、0.788、0.783)均比原来量表的 Cronbach's α 值小,说明"条件资源"信度较好。

表 5.16　"条件资源"信度分析结果

题项标签	CITC 值	删除项后的 Cronbach's α	Cronbach's α
D1 办学水平	0.655	0.775	
D2 平台建设	0.688	0.765	
D3 资金支持	0.624	0.788	0.823
D4 政策支持	0.636	0.783	

资料来源:根据 SPSS 统计数据绘制。

如表 5.17 所示,"制度规范"所有测试题项的 Cronbach's α 值均为 0.851,大于经验阈值 0.70,所有测试题项的 CITC 值均大于 0.35,删除各观测变量后的 Cronbach's α 值(0.785、0.795)均比原来量表的 Cronbach's α 值小,说明"制度规范"信度较好。

表 5.17　"制度规范"信度分析结果

题项标签	CITC 值	删除项后的 Cronbach's α	Cronbach's α
E1 战略规划	0.604	0.785	
E2 服务规范	0.604	0.795	0.851

资料来源:根据 SPSS 统计数据绘制。

(2)研究型大学社会服务运行模式成效指标的信度分析

如表5.18所示,"社会服务成效"所有测试题项的 Cronbach's α 值均为0.862,大于经验阈值0.70,所有测试题项的 CITC 值均大于 0.35,删除各观测变量后的 Cronbach's α 值(0.823、0.850、0.853、0.817、0.822)均比原来量表的 Cronbach's α 值小,说明"社会服务成效"的信度较好。

表5.18　"社会服务成效"信度分析结果

题项标签	CITC 值	删除项后的 Cronbach's α	Cronbach's α
迁移运用知识的能力全面提升	0.727	0.823	
解决社会复杂问题的能力明显提升	0.617	0.850	
科学研究的能力明显提升	0.604	0.853	0.862
成果转化意识显著提高	0.743	0.817	
社会责任感和使命感明显增强	0.725	0.822	

资料来源:根据 SPSS 统计数据绘制。

5.4.2　效度分析

效度分析是指测量问卷的效果是否能够测量所要解决的核心问题。对于本书来说,效度分析其实就是检验调研问卷的有效性和准确性,用来验证研究者所设计的题项是否合理,是否能有效对应研究人员的研究预期。问卷的效度越高,问卷资料利用率也就越高。[①]

一般来说,调查问卷中会有填空题、单选题、多选题和问答题等题型,效度分析主要针对量表题,也就是问卷给出的单选题和多选题。效度分析的方法很多,常用的是项目分析法、独立效标测度效度分析法和因子分析法。其中,因子分析法是用来分析效度最常用的方法。从统计学上来讲,因子分析实质上是一种将一组变量作为自变数和因

---

① 范柏乃,蓝志勇.公共管理研究与定量分析方法[M].北京:科学出版社,2008.

变数的数学模式。因子分析有以下特点：一是能用较小的共同因子来说明多个变量之间的关系。二是能从一组变量间的关系中，发现那些之前未曾发现的、存在因果关系的因子并据此提出假设。三是因子分析不仅能够提出假设，而且能够进一步证明假设是否合理。效度一般分为以下三类。

第一类是内容效度，主要是衡量问卷所要检测的内容是否适切，测量问卷是否符合研究的目的和要求，是否能够对标所要解决的研究问题，一般可以从各个角度如文献调研、案例研究、专家访谈及问卷试测等对问卷内容设计的合理性进行检验。对于本书来说，首先，研究者通过文字描述量表的有效性，比如前文研究者用文字清楚描述了问卷是如何设计的，包括如何进行问题设计、问卷的参考依据等，问卷中的问题如何与本书所要解决的研究问题保持思路上的一致性。其次，研究者用文字描述问卷调试的过程，比如在大规模问卷测量前如何在浙江大学挑选小规模样本进行预测试，测试后针对问卷发现的问题，对问卷的部分题项进行修正，并描述修正的原因等。最后，研究者用文字描述了问卷是如何通过访谈，得到专家学者、教师和学生的认可，在研讨会上与同行或者相关专业人士进行沟通交流等，从各个角度综合论证了问卷的合理性，具备良好的内容效度。

第二类是效标效度。效标效度是将经典量表的测量标准作为"黄金标准"，与当前数据得到的结果进行相关分析，若得到的相关系数值较高，则说明效标效度良好。在具体操作时，首先要确定效标的对象，计算调查问卷的得分，使用皮尔森（Pearson）系数开展相关性分析，主要考察测量得分与效标得分这两组数据的相关性，相关系数越大，说明相关性越高，效度也越高。对于本书来说，由于调查问卷中的度量值均为调查样本的主观感受和认知判断，并非硬性指标，无法直接与经典量表的观测值进行效标效度的检验，需要通过实证结果来检验。

第三类是结构效度，是测量题项结果能够反映预期因子（维度）的程度。结构效度一般采用探索性因子分析和验证性因子分析两种方法。一般来说，针对调查问卷数据的效度分析，均需要使用探索性因子分析进行效度的验证说明,并结合内容效度分析结果进行综合验证。对于本书的结构效度分析,将在下文利用统计工具进行探索性因子分析来实现。

(1)研究型大学社会服务运行模式构成要素的因子分析

首先,在进行因子分析前,要对研究型大学社会服务运行模式构成要素进行 KMO(Kaiser-Meyer-Olkin)检验和巴特利特(Bartlett)球形检验。一般来说,KMO 值要大于 0.6。KMO 值为 0—1。KMO 值越接近 1,则 Bartlett 球形检验值越大,变量间的相关性越强,也越适合做因子分析;当相关系数平方和接近 0 时,KMO 值越接近 0,则 Bartlett 球形检验的值越小,相关性越弱,越不适合做因子分析。如表 5.19 所示,KMO 值为 0.982,较接近 1,Bartlett 球形检验的近似卡方值为 8788.521,达到显著性水平,其伴随概率 $p=0.000<0.0001$,说明调查问卷中的原有变量比较适合做因子分析。

表 5.19　构成要素的 KMO 检验和 Bartlett 球形检验

取样足够的 KMO 度量		0.982
Bartlett 球形检验	近似卡方	8788.521
	自由度 df	153
	显著性 sig.	0.000

资料来源:根据 SPSS 统计数据绘制。

其次,采用主成分分析法对调研问卷的测度指标进行分析。每一个题项对应的因子载荷系数要大于 0.4,且题项和因子的对应不能存在严重偏差,共同度要大于 0.4,累积方差解释率大于 50%。效度分析一般需要多次反复,如果结果能够满足以上标准,则说明维度划分比较合理,结构效度良好。

根据前文所提出的研究型大学社会服务运行模式的构成要素是 5 个初始构成维度和 18 个构成要素的假设,进行因子矩阵分析,每一个题项对应的因子载荷系数均大于 0.5,之后提取了 5 个公因子(见表 5.20),5 个公因子的累计方差解释率大于 71.140%(见表 5.21)。公因子 1 命名为"系统贯穿的社会服务目标",公因子 2 命名为"内外联动的实践载体",公因子 3 命名为"统筹协调的组织机构",公因子 4 命名为"共享整合的条件资源",公因子 5 命名为"健全完善的制度规范"。基本验证了前文所提出的研究假设,因子分析的结果较为良好,说明问卷具有较好的结构效度。

表 5.20　构成要素的主成分分析矩阵

题项	成分				
	1	2	3	4	5
C1 办学水平	0.735	0.268	0.205	0.232	0.167
C2 平台建设	0.725	0.311	0.138	0.248	0.096
C4 政策支持	0.705	0.333	0.233	0.243	0.146
C3 资金支持	0.713	0.267	0.206	0.271	0.156
B2 向社会开放设施	0.345	0.667	0.226	0.239	0.206
B3 教师参与社会服务	0.227	0.687	0.346	0.224	0.172
B4 学生参与社会服务	0.221	0.657	0.289	0.205	0.210
B1 向社会提供知识	0.321	0.611	0.316	0.237	0.141
B6 建立公共关系	0.234	0.723	0.296	0.216	0.182
B5 振兴经济和产业发展	0.112	0.504	0.456	0.087	0.279
D3 第三方机构	0.453	0.231	0.665	0.109	0.261
D2 非实体机构	0.377	0.455	0.567	0.273	0.021
D1 实体机构	0.360	0.274	0.678	0.350	0.067
A1 服务导向的人才培养目标	0.346	0.116	0.421	0.686	0.300
A2 服务导向的科学研究目标	0.328	0.223	0.432	0.876	0.234
A3 直接社会服务目标	0.306	0.251	0.172	0.654	0.235
E2 服务规范	0.263	0.334	0.230	0.304	0.877
E1 战略规划	0.217	0.336	0.704	0.299	0.656

提取方法:主成分分析法。

旋转方法:凯撒正态化最大方差法。

资料来源:根据 SPSS 统计数据绘制。

表 5.21　构成要素的因子分析方差解释

因子编号	初始特征值			旋转载荷平方和		
	合 计	方差百分比	累计百分比	合 计	方差百分比	累计百分比
1	10.287	57.148	57.148	5.237	29.094	29.094
2	0.709	3.940	61.088	2.317	12.870	41.964
3	0.638	3.547	64.635	2.130	11.836	53.800
4	0.593	3.292	67.927	1.854	10.300	64.100
5	0.578	3.213	71.140	1.267	7.040	71.140
6	0.538	2.991	74.131			
7	0.492	2.734	76.865			
8	0.487	2.707	79.572			
9	0.483	2.684	82.256			
10	0.466	2.590	84.846			
11	0.436	2.422	87.268			
12	0.417	2.317	89.585			
13	0.357	1.984	91.569			
14	0.341	1.896	93.466			
15	0.329	1.826	95.292			
16	0.303	1.685	96.977			
17	0.293	1.627	98.605			
18	0.251	1.395	100			

提取方法:主成分分析法。

资料来源:根据 SPSS 统计数据绘制。

因子矩阵分析得出了五个公因子,均值都大于6,按照重要性程度排序后,得到表 5.22 的结果,排名前三的为:系统贯穿的社会服务目标、内外联动的实践载体、健全完善的制度规范。

表 5.22　构成要素的公因子重要性得分

序号	公因子	均值
1	系统贯穿的社会服务目标	6.980
2	内外联动的实践载体	6.790
3	健全完善的制度规范	6.688
4	统筹协调的组织机构	6.615
5	共享整合的条件资源	6.245

资料来源:根据 SPSS 统计数据绘制。

(2)研究型大学社会服务成效指标因子分析

首先,在进行因子分析前,研究者先对研究型大学社会服务运行模式的成效指标样本进行 KMO 检验和 Bartlett 球形检验。检验结果如表 5.23 所示,KMO 值为 0.870,比较接近 1,Bartlett 球形检验的近似卡方值为 1668.473,达到显著性水平,其伴随概率 $p = 0.000 <$ 0.0001,说明成效指标变量比较适合做因子分析。

表 5.23　社会服务成效的 KMO 和 Bartlett 球形检验

取样足够的 KMO 度量		0.870
Bartlett 球形检验	近似卡方	1668.473
	自由度	103
	显著性	0.000

资料来源:根据 SPSS 统计数据绘制。

其次,运用主成分分析法对成效指标样本进行因子矩阵分析,因子载荷系数均大于 0.5,只识别出一个公因子,即社会服务成效(见表 5.24),公因子累计方差解释率大于 64.948%(见表 5.25),说明调查问卷成效指标的因子分析结果较为理想,具有良好的结构效度。

表 5.24　社会服务成效指标的因子分析结果

题项	成分
	一个公因子(社会服务成效)
科学研究的能力显著提升	0.689
解决复杂问题的能力显著提升	0.802
社会责任感和使命感明显增强	0.705
迁移运用知识的能力全面提升	0.896
成果转化意识显著提高	0.766

提取方法:主成分分析法。

旋转方法:凯撒正态最大方差法。

资料来源:根据 SPSS 统计数据绘制。

表 5.25　社会服务成效指标的因子分析方差解释

因子编号	初始特征值			旋转载荷平方和		
	合计	方差百分比	累计百分比	合计	方差百分比	累计百分比
1	3.247	64.948	64.948	2.335	64.948	64.948
2	0.552	11.040	75.987			
3	0.520	10.391	86.378			
4	0.348	6.963	93.341			
5	0.333	6.659	100.00			

提取方法:主成分分析法。

资料来源:根据 SPSS 统计数据绘制。

5.5　多元线性回归分析

为进一步检验研究型大学社会服务运行模式构成要素和成效指标之间的关系,验证前文提出的假设。基于前文对调查问卷数据信度和效度的分析、探索性因子分析结果,采用多元线性回归分析方法,以研究型大学社会服务运行模式的构成要素为自变量,即以社会服务目标、实践载体、组织机构、条件资源和制度规范 5 个维度所含的 18 个要素为自变量,以社会服务运行模式成效指标的 5 个因子为因变量,建立多元线性回归模型,以验证自变量和因变量之间的关系。

5.5.1　基本问题检验

在回归分析前要检验多元线性回归模型的多重共线性、序列相关性和异方差性这三个问题,以确保多元线性回归模型得出的结论具有稳定性和可信度。

(1)多重共线性分析

多重共线性是指解释变量之间存在精确的相关关系或高度相关关系,即某一自变量可以近似地用线性函数表达另一自变量的情况,从而使模型失真的现象。大部分情况下,两个变量之间的相关系数超过 0.9 即可视作存在共线性,解决方法是先排除引起共线性的变量,找出解释变量,将解释变量排除即可。由于研究代入的自变量均是采用最大方差旋转后得到的公因子,各个因子或变量之间的相关系数已经显示为 0,可以判断因子间不存在多重共线性。

(2)序列相关性分析

序列相关性是指对于不同的样本值,随机干扰之间、随机误差项之间不再是完全相互独立的,而是存在某种相关性,又称自相关(autocorrelation)。总体回归模型的随机误差项之间存在相关关系,会影响多元线性回归模型的有效性。序列相关性问题大多出现在时间序列数据中,如 GDP 数据、价格变动数据、就业质量统计数据等数据形态,都会随经济周期而波动。在经济高涨时期,高经济增长率会持续一段时间,而在经济衰退期,较高的失业率也会持续一段时间,这种情况下经济数据很可能出现序列相关性。本书所涉及的自变量和因变量数据属于截面统计数据,能够形成序列相关性的概率较小。

本书采用 Durbin-Watson 检验法(简称 D-W 检验)进行序列相关性检验,该检验法是德宾(Durbin)和沃森(Watson)在 1951 年提出的一种适用于小样本的序列相关性检验方法,也是目前序列相关性分析最为常用的方法。当 D-W 检验值介于 1.5 和 2.5 之间时,变量之间存在序列相关性的可能性较小。如表 5.26 的检验结果所示,D-W 检验值均值为 1.935,处于经验阈值之间,可以判断本书所涉及的变量不存在序列相关性。

表 5.26 序列相关性检验结果

模型	R	R^2	调整后的 R^2	标准估算的误差	D-W	D-W 均值
1	0.891^a	0.795	0.794	7.875	1.816	
2	0.970^b	0.942	0.941	4.215	2.018	
3	0.982^c	0.965	0.964	3.276	1.916	1.935
4	0.992^d	0.985	0.985	2.153	1.965	
5	0.995^e	0.990	0.990	1.753	1.960	

a. 预测变量(常量):社会服务目标。

b. 预测变量(常量):社会服务目标,实践载体。

c. 预测变量(常量):社会服务目标,实践载体,组织机构。

d. 预测变量(常量):社会服务目标,实践载体,组织机构,条件资源。

e. 预测变量(常量):社会服务目标,实践载体,组织机构,条件资源,制度规范。

f. 因变量:社会服务成效。

资料来源:根据 SPSS 统计数据绘制。

(3)异方差性分析

异方差性是相对于同方差性而言的。同方差性是为了保证回归参数估计量具有良好的统计意义,经典线性回归模型的一个重要假定认为,总体回归函数中的随机误差项满足同方差性,那么它们都有相同的方差;如果这一假定不满足,即随机误差项具有不同的方差,说明多元线性回归模型存在异方差性。

异方差性可以通过标准化残差的散点图来实现,一般来说,残差散点分布不在一个固定的带形区域中时,就可以判断变量存在异方差性。就本书来说,研究者将多元线性回归模型的标准化预计值设为 X 轴(ZPRED),标准化残差设为 Y 轴(ZRESID),并以此绘制散点图(见图 5.2),大部分残差散点都分布在一个固定的带形区域中,说明本书所涉及的变量不存在异方差性。

因变量:总分

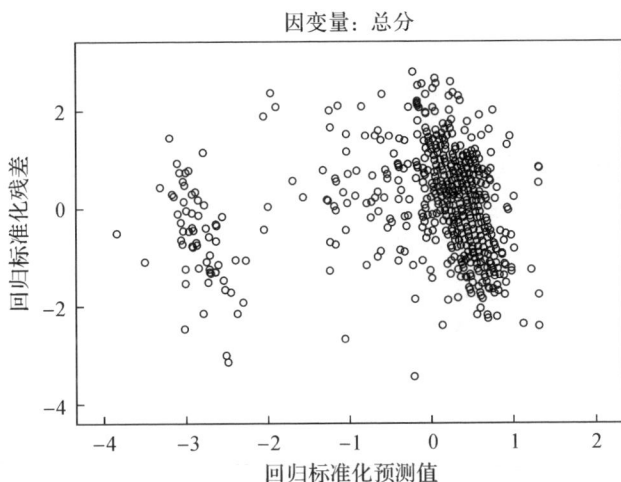

图 5.2 异方差性检验散点

资料来源:根据 SPSS 统计数据绘制。

5.5.2 回归分析结果

表 5.27 给出了研究型大学社会服务运行模式构成要素的五个自变量(社会服务目标、实践载体、组织机构、条件资源和制度规范)与因变量(社会服务成效)的皮尔森相关性和双尾检验概率。五个自变量与因变量社会服务成效均有相关关系(Pearson 相关系数 R 的取值范围为 -1—1,系数越接近 1,相关性越强),双尾检验概率结果均为显著($p < 0.05$),由此可以判断,研究型大学社会服务运行模式构成要素的五个自变量对因变量社会服务成效存在显著影响。

表 5.27　自变量与因变量之间的多元线性回归分析

因变量	统计项	社会服务目标	实践载体	组织机构	条件资源	制度规范
社会服务成效	皮尔森相关性	0.528	0.236	0.332	0.678	0.675
	双尾检验概率	0.000	0.000	0.000	0.000	0.000
	个案数	753	753	753	753	753

资料来源:根据 SPSS 统计数据绘制。

为了获得更为理想的多元线性回归分析模型,使模型的拟合度更好,研究者采用依次"代入"变量进回归模型的方式,先建立每一个自变量和因变量之间的一元线性回归关系(最先代入对因变量影响较大的自变量,再依次代入其余自变量),确保所有变量均进入多元回归模型,过程中没有删除变量。在代入某一个对因变量具有较大影响的自变量时,如果这一自变量的代入会造成先前的变量与统计丧失意义,那这一变量就应剔除;若不会造成统计丧失意义,那就可以不断代入其他变量,并检查每个变量的代入是否使统计失去意义。

如表 5.28 所示,先将对因变量影响最大的自变量"系统贯穿的社会服务目标"代入回归模型 1,建立两者之间的一元线性关系;再依次代入对因变量影响次之的自变量,进入模型 2,直至所有的自变量都被代入回归模型中,最终得到五个线性回归模型。根据五个线性回归模型的相关系数 R、决定系数 R^2 和调整后的决定系数 R^2(见表 5.29),可知模型 5 的拟合优度明显高于其余四个模型,其系数为 0.910,表明自变量可以解释因变量的程度高达 91.0%。由此,选取模型 5 作为拟合模型较为合理。

表 5.28　在多元线性回归分析模型中输入和除去的变量

模型	输入的变量	除去的变量	方法
1	系统贯穿的社会服务目标		
2	内外联动的实践载体	.	分别代入
3	统筹协调的组织机构		

续表

模型	输入的变量	除去的变量	方法
4	共享整合的条件资源		分别代入
5	健全完善的制度规范	.	

资料来源:根据 SPSS 统计数据绘制。

表 5.29　汇总后的五个多元回归拟合模型[b]

模型	R	R^2	调整后的 R^2	标准估算的误差	D-W 值
1	0.891	0.892	0.886	7.875	1.816
2	0.870	0.873	0.851	4.215	2.018
3	0.872	0.871	0.865	3.276	1.916
4	0.902	0.901	0.809	2.153	1.965
5	0.910[a]	0.908	0.905	1.753	1.960

a. 预测变量(常量):系统贯穿的服务目标、内外联动的实践载体等五个自变量。

b. 因变量:社会服务成效。

资料来源:根据 SPSS 统计数据绘制。

如表 5.30 所示,拟合模型 5 的 F 统计量观测值为 79.068,显著性 $P=0.000$,可以检验假设"H_0:回归总体不具显著性(回归系数与 0 无明显差异,B=0)"成立的概率为 0.000,原假设不成立,且认为因变量与五个自变量之间的线性关系显著,能够建立线性回归模型。

表 5.30　模型 5 的方差分析结果

	平和方	Df	均方	F 值	Sig.
回归	89.120	5	13.098	79.068	0.000[a]
残差	65.101	298	0.198		
总计	154.221	313			

资料来源:根据 SPSS 统计数据绘制。

表 5.31 显示了这一回归模型的标准化回归系数、T 值及其显著性概率。可以看出,除常数外,所有自变量的系数均显著异于 0。由此

可以判断,五个自变量的标准化回归系数有统计意义,表明最终的回归模型中可以包含这五个自变量,分析结果与研究预期高度一致。回归系数最高的是社会服务目标,较低的是制度规范。基于此,本书的回归方程可以写为:研究型大学社会服务成效(Y)=0.390×社会服务目标(X1)+0.289×实践载体(X2)+0.223×组织机构(X3)+0.188×条件资源(X4)+0.085×制度规范(X5)。

表 5.31　模型 5 的回归系数与显著性检验结果

变量名称	非标准化系数		标准系数 试用版	T	Sig.	共线性统计量	
	B	标准误差				容差	VIF
回归模型 5 常数	0.806	0.306		6.108	0.000		
社会服务目标	0.790	0.029	0.390	4.123	0.000	0.456	1.897
实践载体	0.671	0.078	0.289	5.109	0.000	0.534	2.008
组织机构	0.201	0.043	0.223	2.890	0.005	0.345	1.029
条件资源	0.675	0.027	0.188	2.098	0.000	0.568	1.007
制度规范	0.108	0.056	0.085	3.009	0.000	0.523	1.560

资料来源:根据 SPSS 统计数据绘制。

根据研究者从国内外文献及探索性案例中提取的 5 个维度 18 个构成要素,通过访谈、问卷调查、因子分析、回归分析等方式,对这些构成要素进行了严格的实证检验,得出了研究型大学社会服务运行模式构成要素和成效指标的最终结果(见表 5.32),即系统贯穿的社会服务目标、内外联动的实践载体、统筹协调的组织机构、共享整合的条件资源、健全完善的制度规范,验证了研究假设。

表 5.32　研究型大学社会服务的构成要素框架(修正后)

修正后的维度	修正后的要素	要素描述
系统贯穿的 社会服务目标	1. 服务导向的人才培养目标	具有高度社会责任感和改革创新能力的人;能够运用跨学科知识和能力,解决复杂问题的拔尖创新人才
	2. 服务导向的科学研究目标	基于社会需求,以"参与性学术"理念转变科研范式,打通科研链条,解决人类面临的重大挑战

续表

修正后的维度	修正后的要素	要素描述
系统贯穿的 社会服务目标	3.直接社会服务目标	加强与政府、产业界及各利益相关方的双向互动;实现学术与社会的链接
内外联动的 实践载体	4.向社会开放设施	利用丰富的设施如图书馆等资源向社会提供服务
	5.向社会提供知识	面向公众传播知识;提供继续教育培训;构建学习型社会
	6.学生参与社会服务	构建社会服务课程体系,开设社会服务课程,将社会服务纳入人才培养方案和学生学业成就评价体系
	7.教师参与社会服务	将社会服务融入教师发展全过程;在科研评价中考察教师的社会服务贡献度
	8.振兴经济和产业发展	以直接性服务活动和重点项目为抓手,为区域经济发展提供重要支撑
	9.建立公共关系	与社会建立可持续的长期性合作关系
统筹协调的 组织机构	10.实体机构	如大学自身设立的国内合作委员会办公室
	11.非实体机构	如国家大学科技园区联盟;大学开展社会服务的专家智库资源
	12.第三方机构	在大学和社会之间发挥独立作用的中介或机构,对接双方需求的重要组织机构
共享整合的 条件资源	13.办学水平	具备强大的科学研究和专家团队;较好的学术声誉
	14.平台建设	政产学研互动平台;跨学科项目服务平台;师生社会服务的平台和窗口
	15.资金支持	学校资金支持;各级政府拨款;校友基金会支持;企业和社会捐赠
	16.政策支持	制定学生和教师参与社会服务的激励政策;鼓励教师开展面向社区的科研支持计划
健全完善的 制度规范	17.战略规划	做好顶层设计,引导社会服务方向;规划服务目标,在教学和科研上向社会服务倾斜
	18.服务规范	制定社会服务管理的制度规范、师生社会服务课程指南、评价指标体系等,保障社会服务的质量

资料来源:根据实证研究结果绘制。

本章小结

　　本章在国内外探索性案例研究的基础上,为确保研究型大学社会服务构成要素的科学性、全面性和可靠性,采用专家访谈、同行研讨等方式对研究型大学社会服务的构成维度和构成要素框架进行修正,最终得出研究型大学社会服务关键要素框架,初步建构出研究型大学社会服务的概念模型。基于要素框架和概念模型,编制了调查问卷,并在全国各地的研究型大学展开大规模问卷调研。通过对样本数据的探索性因子分析和多元线性回归分析,厘清了研究型大学社会服务关键要素与服务成效之间的逻辑关系,验证了前文所提出的研究假设,修正了概念模型(见图 5.3)。

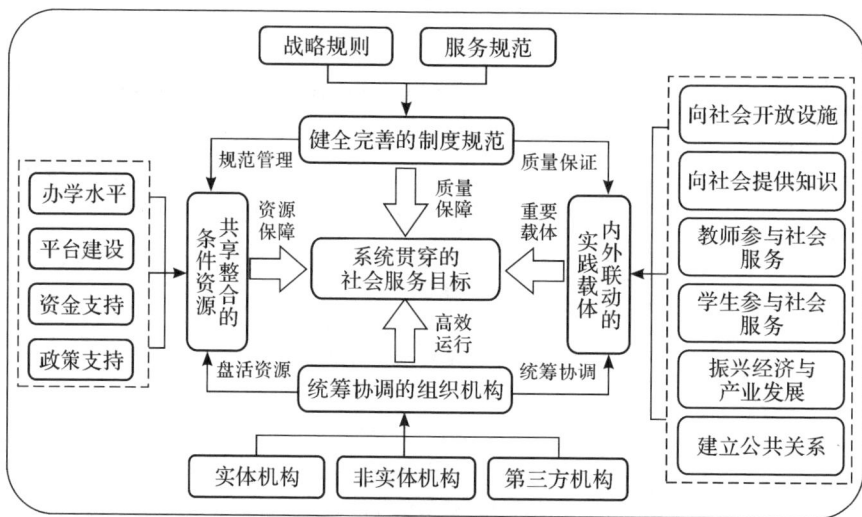

图 5.3　研究型大学社会服务运行模式的概念模型(修正后)

资料来源:根据构成要素框架、实证检验结果绘制。

第6章　研究型大学社会服务运行模式的构建及对策

在第 5 章中,研究者编制了研究型大学社会服务运行模式的调查问卷,对研究型大学开展大规模问卷调查和数据分析,逐一验证了构成要素框架,回应了本书的第二个子问题,即"研究型大学社会服务包含何种构成要素"。本章以教育模式构建的原理和方法为指导,构建研究型大学社会服务的运行模式。社会服务运行模式本质上是一套复杂的系统,前文已经识别和验证了构成要素,还有待厘清各个要素之间的"辩证逻辑",深入分析各个要素间的互动关系,以及社会服务系统是在何种力量推动下运行的,使之保持灵动开放、动态平衡的状态,以回应"这些构成要素如何运行"这一问题。最终,提出研究型大学如何高质量服务社会的对策建议,回应全部研究问题。

6.1　教育模式构建的原理与方法

模式构建需要具备系统研究思维。系统研究思维要求将一个事物视为具有某种结构的完整体系,这一结构由若干相互联系的要素构成,而系统的结构观念表明,除了厘清模式的构成要素外,还要厘清要素关系、维度及其结构。① "模式"在《辞海》中也被称为"范型",指范本和模本,同时也可以视为一套思想体系。模式作为术语时,在不同学科中有不同含义。②《现代汉语词典》将"模式"解释为"某种事物的标准或可以照着做的标准样式"。③ 从本质上来看,"模式"是把解决某类问题的多种方法途径凝练为经验并上升到理论的高度,成为形而上的方法论。④ 从以上定义可以看出,"模式"源于人们对经验、方法和路径的总结凝练,是从实践上升到理论的过程,具有标准性、可操作性、实践导向性等特点,可以视为一种方法论。教育模式亦具备模式的特征,是教育在一定条件下形成的具体样式,反映某个国家教育制度特点的教育样式。教育模式反映出某种教育和教学过程样式。⑤ 查有梁提出,教育模式是一种"教育建模",可以分为三个层次:区域性教育发展模式(宏观层次)、学校办学模式(中观层次)、教与学的具体模式(微观层次)。教育模式是一种重要的科学操作和科学思维方法,用于解决特定问题,在一定抽象、简化和假设条件下,再现原型客体的某种本质特性。从实践出发,改革实践经归纳凝练后可形成多种模式,模式一旦被证实便可以成为理论,也可以从理论出发,经比较、演绎、分析后得出模式,用来指导实践。⑥

　　本书所要构建的"研究型大学社会服务运行模式"本质上属于教育模式的一种,是中观层面的教育建模,从高校层面入手,对国内外研究型大学开展社会服务的方法和经验总结凝练,在相关理论指导下从实践中归纳总结模式,并结合我国高等教育发展的具体情境,形成新的理论框架,经实证检验后可以推广使用,并在使用中不断丰富发展。当前,学界对研究型大学社会服务运行模式并没有统一的界定,但其作为教育模式的一种,有着教育模式构建的共性和特点。已有研究或

① 李肖婧. 工程体验教育模式研究[D]. 杭州:浙江大学,2019.
② 辞海编辑委员会. 辞海[Z]. 7 版,上海:上海辞书出版社,2019.
③ 中国社会科学院语言研究所词典编辑室. 现代汉语词典[Z]. 6 版. 北京:商务印书馆,2012.
④ 叶民. 工程教育 CDIO 模式适应性转换平台的研究[D]. 杭州:浙江大学,2014.
⑤ 顾明远. 教育大辞典[Z]. 上海:上海教育出版社,1998.
⑥ 查有梁. 论教育模式建构[J]. 教育研究,1997(6):49-55.

从人才目标、课程体系、教学方法、支撑条件等来构建①；或从发展模式、过程模式和目标模式来构建②。整体来看，教育模式可以围绕"目标子系统""过程子系统"和"支撑保障子系统"三大板块来构建。

教育模式一般采用演绎法和归纳法构建。自然辩证法认为，归纳和演绎是对立统一的关系，其过程是在许多样式中实现的。③ 在教育建模中，从个别到特殊的方法称为"尝试性归纳"；从特殊到普遍的方法称为"探索性归纳"；相反，从普遍到特殊的方法称为"探索性演绎"，从特殊到个别的方法称为"尝试性演绎"。④ 模式构建的演绎法是指从一种科学理论出发，演绎出一种模式，接着用严密的实证研究检验这种模式的有效性。模式构建的起点是理论假设，形成模式的思路便是演绎；而归纳法则是从若干经验中凝练出模式，它的起点是经验。⑤ 在模式构建实践中，这两种方法常常交互使用。本书是从国内外研究型大学社会服务的实践中归纳出具有普遍意义的教育模式，属于"探索性归纳"法。无论是特殊模式、个别模式还是普遍模式，其特点都在于"简化"，然而，具体把教育模式运用到各种情境中时，它又是形神兼备、丰富多元并趋于复杂的⑥，确实是"在许多样式（模式）中实现的"，这也体现了事物无不是相互包含、相互转化的自然辩证法精神。同时，研究型大学社会服务运行模式的构建是沿着问题驱动、模式借鉴、理论构建、提出假设、实证检验、验证假设、模式修正的思路展开的。

---

① 王桂丽.基于 TRIZ 理论的我国 CDIO 高等工程教育模式探析[D].哈尔滨:哈尔滨理工大学,2013.

② 冯增俊.现代高等教育模式论[M].广州:广东高等教育出版社,1993.

③ 恩格斯.自然辩证法[M].于光远,等译.北京:人民出版社,1984.

④ 查有梁.系统辩证法与教育建模论[J].教育科学研究,2017(1):5-20.

⑤ 郝志军,徐继存.教学模式研究 20 年:历程、问题与方向[J].教育理论与实践,2003(23):51-55.

⑥ 查有梁.系统辩证法与教育建模论[J].教育科学研究,2017(1):5-20.

6.2　研究型大学社会服务运行模式的构建

在前文实证检验、修正构成要素框架、修正构成要素运行关系概念模型的基础上，结合前文对研究型大学社会服务的概念界定，本书认为：研究型大学社会服务运行模式是一个由各关键要素相互作用的复杂系统，这一系统以立德树人为导向，统合了"育人使命"发挥与"服务价值"实现的关键要素。从育人使命来看，研究型大学社会服务以培养具有高度社会责任感和改革创新精神的高层次人才为目标，倡导以解决社会重大挑战为导向的科学研究范式；在强大的科研能力和智力资源支撑下，研究型大学积极调动学生和教师投身社会服务，将服务理念贯穿于人才培养、科学研究和考核评价全过程；同时，从服务价值实现来看，在一系列管理制度的保障下，研究型大学的社会服务由诸多正式组织和非正式组织统筹协调资源，引导研究型大学与内外部环境进行物质和能量交换，从而促成高质量的社会服务，实现"育人"与"服务"的双赢。根据验证后的构成要素框架和修正后的概念模型，研究者进一步梳理要素之间的关系，对概念模型进行迭代设计（见图6.1）。

根据多元线性回归分析结果，按照构成要素对社会服务成效的贡献度排名，对各构成要素维度的功能及作用进行解读。

系统贯穿的社会服务目标。根据实证研究及专家访谈的结果，社会服务的目标体系是提升研究型大学社会服务成效的核心要素，也是立德树人的重要抓手。服务导向的人才培养和科学研究、清晰的直接社会服务目标，从育人和服务合一的角度，明确了研究型大学社会服务的旨趣在于培养具有高度的社会责任感、改革创新精神以及能够解决复杂问题的拔尖创新人才；这样的人才敏于社会需求，在与政府、产业界及各利益相关方的双向互动中，实现学术与社会的链接。研究型大学基于国家和区域重大发展需求制定的人才培养目标和科学研究

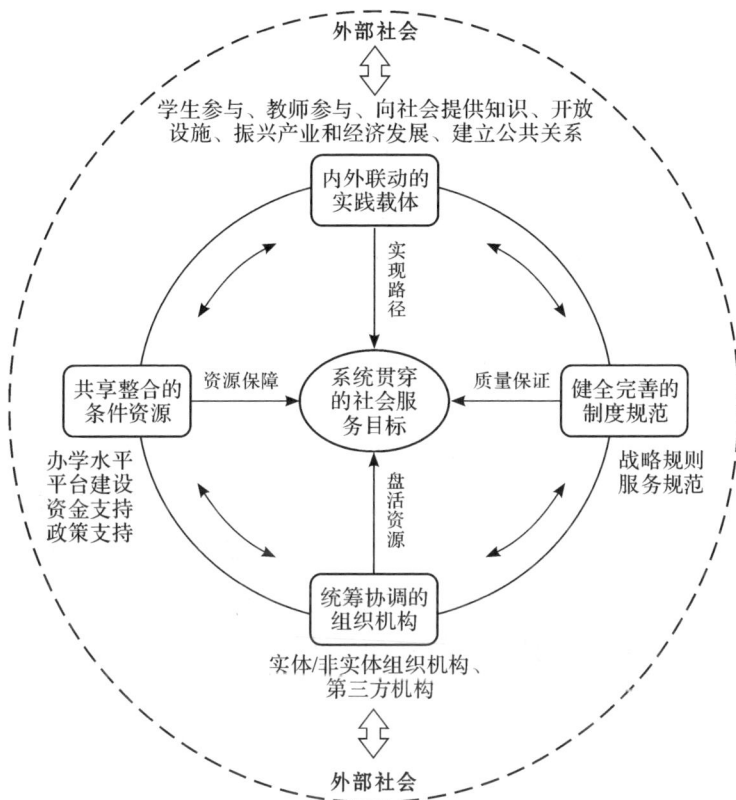

图 6.1　研究型大学社会服务的运行模式

资料来源:根据教育模式构建方法、修正后的要素及概念模型迭代设计。

目标是社会服务的源头活水,是开展社会服务的出发点和落脚点,也是师生共享的价值追求与愿景,为有目的、有规划、有步骤地开展社会服务指明了方向,不断促进知识生产和价值实现的通约,平衡好"服务过程"与"服务结果"之间的辩证关系。

内外联动的实践载体。根据实证研究及专家访谈的结果,社会服务的实践载体是对研究型大学社会服务成效贡献度排名第二的要素。在系统贯穿的社会服务目标引导下,内外联动的社会服务载体是顺利实现服务目标的重要路径,从学生、教师参与公共活动等实践载体可以判断研究型大学的社会服务是否"顶天立地",不断拓展社会服务的影响力和辐射力也有助于提升学术声誉。从国内外案例来看,学生参与社会服务主要是通过研究型大学在课程与教学里注入社会服务基因,引导科研和直接社会服务活动来实现的。课程与教学作为学校的核心任务,是研究型大学落实立德树人这一根本任务的强劲载体,只有在高校课程设置环节、教学环节、科学研究环节和直接社会服务环节贯穿社会服务的理念和实践,将社会服务作为一个有机开放的系统来对待,摒弃原先只在部分环节进行"社会实践""社会见习""就业指导"等之类的终端性、临时性活动,才有可能实现"全员、全科、全方位育人"这一目标,也才有可能在全校师生中有效贯彻落实"服务社会"的理念;同理,从教师层面来讲,教师作为教书育人的楷模,需自觉落实并引导学生落实"基于社会需求的科研"理念,尽力将"探究性学术"扩展到"教学性学术",并在教学中引领学生落实"综合性学术"和"运用性学术",把研究型大学强有力的知识生产成果与社会发展、国家需求有效结合,将社会服务当作"学术的全过程参与"而非科研成果的终端转化。除了在社会服务过程中,教师和学生这一社会服务主体发挥的强大作用外,从终端上来看,研究型大学向社会开放设施,向社会开展继续教育服务,与外界建立可持续发展的公共关系,与企业开展产学研合作,与地方合作建立大学科技园、科创基地等振兴产业和经济发展等直接社会服务方式也是研究型大学高质量服务社会的重要组成部分。

统筹协调的组织机构。根据实证研究及专家访谈的结果,统筹协调的组织机构是对研究型大学社会服务成效贡献度排名第三的要素。井然有序的社会服务组织机构是研究型大学社会服务的重要建制,正式组织机构和非正式组织机构发挥着统筹协调人力物力财力以及系统整合内外部资源的重要作用,以最大限度地避免社会服务活动无序化。从国内外高校案例经验来看,强有力、专业性的社会服务的组织机构是联动研究型大学与社会各界"建立公共参与关系"的重要推手,它决定着大学是否能够将社会服务这种使命与价值向纵深推进,是否能在广度上进一步拓宽社会服务范围,即前文在理论构建章节提到的"拓展与参与"。国外讲的社区(community)是一个宏观概念,在广度上,它的范围可以是企事业单位、大学所在地、全国、全球;而在深度上,组织机构的领导力度也决定着研究型大学是否有决心和勇气从课程与教学上下功夫,与社会展开深度互动,将人才培养与社会服务融为一体。在组织机构的统筹协调下,研究型大学不是终端服务的提供者,大学与社区呈现"双向互动"的关系。

共享整合的条件资源。强劲有力的科研和人才资源为研究型大学开展社会服务奠定了坚实的保障基础。在社会服务中,资源整合与分配主要关注有哪些资源、谁最需要、谁去汇聚、怎么盘活、是否稀缺等。从案例资料及访谈文本可以看出,共享整合资源的要点在于:一是要有统筹能力强且能够灵活运行的社会服务组织机构;二是要有能够整合社会服务资源的专业人才;三是依靠课程与教学体系落实社会服务理念和实践,且过程中组织机构在资源的分配上,要有"非竞争性""公共参与""公益服务"性质;四是教师和学生要活用校内外资源,甚至"将自己作为资源"。强大的人才培养的软硬件资源、拥有卓越学术水平的大学教师队伍、一流的社会服务平台、充足的资金支持和稳健的政策支持有效支撑着研究型大学开展高水平的社会服务。例如,研究型大学在推行"社会服务实践""服务性学习计划"时,将人才培养过程与社区需求紧密结合起来,整合原先那些零散式、与社会需求不匹配、随意性较大、服务效果不显著的社会实践活动,将这些活动结合社区发展需要,构建为系统的社会服务课程。通过提供资金和政策鼓励,支持师生开展基于社会需求的研究,以学术全过程参与的姿态为社会提供服务,提供"诊断式"咨询,在与社会构建起新型合作伙伴关系的同时,发展壮大研究型大学的学术声誉。

健全完善的制度规范。科学规范的制度建设是保障研究型大学高标准严要求开展社会服务的重要前提,对社会服务活动进行监督,明确权责,赋予大学社会服务活动合理合法性。在制度规范维度,从国内外案例的研究来看,至少体现在两个层面:一是国家层面或社会层面对研究型大学"社会参与"的约束性规范;二是学校层面根据国家和社会的约束性规范,制定出台本校开展社会服务的规范和标准。从社会层面来看,英国"国家高等教育机构卓越科研水平评估框架",将评估结果作为国家对科研资源分配的依据,倒逼高等教育机构发挥社会影响力①,并根据"辐射范围和重要性"进行评分,影响范围可以是地方、国家和全球范围,采用"案例＋模板"的评估方式来评价高校科研成果的社会影响力,并逐年加大科研影响维度的权重②。"卡内基高等院校分类标准"是目前美国涵盖范围最广、影响力最深远的高校社区参与分类评估体系③,这一体系在 2005 年保持原有高校基本分类不变的情况下,提出了"卡内基高校社区参与分类评估",大学可自主选择是否申请成为"社区参与高校"。"社区参与分类"的基本含义是"高校本着伙伴关系和互惠互利的原则,与某一具体地区、国家乃至全球所开展的以知识和资源的互惠性交流为目的的合作",是诠释大学与社会的互动关系、呈现大学社会服务这一核心职能的重要表征。"社区参与分类"制定有相应的评估指南,每两年评选一次,根据《卡内基高校社区参与分类评估指南》评选,前提是高校根据自身参与社会服务的情况选择是否参与这一分类并提交相应的支撑性材料,经由专家组评估后决定是否认证该高校属于"社区参与高校",并颁发相应的标识。④

6.2.1　运行模式的内在特征

不断深入拓展的社会服务正在重塑着研究型大学,它整合了教

---

① 王楠,张莎.构建以跨学科和社会影响为导向的科研评估框架——基于英国"科研卓越框架"的分析[J].中国高教研究,2021(8):71-77.

② REF2021. Guidance on revisions to REF 2021 [EB/OL]. (2019-01-31) [2021-12-09]. https://www.ref.ac.uk/publications/guidance-on-revisions-to-ref-2021/

③ 卡内基高等院校分类标准全称为"The Carnegie Classification of Institutions of Higher Education",是美国卡内基高等教育委员会(Carnegie Commission on Higher Education)在 1970 年制定的高校分类标准,将大学分为研究型大学(博士授予大学)、综合大学和学院、文理学院、两年制院校、专业学院和其他单科院校。自 1973 年公开发布以来,卡内基教学促进基金会分别在 1976 年、1987年、1994 年、2000 年、2005 年、2010 年、2015 年和 2018 年对其高等学校分类法进行了 8 次修订。

④ Carnegie Foundation. How is Community Engagement Defined? [EB/OL]. (2021-02-03) [2022-02-09]. https://www.carnegiefoundation.org.

学、科研和服务这三大核心使命。研究型大学的社会服务不再是碎片化、功利化和终端化的服务供给,大学人才培养和科学研究的服务性不断增强,成为大学提升社会认可度和学术影响力的重要途径。因此,研究型大学社会服务的运行模式也呈现出以下特征。

(1)目标导向性

研究型大学开展社会服务有很强的目标导向性,规划先行,以服务国家重大战略和区域经济社会发展为目标,倡导面向社会发展需求的人才培养模式和面向社会服务的科学研究范式,并以此为契机提高大学综合实力。从高校制定战略发展规划、地方服务方案、对口帮扶方案等重要文件中足以瞥见研究型大学社会服务的强烈目标意识。可以说,无论是人才培养还是科学研究,研究型大学都在强化其社会服务的导向性。目标是人为设计的事物,以让人们根据设计好的愿景,追求事物发展的最优结果,逐步缩小事物发展过程中的"颗粒感",让事情变得顺利可执行。选择"正确的目标"要比选择"正确的系统"重要得多。因为选择错误的目标就是错误地解决问题,而选择错误的系统只不过是选择了一个并非最优的解决问题的系统。① 同理,在研究型大学社会服务中,大学只有选择正确的目标,才能引领正确的社会服务系统运行。这在本书第 5 章实证研究的多元线性回归模型中可见一斑,社会服务的目标系统对于整个研究型大学社会服务的成效贡献度是最高的。因此,我们需要澄清研究型大学社会服务的价值观。社会服务教育的最终愿景必然是回应"培养什么样的人"这一核心问题,其目标是培养能够清醒认识自己、认识国家和社会所需,知彼知己且将个人发展与社会发展融为一体的人,以避免出现国家花大力气建设的研究型大学培养出"精致的利己主义者"。因此,对于研究型大学本身、教师和学生来说,都需要不断反思以下核心问题(见表6.1)。

---

① 王沛民,顾健民,刘建民.工程教育基础——工程教育理念和实践的研究[M].杭州:浙江大学出版社,1994.

表 6.1　社会服务主体所需澄清的价值观和所需反思的核心问题

主体	需澄清的价值观	需反思的核心问题
研究型大学	社会服务的价值观	为谁培养人？如何培养人
教师	育人价值观/服务社会的价值所在	教书育人的旨趣是什么？如何育人
学生	发展价值观/服务社会的价值所在	到大学来做什么？想要成为什么样的人？要实现何种社会价值

资料来源:根据"目标导向性"内容绘制。

（2）系统联动性

研究型大学社会服务并非单独存在的"终端服务"，而是一个由多要素构成的复杂系统，体现了大学社会服务的过程完整性和系统联动性。社会服务与学校教学、科研和各项工作水乳交融，这一点集中体现在研究型大学丰富多元、内外联动的社会服务实践载体上。在系统贯穿的社会服务目标体系指引下，实践载体的各个要素代表着社会服务活动的若干实现通道，教师、学生参与社会服务与大学直接振兴社会经济发展的直接社会服务相结合，实现过程与结果的统一。社会服务系统有效整合内外部资源，同各利益相关方开展合作，为区域、国家甚至全球重大挑战性事务提供高质量社会服务。从案例高校的实践中可以看出，社会服务并非"单独存在的服务"，而是一种"参与性学术"（见图 6.2），拥有社会服务的完整链条，贯穿在学校教学、科研各项工作中，教学、学习、科研和各种服务性活动之间具有强相关性，牵一发而动全身，其间的知识流动、智力交融代表着一种新的知识生产方式。[①] 例如，浙江大学将自身视为科技创新的策源地和创新人才的供给库，使社会服务贯穿大学发展全过程，在大学发展规划中将人工智能、计算机科学、精准医学、生物育种及交叉学科等作为未来重点建设学科，在服务社会中注重教师培养和学生实践。因此，我们需要盘活

----

① Boyer E L. Highlights of the Carnegie Report: The Scholarship of Teaching from "Scholarship Reconsidered: Priorities of the Professoriate"[J]. College Teaching, 1991(1):8-23.

研究型大学社会服务的各个要素,促进社会服务主体与教育组织良性
互动,使运行系统与研究型大学人才培养、科学研究融为一体。

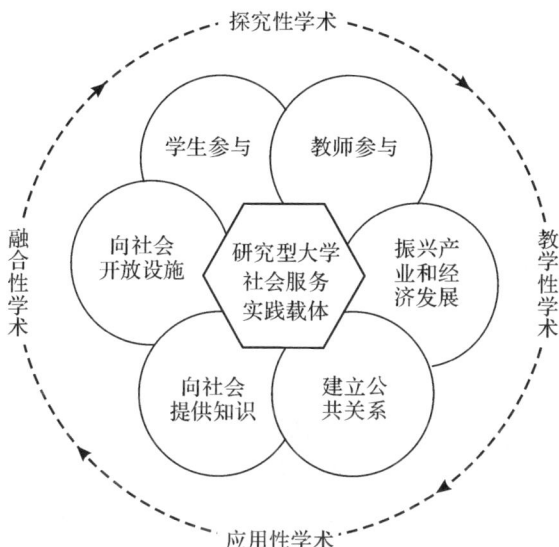

图 6.2　研究型大学社会服务过程的系统联动性

资料来源:根据社会服务特征及"实践载体"绘制。

(3)协同创新性

在创新驱动时代,研究型大学已突破路径依赖,从原先适应社会
经济发展、因需提供服务的被动局面转为主动对接国家和地区发展需
求的模式,以开放共赢的姿态与各利益相关方展开互动,不断促进知
识生产与价值实现。为更好地为州服务,威斯康星大学建立了一个集
研究、咨询、创业、服务功能于一体的孵化器设施,将区域内的不同机
构串联为一体,要求组织间要协调创新,加强合作,形成以大学为核心
的区域创新服务链。为此,要在研究型大学社会服务的支撑保障上做
足功夫。而今,研究型大学社会服务的协同创新性主要体现在社会服
务的范围更加开阔、社会服务的群体更加多元、社会服务的要素聚集
更加便捷,大学主动"去中心化",不断深化与政府、企业和社会的跨界
合作。社会服务的协同创新性还有一个突出特点,即创新创业教育的
开展。创新创业教育具有很强的社会服务导向性,主体是数量庞大的

学生,对创业教育的参与有明确的目标导向。创新创业教育的目的不仅是为学生的生存和成功做好准备,更重要的是培养能够在社会中践行知行合一、实践创新的时代新人,能够运用知识识别和创造机会、承担风险、做出决策,分析和解决社会复杂问题,在实现个人全面发展和卓越发展的同时,通过创新创业实践,不断创造新的社会价值。例如,浙江大学构建了全链条、网络化的开放创新格局,建立完善"泛浙大"创新创业网络生态体系,汇聚激发社会服务网络,打造标志性成果源源不断涌现的创新中心(见图 6.3)。

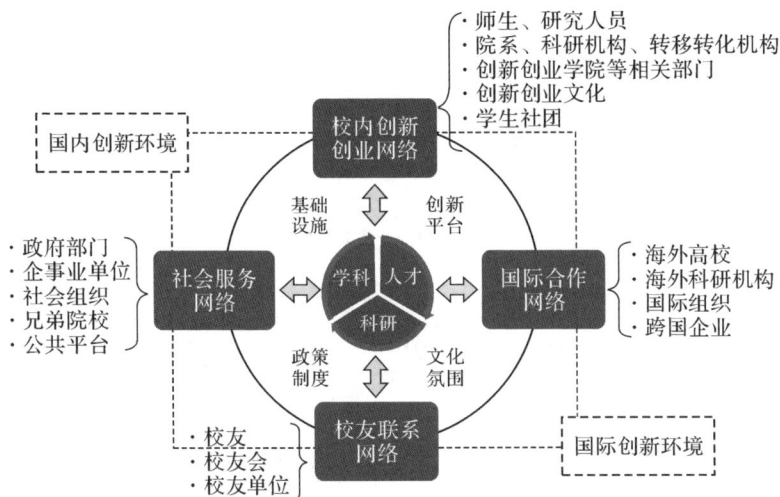

图 6.3　社会服务与创新创业的协同作用(以浙江大学为例)
资料来源:根据浙江大学相关资料绘制。

6.2.2　运行模式的"三维"层次关系

"三维"层次关系主要是社会服务运行模式"目标—运行—保障"之间的层次关系。在清楚界定研究型大学社会服务"目标导向性""系统联动性""协同创新性"的基础上,分析运行模式的内部层次关系。从构成要素间的层级关系来看,研究型大学社会服务运行模式可大致分为三层互动关系:第一层为目标层,第二层为运行层,第三层为保障层。具体来看,研究型大学社会服务系统以目标愿景为核心维度,包括大学开展社会服务的目标和愿景。围绕这一目标愿景,衍生出运行层和保障层:一是研究型大学参与社会服务的运行层,包含学生参与社会服务、教师参与社会服务、向社会提供知识、开放设施、推动产业和经济发展、建立公共关系等;二是保障层,包含支持大学社会服务的教育政策、"在地化"社会服务方案、社会服务考核评价制度、各级经费投入、开展社会服务的条件资源等,同时包含落实这些资源和方案的实体机构、非实体组织机构和第三方管理机构(见图 6.4)。

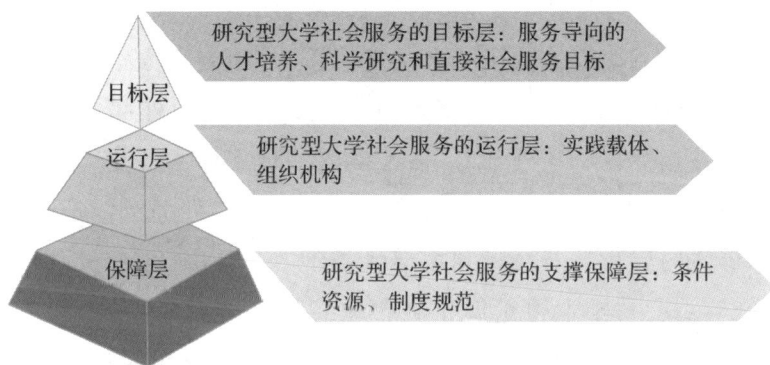

图 6.4 运行模式的"三维"层次关系

资料来源:根据运行模式层次关系绘制。

6.2.3 运行模式的"三重"驱动力

"三重"驱动力是指推动研究型大学社会服务有效运行的内外部力量。历史和现实都充分显示了一个事实,大学只有充分享有学术自由和学术自治,富有浓厚的学术氛围,才有可能生产并创造出高深学问,将自身铸就为顶尖大学,从而为社会提供高质量的服务。因此,大学的"学术性"本质决定了大学自身的发展逻辑,大学要妥善处理与市场、社会各组织,以及政府之间的关系,尽量避免大学的学术自由被外界干扰过多,争取在法律允许的范围内自主决定学校内部的学术和行政事务。然而,我们无法回避的是,时至今日,大学与社会的关系如此密切,无论如何也无法摆脱外界干预或与外界的互动,大学只有通过不断地履行社会责任,才能获取相对广阔的学术自治与学术自由空间。

　　根据内部组织经济学理论,从整个社会组织构成的宏观视野来看,大学只是其中的一个子系统,社会组织除了大学外还存在社会和市场这两个系统。市场和社会都有各自的制度体系。其中,市场是人们为了满足自身经济欲求,发挥主观能动性与外部环境如各类企业等相互作用而创造出来的交换系统,公平竞争的理念和供求价格系统是市场的制度体系;社会则是人们为了满足社会欲求,依靠一定的社会共同性创造出的各种社会集团,如家庭、社会、团体、国家等的总和,法律、风俗习惯、道德等构成了社会制度体系。① 研究型大学的治理主体包括教师、行政人员、学生、市场和社会组织,这些内外部主体构成了大学的利益相关方。从外部来看,大学的治理主体主要是市场和社会组织。② 因此,大学作为市场与社会组织之间的中间型组织形态,其社会服务责任的履行自然会受到大学自身学术力量、社会力量及市场力量的影响。其中,学术力量属于高等教育发展的内在特质,政府和市场是外在特质,这三者共同构成高等教育发展的"三角协调模式"。同理,社会服务作为大学发展的一个完整子系统,也不可避免地受三种力量的驱动和影响。这也印证了克拉克提出的"三角协调模型"观点,他认为,高等教育的发展主要受政府、市场及学术权威三种力量的整合影响。"三角协调模型"的三个角代表了三种典型的治理机制,即国家规制、学术自治和市场调控,三者之间的博弈决定了大学治理的模式,而三角内部则是这些治理要素不同组合形式、不同互动程度的展现。③

　　(1)学术驱动力

　　研究型大学能否高质量、高水平地提供社会服务,首先取决于大学本身学术力量的强弱。大学通过健全学术规范,创造学术自由的研

---

① 今井贤一,伊丹敬之,小池和男.内部组织的经济学[M].金洪云,译.上海:三联书店,2004.
② 陈晓光.利益相关者视角下研究型大学治理机制研究[D].大连:大连理工大学,2016.
③ 克拉克.高等教育系统:学术组织的跨国研究[M].王承绪,等译.杭州:杭州大学出版社,1994.

究环境,追求卓越的知识,充分发挥大学作为学术组织的作用,在校园中营造"追求卓越、学术报国"的良好氛围。各社会利益相关方对处于高等教育金字塔顶端的研究型大学来说,有着不低的社会期望和服务需求。因此,大学只有具备较强的学术力量,才能满足与各利益相关方缔结的契约,并以强大的学术实力履行社会契约,实现社会价值,促成大学与各方的利益关系平衡。可以说,学术力量是驱动大学服务社会的"动力源泉"。

(2)市场驱动力

从市场经济的角度来看,市场在研究型大学社会服务过程中也发挥着重要作用,高水平研究型大学所拥有的优质生源和师资、优质的就业平台、各行各业提供的资源,都能找到市场的身影。研究型大学只有在市场上具备良好声誉才能获得较强的市场竞争力和市场份额。高水平研究型大学的声誉普遍较高,在生源、师资引进、学生升学或就业、软硬件配置、资金来源渠道拓展上都有相当的优势,一旦大学在知识生产、知识创造的主体培养上具有了竞争优势,那么大学就能赢得相对较好的市场资源,大学学术发展也就占据了上风。因此,市场力量是推动大学履行社会责任的"无形的手"。

(3)社会驱动力

从整个社会的环境和氛围来看,社会力量可以引导大学树立良好的公众形象,形成卓越的学术声誉,建立高度的社会公信力。政府作为研究型大学的举办者,是大学发展的重要推动力,政府要推动大学社会服务责任的法制化建设,加大对大学承担社会责任的引领和宣传。不可忽略的是,政府能够从政策和资金层面,加强大学软硬件建设,推动大学学术评价机制、教师评价机制、学生毕业出口等方面的改革,从体制机制的创新上来引导大学履行社会责任。因此,社会力量可以说是推动大学履行社会责任的"有形的手"。

综上,通过对研究型大学社会服务构成要素的内部运行逻辑、层次关系、内外部驱动力进行系统分析,基本回应了"研究型大学高质量开展社会服务的构成要素有哪些""这些构成要素如何运行"这两个研究子问题。根据以上分析,本书整合研究型大学社会服务的"逻辑起点(价值根源)""驱动力量""系统运行""服务成效"四个板块,整体勾勒出研究型大学社会服务的运行模式(见图6.5)。研究型大学基于"追求知识的自由"和"服务社会的责任"这一价值根源,在自身学术力量及外界的市场力量和社会力量的共同推动下,实现社会服务运行系统的良性运转。该模式的系统构建为下文聚焦回应"研究型大学何以高质量服务社会"这一研究子问题奠定了坚实的基础。作为"双一流"建设高校重点对象的研究型大学遵循大学知识生产的内在逻辑,以培育具有高深知识生产能力和能够实现社会服务价值的人才为基础,为社会提供高质量服务。在市场经济与知识社会水乳交融的发展背景下,研究型大学要时刻关怀其社会属性,在知识生产上积极主动向知识生产模式2转型,以适应国家重大战略需要和社会经济发展的需要,在彰显研究型大学学术声誉的同时,妥善处理知识生产与价值实现之间的辩证关系,强化二者的互动关系,使高深知识的生产和社会需求相互通约,提升社会各界综合育人的成效、大学学术声誉和社会影响力,使社会服务成为"育人使命"与"服务价值"的有机统一体。

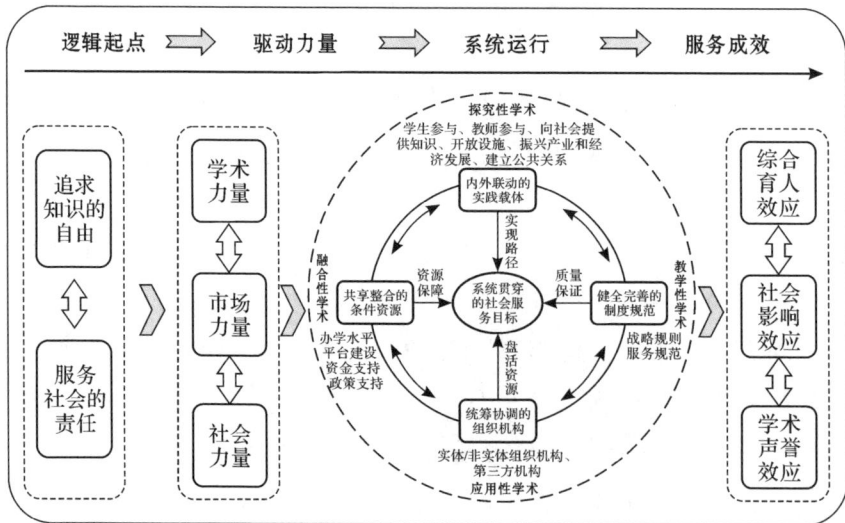

图6.5 三重动力驱动下的研究型大学社会服务运行模式

资料来源:根据构成要素运行逻辑绘制。

结合研究型大学社会服务运行模式的内在特征、内外部驱动力以及案例高校的实际情况,现将研究型大学社会服务的独特性梳理如下。

首先,"育人使命"和"服务价值"的高度统一。研究型大学的社会服务对人才培养和科学研究具有强整合性,促进人才培养的"自为"和服务社会形象的"外塑"。时至今日,研究型大学社会服务从以往的"交付式""终端式"单向服务提供向与社会双向互动、协同育人的模式转变,在社会服务中促进知识生产与人才培养、价值实现的统一。例如,2016 年清华大学与社会各界、全国各地联合共建的研究机构共开展合作项目 112 项,在合作过程中校企联合培养本科生、硕士生和博士生数百名。就本科生培养来看,清华大学钱学森力学班将拔尖创新人才培养纳入产学研协同体系,大幅度提升本科生的社会参与能力。产学研融合以问题为导向,注重理论与实践相结合,关注科技成果的落地质量,方便大学将学生带入社会服务的真实情境中,使学生沉浸式体验科研成果与企业需求的对接、解决复杂问题的思维过程,激发学生的好奇心、成就感和服务意识;有利于鼓励教师转变科学研究范式,提升教师自身社会服务意识,在指导学生社会服务的过程中发挥教师的科研优势,积极带领学生攻关技术难题,鼓励学生大胆探索"科研无人区",将求是崇真的科学精神传递给学生,以产学研合作带动人才培养、社会服务成效和学术声誉的综合提升。在此基础上,清华大学突破校园围墙,面向社会推广钱学森力学班人才培养模式,引导社会各界树立"为国储才、为党育人"的意识,例如,深圳零一学院传承清华大学钱学森力学班的实践精神,立足于解决跨领域大问题创新,培养学生具备"从 0 到 1"的科学思维。社会服务在研究型大学人才培养转向和科研范式转移中扮演了整合和嵌入的角色:一是在振兴产业和经济发展的过程中培养拔尖创新人才,打造真实的人才培养环境;二是营造跨学科学习和跨界导师引领的学术氛围,指导学生解决真实问题;三是与社会构建开放立体的合作关系,促进多主体互动,激励科学家、战略家、企业家和学生间的可持续交流,建立有效的合作文化和协同育人新机制。①

其次,实现了"国际参与"和"服务本土"的同向同行。研究型大学的社会服务具有面向全球共同利益和服务本土社会的双重属性。② 研究型大学在创造公共利益方面发挥着重要作用,大多数国家的研究型大学都是由政府财政支持创办的,研究型大学由此产生了大量的外部性,承担着加速国家科技进步、通过改善人力资本以提升公共社会福利的责任。③ 在国际层面,研究型大学在接受国家和社会优质办学资源的同时,主动履行"国际参与"义务,制定社会服务的战略规划,探索需求导向的人才培养模式创新,打造全球最重要的人才资源库,追求先进知识和前沿科技,合力解决国际社会面临的难题,以变革性方式影响世界的发展,为人类可持续、稳定与和平发展做出贡献,服务全球共同利益。在国家和区域层面,研究型大学传承和发扬社会服务传统,不断拓展社会服务的深度和广度,致力于对接国家重大战略实施,服务好本土社会。例如,加州大学洛杉矶分校凸显了大学面向全州、全美和全球开展公共参与的决心和勇气,积极鼓励教职员工参与国际和国内公共事务并出台了相应的激励措施,为全校学生提供全美和全球公共参与的课程体系及相应的学习"路线图",主张"让公共参与回归课堂",并对标《卡内基高校社区参与分类评估指南》,打造大学开展公共参与品牌,为培养合格的美国公民提供强有力的实践载体,将公共参与作为大学下一个100年的核心任务,讲好加州大学洛杉矶分校服务全美和全球的公共参与故事;在服务社会的资源汇聚上,加州大学洛杉矶分校基于"重大挑战计划"(GCP)汇聚资源,与全美顶尖研究型大学、产业界、政府部门、社会公益组织开展合作,应对水资源短缺、极端气候变化、环境污染等难题,使知识生产面向全球共同利益的同

---

① 郑永和,王杨春晓,李星达,等.产学研融合培育拔尖创新人才的若干思考[J].科教发展研究,2022(1):94-108.

② 吴燕,王琪,刘念才,等.世界一流大学面向全球共同利益服务本土社会[M].上海:上海交通大学出版社,2020.

③ 吴燕,王琪,刘念才,等.世界一流大学面向全球共同利益服务本土社会[M].上海:上海交通大学出版社,2020.

时服务好本土社会。

最后，"创新驱动"的服务变革与"浴火重生"的结构调整齐头并进。研究型大学社会服务逐步将大学带入创新型大学轨道，由创新"支撑"走向创新"引领"。从案例高校的实践中可以看出，与普通高校相比，研究型大学在社会服务中普遍具有学科优势和特色，服务对象鲜明，科研平台集中，创新思想活跃，普遍"走在前列"，知识生产可以最大限度地突出原始创新，特别是在基础研究和科技前沿领域，攻关"内生性"原创成果，持续创新成为研究型大学提升综合竞争力的重要标志。从案例高校的实践以及访谈中可以看出，这种创新有显著标志：基于厚实的科研基础所开展的社会服务成为研究型大学的创新助推器，成为"从学术中来，到学术中去"的螺旋式交互媒介，不断重塑大学内部治理结构；研究型大学已经逐步摆脱以跟踪模仿为主的支撑性、补缺式研究，以科研"领跑者"和社会"贡献度"为发展定位，充分发挥以知识创新为基本内核，以培养创新创业人才、解决原始创新稀缺问题、推动科技成果产业化为旨趣的功能性优势，凸显原创成果对国家经济结构调整和新兴产业崛起的重要引领作用。事实上，除了本书所提到的案例高校，世界范围内研究型大学通过社会服务实现转型发展的案例如雨后春笋，如密歇根州立大学等赠地大学已踏上"创新快车道"；哈佛大学、耶鲁大学、普林斯顿大学等经典文理学院在对外拓展服务中经历了"浴火重生"；斯坦福大学、麻省理工学院、剑桥大学、慕尼黑工业大学等老牌理工院校已迈入"全面创新"时代；新兴研究型大学如新加坡国立大学、南洋理工大学、香港科技大学等提出了"创业渗透"的国际战略定位。[①]

---

① 吴伟.面向创业时代的研究型大学转型发展研究[M].北京：人民出版社，2014.

6.3　研究型大学服务社会的对策建议

6.3.1　机制创新:积极领跑,构建分层分类的社会服务格局

随着社会各界对高等教育的期待越来越多元化,依靠单一组织形态的大学开展社会服务已经无法满足人民群众日益增长的需要。为此,号召不同类型的高校承担不同层次和类型的社会责任[①],探索建立"鹰击长空、鱼翔浅底、突出差异、梯度发展"的社会服务履约格局[②],是大学需要深入思考的重要问题。中国高校是党领导下的高校,肩负着为人民服务及为改革开放和社会主义现代化建设服务的历史使命,社会服务运行体系亦是全国各级各类院校全员参与、齐心协力的结果。而面对高校建设过程中广泛存在的"同质化"窘境,如何从顶层设计之肇始,就以整体高效、错落有致的思路推进各级各类高校的社会服务,回答好大学高质量推进社会服务的时代之问?

研究型大学在接受国家和社会大力投入的各类资源、追求卓越知识的同时,理应承担更高层次的社会服务,始终成为培养社会主义事业建设者和接班人的主阵地。作为高等教育的"第一梯队",构建由研究型大学领跑、各级各类高校共同发力的社会服务格局是建设高质量教育体系的应有之义,做到分层分类、以强带弱、立体联动、示范引领,杜绝同质化、广撒网式的社会服务,形成中国特色的高等教育社会服务新格局。此外,由资源较为丰富、试错成本相对较低的研究型大学先行先试,有利于促进高校社会服务经验总结,倒逼高等教育社会服务理论和实践经验迭代更新。下一步,研究型大学应积极推动建设由

---

① 严隽琪.现代大学的社会责任[J].求是,2013(6):44-46.
② 龚放.试论现代大学的社会责任[J].北京大学教育评论,2008(2):118-127.

研究型大学引领、各级各类高校共同发力的"金字塔式"社会服务格局,形成区域特色的社会服务运行模式,避免千校一面的困境,实现优势互补。

6.3.2　系统布局:目标先行,做好社会服务的专项战略规划

基于国内外案例的经验,研究型大学可从社会服务目标理念出发,在研究型大学社会服务主体的培养、课程体系设置、教学模式创新、科学研究范式转型、直接社会服务、组织机构建设、条件资源整合、制度规范等方面做出整体规划,在大学发展规划、工作计划中具体阐明社会服务的目标指标值、主要任务、重点支撑工程、保障体系等工作,使社会服务朝着有组织、有目标、有计划的方向迈进,从整体上打通研究型大学社会服务的关键环节。

(1)全链条推进社会服务主体培养

研究型大学的社会服务问题,归根结底还是回答"培养什么样的人,为谁培养人,如何培养人"这一核心问题,这就要求研究型大学从招生、培养和就业环节把关,贯彻"国之大者、走在前列"的理想信念。国家多次强调一流大学是基础研究的主力军,要加强基础学科人才培养能力建设。研究型大学要做到高质量服务社会,关键要有拔尖创新人才,只有不断总结基础学科拔尖创新人才培养的经验,深化人才培养模式改革,破解基础学科领军人才短缺的瓶颈问题,才能造就一批引领国际研究前沿的领军人才和世界一流水平的顶尖科学家。因此,研究型大学须加强跟踪研究和分析研判,准确把握科技发展前沿和国家需求,做好社会服务主体的培养。

在学生参与社会服务上,研究型大学要积极推进社会服务"课程化"改革。《哈佛通识教育红皮书》指出,教育的目的在于培养"好"的人、"好"的公民和有用的人。一个好的社会应由那些具有独立的观念,既考虑自身利益,同时也愿意使个人利益服从共同利益

的公民组成。[①] 这样的公民要在大学日常的教育教学工作中进行培育和引导,要使学生成为一名自由国家的合格公民,就要将学生的个体性情感经历与社会实践经验联系起来。因此,大学开设公民培养系列课程也就成为应有之义。例如,加州大学洛杉矶分校出台的《公民参与课程标准》《大学公共参与战略计划框架》,以及威斯康星大学将公共参与课程体系与《公民行动计划》并轨实施等经验,均彰显了大学通过公共参与课程来培养合格公民的决心。在我国语境下,课程是高校落实立德树人根本任务的核心载体,要改变以往社会服务的"游击战"模式,将社会实践"第二课堂"与"第一课堂"相结合,提升社会服务课程的地位和作用,将社会服务打造为"课程化""制度化""持续化"的教育理念和实践,为培养社会服务的主体提供强有力的支撑。当前,世界顶尖研究型大学的社会服务已步入"课程化"轨道,将社会服务与学术性课程融合发展,用服务性学习将教学、科学研究和直接社会服务三个职能很好地整合起来,引导学生积极参加社会服务,强化学生作为社会人的主体意识和奉献精神,以提升学生在社会服务中的公民道德和社会责任感为目的,为学生提供创造知识、验证知识的好机会,培养学生的社会关怀能力。[②] 因此,系统化的社会服务课程是培养学生具备社会参与这一关键素质和必备品格的重要路径,使学生成为具有社会责任、国家认同、国际理解和实践创新等素养的人。研究型大学要积极整合以往分布在大学各部门、各院系的零散性、终端性社会服务活动,使社会服务"回归课堂主阵地",将社会服务理念贯穿在大学课程、教学、科研与评价各环节,打造系统完备的"服务性学习"课程体系。"服务性学习"或"基于社区的学习",与大学日常的"学术性学习"相辅相成,实现理论与实践相结合。面向本科生和研究生,系统研发一批集"学习—研究—实践"于一体的服务性学习课程,根据课程与

---

① 哈佛委员会.哈佛通识教育红皮书[M].李曼丽,译.北京:北京大学出版社,2010.

② Cherwitz R A, Sullivan C A, Stewart T. Intellectual Entrepreneurship and Outreach: Uniting Expertise and Passion[J]. Journal of Higher Education Outreach & Engagement, 2002(3): 123-133.

教学的基本原理,制定课程开发指南、教学设计标准等规范性文件,争取在课程实施中做到"全域覆盖、梯度实施、突出差异"。"全域覆盖"即扩大社会服务课程与活动的覆盖面,为学生践行服务学习的理念提供一流的平台和渠道,不断提升服务的层次和质量。"梯度实施"即开发分层分类的社会服务课程,为不同专业、不同水平的学生提供相应的课程资源库,使学生在社会服务中拥有广阔的选择权和参与权。"突出差异"则是提倡课程实施的因材施教,尊重学生的禀赋差异,提供适合所有学生的社会服务课程和活动。

同时,不可忽略的是,研究型大学在培养了社会服务的主体后,还要为主体构建科学合理的职业生涯教育体系,形成"选—育—送"一体化培养路径,畅通学生为社会、为国家服务的通道,实现高校人才培养和学生个人发展的最大化统一,培养学生具备科学的就业价值观,科学选择职业,将"就业育人"的理念落到实处。在职业生涯教育过程中,教师要引领学生学会精研学术,研判就业形势,分析国内外学生就业的政策,科学认识自己、认识社会,理顺自我与社会的关系,立足国家和区域所需选择职业方向,主动承担起"以身许国"的重任。例如,浙江大学十分重视就业育人体系建设,以培育学生具备"国之所选即是我需"的就业价值观,引导学生从谋求职业走向成就事业再到铸就伟业,在职业生涯教育实践中,分层分类开展精准就业指导,不断提升毕业生的社会贡献度。为了厚植家国情怀,强化使命担当,浙江大学提倡有能力、有潜质的优秀毕业生不做"近视眼",要积极投身国家战略,争做"千里眼",成为"国之大者"。为此,学校致力于构建"扶上马,送一程,关怀一生"的就业指导体系,持续为国家和社会输送能担当民族复兴大任的社会主义接班人和建设者。其中,航空航天学院作为"国之重器"的代表性院系,紧紧围绕"培养'问天'之才"这一根本任务,依托"鹰击工作室""总师训练营""空天学术文化节""创新创业中心"四个实践平台,多渠道联动国防教育特聘导师、德育导师、国防教育宣讲团等力量,引领毕业生成为"国之大者",奋力走在前列。

（2）积极转变科学研究范式

当前,多学科交叉汇聚和多技术跨界融合已成为常态,加紧谋划多学科交叉汇聚的战略方向,既是应对变局、开拓新局的需要,也是面向未来、决胜未来的需要。当前,我国经济社会发展、民生改善、国防建设等领域面临的诸多难题,亟须多学科攻关解决,客观上要求研究型大学整合学科优势,打破学科壁垒,进行跨学科人才培养和科学研究,将跨学科服务的理念落到实处。知识的力量不仅取决于其本身价值的大小,更取决于它是否被传播以及传播的广度和深度。以学科或专业为划分、以个人兴趣为导向的研究坚定了大学作为科学殿堂的崇高理想,但独立进行的科研活动缺乏现实关照。因此,大学科研生产模式亟须由模式1向模式2转变,使知识生成于应用的语境中,促进研究型大学与内外部组织合作,构建多中心、多主体协同发展的知识生产模式,共同解决国家和社会面临的重大问题。

（3）淡化"摇篮式""终端式"社会服务供给模式

从学术参与理论来审视研究型大学的社会服务,当前不少学术研究成果还停留在"探究性学术"阶段,大量有价值、有潜力的研究成果一直没有用武之地,文章发表完或课题结项后要么永远沉睡,要么过分强调运用,本书将这两种情况分别称为"摇篮式"和"终端式"社会服务模式,它们同属于研究型大学开展社会服务的两个极端,需逐步淡化。"摇篮式"社会服务是指学术研究仅仅停留在发表论文和出版著作的"纸笔功夫"环节,与社会需求严重脱节,无法使大批学术研究成果走向公众视野、转化为服务社会的巨大力量;而"终端式"社会服务恰恰相反,指研究型大学在开展社会服务时偏向直接解决社会经济发展的问题,没有将社会服务贯穿人才培养全过程,停留在"供给"端口,难以保证人才培养质量的提升,造成研究型大学社会服务无法实现"育人使命"和"服务价值"的有机统一。近年来,我国研究型大学社会服务的范围正在拓展,研究型大学与所在地、其他地区、国家和国际社会的关系正逐渐密切,而在深度上,从前文的调查结果来看,大学直接社会服务依然占较大比重,未将课程与教学这一核心载体与社会服务发生直接关联,大部分社会服务实践还停留在终端层面,尚未与人才培养及科学研究并轨发展。

　　从教师参与社会服务来看,威斯康星大学提出,每一位教师,甚至每一位行政人员,都要积极发扬"威斯康星理念",持续思考如何超越教学和科研边界,投身公共服务。威斯康星大学努力让教师、行政人员和学生的每一个新想法、每一个新点子变为现实,并将它们带到公共领域中,注重考察教师对社会的贡献度。^① 清华大学在进行产学研合作过程中,鼓励教师和行政人员参加社会服务。为教师匹配开展产学研合作的资源,以社会服务带动师资培养,保证教师学术研究的延续性和卓越性。因此,结合学术参与理论,教师在教书育人、科学研究各环节要自觉落实"学术参与"的理念,从学术探究的源头上确立为社会服务的意识。目前,大部分高校教师主要是以探究性学术研究为主阵地,对于综合性学术、教学性学术和实践性学术置若罔闻,这一方面受到 20 世纪 90 年代以前以发表 SCI、ESI、SSCI 等期刊论文为导向的西方科研评价体系的影响,促使教师以发表论文、出版著作为主,这种所谓的"国际主流科研评价模式"短期内在发表大量论文、提升论文影响因子、获取国际学术话语权等方面确实起到了一定的促进作用。然而,表面数据的爆发式增长和学术的虚假繁荣对我国科技创新的影响是致命的。这种无视中国本土情境,盲目对标西方科研评价体系的做法导致我国在很多关键领域的原始创新都处于"卡脖子"状态。久而久之,研究型大学的社会服务就成为一种"遗世独立的存在"。师生对社会服务的认知存在一定问题,偏向于将社会服务看作"活动"而非"学术"。此外,以往研究大学服务社会的学者,不乏狭义地将社会服务等同于大学给社会提供终端服务的现象,从而单纯地将社会服务看作产学研合作、振兴经济发展等微观方面的合作。近年来,清华大学逐渐淡化以解决企业具体问题为导向的"交付式"研究,除了开展直接

---

　　① Stark J. The Wisconsin Idea: The University's Service to the State [M]. Madison: Wisconsin Bluebook by the Legislative Reference Bureau,1995.

解决问题的研究外,还与企业一道,探索产业行业的共性关键技术、进行面向未来的技术领域探索型研究和成果转化的开发性研究,使产学研成为从知识生产、知识运用、知识增值到知识再生产的完整循环链,以深度合作促学术发展;梳理、凝练国家重大项目成果,分批次推广转化到地方去,不断拓展社会服务的深度和广度,尽量避免单一线性的终端社会服务。无论什么样的社会服务,大学都要以"学术性"为前提,只有卓越的学术才能造就卓越的社会服务,在服务提供的终端上努力,容易本末倒置。

(4)创新社会服务的组织机构样态

建立健全社会服务导向的组织机构,大学要充分发挥社会服务职能,不能囿于校园围墙范围内,要有放眼世界、放眼未来的眼光。在组织机构建设上,研究型大学要不断创新实体组织机构的形式,拓展非实体组织机构和引入第三方社会服务组织机构。进入 21 世纪,威斯康星大学更加注重与社区的高度互动,充分利用自己的知识优势为社区提供医疗、信息、技术及咨询服务,将大学的围墙进一步打开,赢得了社区的广泛支持,提高了社区居民的生活质量。威斯康星大学麦迪逊分校在 2001 年就成立了"大学—社区参与合作伙伴事务部"(Campus-Community Partnership, CCP),为社区提供大量的项目研究和咨询,如在生态学、医学、药学领域结合社区需求开展科学研究;为社区内高技术行业企业的员工提供学习进修的机会。此外,校友捐资成立的威斯康星大学莫格里奇社区公共参与中心也为学生提供了大量的社区实践机会,从管理到运营再到课程和社会实践,都有教师、本科生、硕士生和博士生的身影,学生几乎与社区打成一片,改变了研究型大学和社区相互割裂的局面,提升了学校的声誉。加州大学洛杉矶分校将各个院系的优势资源整合为面向经济社会发展、满足社会需求的研究所或研究项目,并成立了专门的"跨学科及项目研究组织办公室"(UCLA Office of Interdisciplinary Affairs & Organized Research)统筹管理跨学科、跨校区、跨区域研究事宜。[①] 此外,加州大学洛杉矶分校还与多所高校合作构建了跨学科研究平台,致力于解决应对气候变化、水资源短缺等挑战性问题研究。[②] 浙江大学"创新 2030 计划"建立了学科、人才、科研一体化的创新生态系统,在量子计算与感知、脑科学、人工智能、生态文明、环境科技创新、农业育种、精准医学等领域实施了面向未来的学科会聚研究计划。社会科学研究院作为人文社科院系管理平台,为配合"创新 2030 计划"实施,对标国家重大战略需求,整合全校资源,设置了交叉学科招生计划,如 2020 年招生方向为人文社会科学与脑科学、人工智能的交叉,即基于互联网、大数据、人工智能等信息技术与人文社会科学等学科的交叉融合而转型发展形成的新兴交叉学科领域。

6.3.3　强化支撑:盘活资源,全力筑牢社会服务的保障系统

研究型大学社会服务的支撑保障系统主要聚焦如何高效运用丰富多元的条件资源和健全完善制度规范两个维度。

(1)盘活丰富多元的社会服务资源

充分盘活各校区、各专业的资源,建立"跨学科服务平台"。威斯康星大学麦迪逊分校、加州大学洛杉矶分校都成立了一系列跨学科机构,如威斯康星大学麦迪逊分校的农业与生命科学院成立了"综合农业研究中心""五大湖生物研究中心"等跨学科机构,将各校区范围内的专家、教师、学生、员工会聚在一起,合作从事食品、农业、健康、能源等众多方面的研究,解决世界面临的重大挑战,这些研究机构多趋向于多学科、多机构、多主体的协同合作。因此,研究型大学的组织变革要体现其与社会经济发展需求的一致性原则,努力使大学在专业设置、科学研究等各方面,最大限度地结合社会经济结构和市场导向的

---

① ICCA. Research & Creative Activities[EB/OL]. (2020-03-18)[2021-08-11]. https://www3.research.ucla.edu/about/campus.

② UCLA. Transforming Los Angeles through Cutting Edge Research[EB/OL]. (2020-01-02)[2021-08-11]. https://grand challenges.ucla.edu/sustainable-la/.

人才需求，不断增强大学在市场和社会组织中的威信，从而使市场和社会推动研究型大学学术的创新和发展。此外，除了理工农医类的跨学科平台外，还要关注人文社科与理工农医资源的共享整合，充分盘活社会服务的学术资源。充分整合校内外资源，包含研究型大学与其他高校、政府、地方、企业等机构的协同创新，推进资源的共享和利用，高效利用政府投资和政策支持、校友会捐赠、企业和个人捐资等众多利益相关方的支持性资源，对社会服务系统进行优化，不断迭代升级，在多主体、多组织的参与中实现知识生产、知识转化、知识应用、知识增值的良性循环，在整合校外的社会和市场资源的基础上，让学术、社会和市场三股驱动力形成合力，共同推动高质量的社会服务。

（2）以制度规范提升社会服务贡献度

在制度规范上，研究型大学要结合自身开展社会服务的实际，出台社会服务系统运行过程的质量保证规范性文件，可以借鉴卡内基教学促进基金会的实践，引入"高校社区公共参与"评价维度，作为大学改进社会服务、实现社会责任的有力抓手。英国"国家高等教育机构卓越科研水平评估框架"、卡内基高校社区参与分类评价体系投用多年来，逐渐以制度化的评价方式引导大学主动为社会服务，不断增强大学社会服务的外部性，鼓励高水平研究型大学为社会做贡献，提升大学公共参与的能见度，这样的举措值得我国研究型大学借鉴和学习。制定社会服务的课程与教学相关标准、社会服务活动设计标准等规范性文件，是将研究型大学社会服务进一步制度化、规范化的重要手段。随着经济社会的发展，社会服务已经由幕后走到台前，成为大学学术活动的重要组成部分，出台配套的考核评估机制成为题中应有之义。当前，虽然我国出台了系列与大学社会服务有关的政策文件，但无论是"双一流"高校建设的支持性政策，还是普通本科院校评估的系列政策，都没有很好地对高校社会服务能力和质量做出评估，部分评估指标往往过度关注高校的直接社会服务，如技术转移、科技成果转化、继续教育成效、大学科技园规模和效益评估等，而相对忽略了社会服务的育人过程和效果。因此，下一步应在学科评估、科研评估中制定相应的社会影响力、社会贡献度评估指标,进而构建适合我国研究型大学社会服务的评价体系,发挥社会服务"评价指挥棒"的重要作用。

(3)探索人文社会科学服务社会的路径

研究型大学在社会服务中,要尽量避免"偏科"或应用学科"一边倒"的服务导向。从案例高校的例子来看,均偏重应用性学科与社会对接。人文社会科学是人类文明进步和时代精神发展的重要标志,科技创新离不开人文社会科学的支撑作用。与科技服务推动经济社会发展的直接性和显著性相比,人文社会科学体现出来的社会效益具有间接性和滞后性。研究型大学拥有深厚的人文资源,但没有对其进行充分开发利用。研究型大学需要积极策划、组织协调,探索人文社会科学服务社会的机制。面对日益纷繁的外部世界的诱惑,人文社会科学服务社会的路径更多的是以思想观念形式出现的。在研究型大学社会服务中,人文社会学科是发挥人文关怀、引领社会精神风貌的重要学科,是大学"象牙塔"精神的守护者,也是社会发展的"思想库"和"智囊团"。

(4)积极吸收创业型大学的良好经验

"他山之石,可以攻玉。"创业型大学具有强烈的社会服务导向,大学在创业实践中革新了社会服务的形式与内容,也彻底改造了传统大学的精神面貌,直接促成了知识经济时代大学办学理念的一次更新。在创新创业时代,研究型大学运用能够对经济发展、社会进步起到推动作用的知识来改造、提升、拓展大学原有功能,创业甚至成为一种新的大学功能。或者说,大学更深入地、更有效地、更全面地介入社会价值创造和社会价值实现的过程,在改变社会面貌的同时,大学也在"重构自我",在更大的创造性张力中平衡教学、研究和服务。[①] 近年来,威斯康星大学麦迪逊分校丰富多彩的、以创新创业为导向的社会服务实践,折射出其前沿的办学理念、灵活的办学制度和具有创业精神的学

---

① 吴伟.面向创业时代的研究型大学转型发展研究[M].北京:人民出版社,2014.

术思维,将赠地学院社会服务的传统发扬光大,不断赋予"威斯康星理念"新的内涵和使命。艾兹科威兹指出,创业型大学将教学、科研和决策咨询与促进经济社会发展的使命结合起来,使知识生产市场化,加速科技成果转化,为产业和社会经济发展服务。浙江大学于2017年成立了创新创业研究院,旨在发挥浙江大学学科、人才、科技和国际合作资源优势,整合校友创新力量,创新体制机制,积极推动和促进科技成果转化、产业化,为广大师生和校友着力打造一流的创新创业平台,更好地推动区域经济转型升级。知识经济时代催生着大学传统角色的升级换代,推动着大学向创业型大学转轨,研究型大学要面向世界科技前沿、面向经济主战场、面向国家重大战略需求办学。把一批高水平研究型大学建成创新型大学,对增强高等教育综合实力,服务国家创新驱动战略,建设科技强国具有重要影响。从这个意义上说,大学社会服务能力的提升可以看作社会进步的标志之一。

(5)坚守扎根中国大地做研究的信念

在创建世界一流大学的语境中,研究型大学首当其冲地成为我国"双一流"建设的主要对象,国家花大力气建设的一流大学在面对重大社会变迁和挑战时,是亦步亦趋,还是积极发挥智力成果和人力资源作用,积极应对变革?在这一点上,案例高校体现了鲜明的社会服务理念和从容应对的气质。在经济全球化背景下,一味地追求一流容易导致大学与民族国家疏离。在创建世界一流大学的语境中,研究型大学要避免一流的"无所指"和知识生产的"虚无化"。当大学不再成为民族文化生产的主要机构,它与一个公司、一个企业的性质也就越来越像。大学从教学与科研上为社会服务,教学与科研的统一,即理性与国家、知识与权力的统一。大学要避免陷入"纯粹休闲的怪石"和"纯粹实用性的旋涡",大学不仅仅是沉思的场所,也不仅仅是国家政策的工具,还是一个可以将沉思转化为实践的场所。国家保护大学的实践,而大学捍卫国家的理想,两者都为实现民族国家的理念而奋斗。处于高等教育金字塔顶端的研究型大学,要将社会服务通盘考虑,主动把为社会服务的理念贯穿在自身的教学和科研实践中,使教学、科研与社会服务协调发展,在高等教育界"争先锋、走前头",将高等教育强国理念落到实处。

本章小结

　　本章以第 2 章提出的理论分析框架为指导,结合教育模式构建的一般原理和方法,在开展调查研究以及修正构成要素和概念模型的基础上,构建了研究型大学社会服务运行模式,该模式具有目标导向性、系统联动性和协同创新性,是一个由目标层、运行层和保障层构成的三维运行系统。同时,基于内部组织经济学理论,本章剖析了社会服务运行模式的"三重"驱动力,即学术驱动力、市场驱动力和社会驱动力,形成了"三重"驱动力下的研究型大学社会服务运行模式。在此基础上,本章总结凝练了研究型大学社会服务的三个独特性。为促进研究型大学高质量服务社会,提出如下对策:一是机制创新,构建研究型大学领跑、各类高校共同发力的社会服务格局;二是系统布局,目标先行,做好研究型大学社会服务的专项战略规划;三是强化支撑,盘活资源,全力筑牢研究型大学社会服务的保障系统。

第7章 研究结论与展望

7.1 研究结论

从社会服务实践来看,研究型大学社会服务普遍存在以下问题:一是知识生产和自主创新错位,重数量轻质量的误区;二是知识生产与价值创造割裂,重研究轻运用的导向;三是知识生产与人才培养分离,重科研轻教学的现象。当前,学界针对研究型大学社会服务的专题性、系统性研究较少,研究型大学社会服务的构成要素未引起研究者的关注,对于研究型大学社会服务的特点及其构成要素的运行逻辑尚未给出清晰的解释。如何提升研究型大学社会服务的能力,实现教学、科研和社会服务的协调发展,成为大学在"双一流"建设中必须正视和解决的问题。本书围绕"创新驱动时代,研究型大学社会服务包括哪些关键要素,这些要素如何运行,何以高质量服务社会"问题展开研究,结论如下。

本书从社会服务的历史切入,梳理国内外大学社会服务的历史脉络,追溯了英国、德国等大学社会服务的缘起,考察了美国加州大学洛杉矶分校、威斯康星大学麦迪逊分校等赠地学院服务工农业发展的实践,以及多元巨型大学与社会深度互动;以北洋大学、京师大学堂、北京大学、清华大学、浙江大学等高校社会服务为线索,梳理总结我国现代大学社会服务实践的发展历程,传承大学社会服务的历史使命,为研究型大学的社会服务提供启示。历史发展表明,社会服务已经成为大学最基本的底色,也是传统大学逐步蜕变为现代大学的过程,大学正是在一次次回应社会重大挑战的过程中发展起来的。

在汲取历史基因的基础上,针对"研究型大学社会服务包括哪些关键要素"这一问题,从教育生态系统理论、参与性学术理论观点出发,深入分析研究型大学开展社会服务的价值根源,提出"追求知识的自由"和"服务社会的责任"是我国大学社会服务的价值根源,并构建了理论分析框架,以 5 所在社会服务方面具有代表意义的国内外研究型大学为案例,识别了研究型大学开展社会服务的关键要素,包括社会服务目标、实践载体、组织机构等 6 个维度 20 个要素,并构建了概念模型,形成了若干研究假设。

为了提高构成要素的有效性,本书通过问卷调查和实证研究,考察各构成要素对社会服务成效的贡献度。研究显示,构成要素的 5 个维度 18 个要素对其社会服务成效有显著影响。系统贯穿的社会服务目标、内外联动的实践载体、统筹协调的组织机构是对社会服务成效贡献度排名前三的构成要素,基于此修正了研究型大学社会服务的概念模型,整体构建了一个包含目标层、运行层和保障层,具备目标导向性、系统联动性、协同创新性特征的社会服务运行模式,并进一步分析其运行关系和内外部驱动力。为高质量服务社会,研究型大学应从机制创新、系统布局、筑牢支撑保障等方面进行改革,如主动承担起培养社会服务主体的责任、积极转变科学研究范式、逐步淡化"交付式"服务供给模式、探索人文社会科学服务社会路径,坚守扎根中国大地做研究的信念,将高等教育强国的理念落到实处,为国家重大战略实施和区域发展贡献力量。

以上,从"使命"与"价值"相统一的角度,在社会服务中融通了大学人才培养、科学研究和社会服务三大职能,将社会服务纳入大学学术活动的范畴,为大学社会服务的本土化研究提供理论支持。同时,史论结合、理论与现实相结合的研究取径有助于回应困扰当下研究型大学"培养什么样的人""如何培养人"的问题，有助于解决当今大学生社会意识薄弱等问题，为大学落实立德树人根本任务提供了参考。

7.2　研究创新

本书借鉴高等教育相关理论、研究方法和国内外一流研究型大学社会服务的经验和做法，针对我国情境提出了研究型大学社会服务的运行对策。总体来看，本书在以下方面进行了新探索：学术视角有创新，在传统高等教育一二三职能分析框架基础上，实现研究视角下移，以"学术参与"为视角，丰富社会服务的理论内涵，将研究型大学社会服务看作一种学术参与过程，是嵌入并贯穿大学发展的完整系统，横向突出社会服务价值，纵向强化社会服务育人使命。研究方法有深化，从历史研究切入，采取案例研究、实证研究方法立体化考察研究型大学社会服务，对社会服务历史、价值原点、现状问题形成清晰认识。学术观点有拓展，构建研究型大学服务社会运行模式，呼吁大学从"终端"服务过渡到学术全过程参与，探索了大学"学术参与"的路径，从机制创新、系统布局、强化支撑方面提出了相应的对策。

一是理论创新，以"学术参与"为视角，丰富了研究型大学社会服务的理论内涵。有别于以往将社会服务视作一系列边界模糊、琐碎的甚至慈善的活动，将社会服务看作知识生产、传播和应用的完整链条，是过程与结果的统一。横向上突出大学社会服务范围的"拓展"，即研究型大学社会服务的范围是超越大学边界的，包含所在地区、国内和国际社会；纵向上突出研究型大学的"参与"，即将社会服务的理念和实践贯穿大学的课程、教学、评价和管理等环节，突出大学与社会的双向互动。重新审视研究型大学的社会服务，逐步淡化终端服务，将研究型大学社会服务看作"参与性学术"，并结合学术参与及教育生态系统等理论观点构建本研究的理论分析框架，将研究型大学的社会服务看作一种学术参与过程，对教学、科研和服务进行整合；将社会服务看作贯穿大学发展的完整系统,由若干相互联系的要素构成,只有卓越的学术才能造就卓越的社会服务,只在服务提供的终端上努力容易本末倒置。

二是方法创新,从历史研究切入,综合采取多案例研究、调查研究、实证研究等方法,从多个角度考察研究型大学的社会服务。通过对研究型大学社会服务的现状调查、国内外案例比较研究,厘清了研究型大学社会服务的历史脉络、逻辑起点、内涵及构成要素。以英国、德国和美国大学社会服务历史和我国近代国立大学的社会服务为研究对象,对大学社会服务的逻辑起点形成清晰的认识,即大学在探索适合自身的内部治理结构时,也需要处理好与外部环境的互动关系,内外兼修才能推动大学永续发展,大学正是在学术本位与现实关怀的张力中不断走向卓越的。

三是模式创新,在厘清构成要素框架、运行层次关系、内外部驱动力的基础上,构建了研究型大学服务社会的运行模式,呼吁研究型大学从"终端"服务供给模式逐渐过渡到学术的全过程参与,以推动公共福祉和社会进步。在对策建议部分,根据对研究型大学社会服务成效贡献度最高的要素,对标我国构建高质量教育体系的要求,从机制创新、系统布局、强化支撑三个方面,提出了高质量开展社会服务的对策建议。

7.3　不足与展望

研究型大学社会服务是一个复杂系统工程,要想全面地把握研究型大学社会服务的规律和运行理路实非易事,本书还需丰富研究型大学社会服务的构成要素,由于抽样样本、资料获取存在局限,还有进一步精进的空间;还需深入探索"学术参与"实施路径,以更好地从"育人使命"和"服务价值"相统一的视角,激发研究型大学广大师生参与社会服务的热情;还需进一步分析研究型大学社会服务与非研究型大学社会服务的特征和区别,为改变大学社会服务"千校一面"的趋势做出贡献。具体来看,下一步研究还需深入思考以下问题。

从理论上看,研究型大学社会服务的构成要素框架有待进一步丰富和发展。尽管本书提出的社会服务的构成要素及运行模式是根据丰富的国内外文献资料、国内外案例资料、访谈、大规模问卷调查及实证研究而来,但由于案例抽样、访谈样本选取及资料获取存在局限,研究者的研究能力还有提升空间,还未能全方位识别构成要素。因此,构成要素框架还有进一步精进和完善的空间。

从实践上看,研究型大学还需深入探索"学术参与"理念的实施路径。从"育人逻辑"和"服务逻辑"相统一的视角,打造适合研究型大学的"服务学习计划",充分发挥社会服务的"服务"和"育人"成效,从教学、科研、评价和管理等层面激发师生参与社会服务的热情。此外,各类大学的社会服务存在"千校一面"的同质化趋势,未能做到"鹰击长空,鱼翔浅底"的格局。在时间和经济成本都有限的条件下,做好高等教育各级各类院校的社会服务,对于教育强国战略的实施至关重要,构建研究型大学领跑、分层分类的社会服务体系任重道远。

从方法上看,还需进一步开展比较研究和差异分析,以回应研究型大学社会服务与普通大学社会服务的区别、社会服务的影响因素、避免高等教育同质化发展等问题,以针对不同高校提出不同的对策,改变高等教育社会服务"千校一面"的同质化趋势,构建由研究型大学领跑、各类高校共同发力的社会服务运行体系,精准服务国家和经济社会的发展。

凡此种种,都有待研究者进一步挖掘和整理,探索适合本土情境的大学社会服务模式,不断推陈出新,争取构建一个以知识创新为基本内核、以创新型人才培养为主要目标、以原始创新成果产出为重点、以知识资本转化应用为特征的研究型大学社会服务运行模式,呼吁大学与国家社会发展同向同行,构建"上下能衔接、左右互沟通"的互动关系。

后 记

本书是在我博士学位论文的基础上修改而成的。自 2019 年确定该选题始,本书的准备、写作和修改花了近 5 年,交稿前依然踌躇彷徨,对于一个老生常谈却又总能推陈出新的话题而言,我在研究中仍有不少疑惑。限于篇幅,不少问题只能留待日后静心雕琢,而若干重要部分,如大学社会服务课程体系、师生学术参与、社会服务管理机制等,将以课题或论文形式继续深入。

攻读博士学位期间,我趁着跟随博导参加浙江大学史研究的机会,以校史为主线不断拓展研究的边界,试图在史论结合中找到新的着眼点,本书选题即是源于做大学史研究的经历。循着前人的足迹,我通过整理文献资料、收集零碎的史料,梳理近代以来国内外多所高校在社会服务中积累的经验,将大学社会服务置于近代社会剧烈的变动下加以考察,力求窥见公立或国立大学社会服务职能的变迁轨迹。与此同时,我也在懵懂中学习实证研究,调研全国多所研究型大学社会服务的具体实践,考察社会服务理念在高校发展过程中的"贯穿与渗透"情况,从宏观和微观两个层面了解大学社会服务在人才培养和价值实现过程中的重要作用。

长久以来,学界对于"大学社会服务"这一话题开展了数不胜数的研究,也取得了很多可圈可点的成果,但对于"研究型大学社会服务"这一重要命题却鲜有涉及。作为高等教育的中坚力量,研究型大学投身社会服务的重要性不言而喻。将研究型大学的人才和科研实力转化为社会服务的巨大力量,是建设高质量教育体系的重要课题。然而,在世界一流大学建设竞赛中,研究型大学普遍重视知识生产的数量和学科排名,在服务国家战略和促进经济发展的主动性、功能性上还有较大现实差距,亟须重新审视自身的社会服务职能。20世纪中叶,著名高等教育学家博耶提出,大学的教学、科学研究和社会服务职能已经远非"一二三"的序列组合,时至今日,三大职能已难舍难分,但大学整体发展与这种"三合一"的理想有着巨大的鸿沟。在对1万多名高校教师开展调研的基础上,博耶对大学的"学术研究"进行再审视,创造性地将其划分为探究性学术、教学性学术、融合性学术与应用性学术四种形态,并提出了"参与性学术"(亦称"学术参与")理论,社会服务从幕后走到台前,取得了与大学人才培养和科学研究一致的"学术地位"。

基于中国近代大学诞生的历史机缘,本书以学术参与等理论观点为指导,构建了理论分析框架,扩展了研究型大学社会服务的内涵和外延,提出了我国大学社会服务的逻辑起点是"追求知识的自由"和"服务社会的责任";有别于以往将社会服务视作一系列边界模糊、琐碎甚至慈善的活动,本书将社会服务看作一种学术参与过程,在范围上突出研究型大学与社会的双向互动,在深度上凸显研究型大学将社会服务贯穿其发展目标、课程、科研、管理等环节,将社会服务看作知识生产、传播、应用和保存的完整链条;从"自为"与"外塑"统一的视角开展案例研究,凝练研究型大学社会服务构成要素,构建研究型大学服务社会的运行模式,呼吁研究型大学从"终端"服务模式逐渐过渡到学术全过程参与,以推动公共福祉和社会进步。

全书可分为三大部分。第一部分:传承开新,国内外大学社会服务的历史考察。历史与逻辑相结合,考察了国内外大学社会服务历史变迁,追溯了大学如何在不断调适学术本位和现实关怀之间的张力、服务民族国家和解决社会重大问题过程中迈向卓越,社会服务已成为大学最基本的底色,是传统大学逐步蜕变为现代大学的过程。第二部分:内外兼修,研究型大学社会服务的构成要素识别。从"价值"与"使命"相统一的角度重新审视了大学的本质,提出我国大学社会服务具有"追求知识的自由"和"服务社会的责任"的价值根源;构建研究型大学社会服务的理论分析框架,丰富了研究型大学社会服务内涵;区别于"第三职能"或"附属职能",研究型大学社会服务是"育人使命"和"服务价值"的统一并以此整合三大职能;选取若干大学开展案例研究,凝练案例高校社会服务的初始构成要素。第三部分:学术参与,研究型大学社会服务运行模式的构建及对策研究。对研究型大学社会服务现状和构成要素进行审视,厘清了关键要素与服务成效之间的关系,构建了社会服务运行模式。围绕"使命"与"价值"这对关系,解读研究型大学社会服务的独特性。研究型大学"面向全球共同利益服务本土社会",以国家战略需求为导向,培养高水平拔尖创新人才,构筑国家创新能力体系,为实现高水平科技自立自强贡献力量;结合我国的具体情境,凝练研究型大学落实"学术参与"理念的路径。

本书在写作过程中,得到了导师刘正伟教授,浙江大学教育学院盛群力、吴雪萍、肖龙海、刘徽、屠莉娅等诸位教授的指导和帮助,也吸收了博士学位论文答辩委员会主席丁钢教授,答辩委员吴安春研究员、黄健教授、吴刚教授、商丽浩教授和叶映华教授提出的宝贵建议,谨致谢忱!承蒙浙江省哲学社会科学后期资助项目的支持,在浙江大学出版社编辑们的指导下,本书才得以出版,在此一并致谢!学海无涯苦作舟,囿于学识和精力,本书的研究时空及资料获取还有诸多手眼未及之处,难免疏漏舛误。就此而言,本书既是对我学术生涯的阶段性小结,亦是新一轮研究的开始。埋头方寸之间,书写寂静感言,不念过往,不畏将来,大气磅礴向未来!

胡昌翠

2024 年 8 月 8 日于求是园